Richtig delegieren

FALKEN & PITMAN MANAGEMENT

John Payne · Shirley Payne

Richtig delegieren

Effizient
Erfolgreich
Kontrolliert

Übersetzung:
Christa Fournillier (Bad Homburg)

Fachliche Beratung:
Prof. Dr. Franz Giesel (Wiesbaden)

FALKEN   *im* the Institute of Management

Inhalt

1 Einführung 7
   Wozu dieses Buch? 9
   Die Ziele dieses Buches 9
   Der Umgang mit diesem Buch 10

2 Delegieren Sie wirklich? 12
   Was bedeutet „delegieren" für Sie? 13
   Wie gut sind Sie im Delegieren? 13
   Holen Sie zur Unterstützung die Meinung anderer ein 19
   Ihre Stärken und Schwächen und Ihre Erwartungen
   an dieses Buch 21

3 Warum delegieren? 23
   Was bedeutet „delegieren"? 24
   Der Unterschied zwischen delegieren und Arbeit zuteilen 26
   Die Vorteile effektiven Delegierens 27

4 Was hält vom Delegieren ab? 33
   Die Hinderungsgründe beim Delegieren 34
   Ich bin mir nicht sicher, wie man richtig delegiert 35
   Werde ich nicht die Kontrolle verlieren? 37
   Es geht doch viel schneller, wenn ich es selbst mache 39
   Ich kann es sowieso besser 41
   Werde ich womöglich nicht mehr gebraucht? 43
   Wie beurteilt die Geschäftsleitung das Delegieren? 43

5 Der wahre Hinderungsgrund beim Delegieren 46
   Der Hauptgrund, der vom Delegieren abhält 47
   Die Bedeutung und der Einfluß der Angst 47
   Der Umgang mit der Angst 49
   Die realistische Einstellung zur Angst 51

INHALT

6	**Welche Aufgaben kann man delegieren?**	52
	Was kann delegiert werden und was nicht?	53
	Die Zielsetzung	54
	Entscheiden, welche Aufgaben man delegiert	67
7	**An wen kann man delegieren?**	87
	Welche Anforderungen stellt die Aufgabe?	88
	Wie wählt man die für eine Aufgabe (am besten) geeignete Person aus?	96
	Aufzeichnen der Informationen über Aufgabe und Person	98
	Die Entscheidung, in welchem Umfang man „loslassen" kann	104
	Seitwärts und nach oben delegieren	109
8	**Wie führt man das Gespräch?**	112
	Die Vorbereitung des Delegierungsgesprächs	114
	Das Gespräch selbst: Analyse eines Delegierungsgesprächs ...	130
	Zusammenfassung des Delegierungsgesprächs	137
	Das Gespräch richtig eröffnen	138
	Die Kernpunkte des Gesprächs	142
	Ein effektiver Abschluß des Gesprächs	154
9	**Wie erhält man echtes Engagement?**	159
	Was ist echtes Engagement?	160
	Wo benötigt man echtes Engagement, wo genügt Akzeptanz?	161
	Wie erreicht man dieses echte Engagement?	167
	Was tun, wenn man trotz allem kein echtes Engagement erreicht?	182
10	**Kontrolle ohne Einmischung**	188
	Was versteht man unter Kontrolle?	189
	Was ist ein Kontrollsystem?	190
	Wie bezieht man den Mitarbeiter in das Kontrollsystem ein? ...	196
	Die Nachbesprechung, ihre Bedeutung, Gesprächsführung	200

11	**Umgang mit Schwierigkeiten**	203
	Anzeichen erkennen	204
	Schwierigkeiten besprechen	205
	Die Wirkung gut gestellter Fragen	208
	Rat und Anleitung vermitteln	211
	Wann ist Einhalt zu gebieten?	213
12	**Zusammenfassung**	219
	Zusammenfassung der Schlüsselthemen	220
	Wie würden Sie jetzt delegieren?	229
	Was haben Sie aus der Lektüre dieses Buches gelernt?	238
	Nachwort	240
	Register	241

KAPITEL 1

Einführung

Die Szene spielt in einem mehrstöckigen Firmengebäude. Da ist Herr Schneider, ein frischgebackener Manager, der vorher Abteilungsleiter war. Als er erfuhr, daß er befördert würde, sorgte er dafür, daß Frau Becker, eine frühere Mitarbeiterin, als Abteilungsleiterin auf seinen Platz nachrückte. Es ist Herrn Schneiders erster Tag im neuen Job, und er denkt bei sich: „Nun, ich habe ein Büro, meine eigene Sekretärin und ein nagelneues Auto – also? Am besten gehe ich mal runter und schaue, wie Frau Becker mit der neuen Aufgabe zurechtkommt." Nachdem er ihr ein paar Stunden geholfen hat, kehrt er zurück in sein Büro und meint: „So habe ich Interesse gezeigt und sie nicht allein gelassen. Ein guter Start." Er gießt sich gerade eine Tasse Kaffee ein, als er eine Telefonnotiz auf seinem Tisch bemerkt: Herr Schneider, kommen Sie bitte in mein Büro, wenn Sie zurück sind. Danke, Müller (Geschäftsführer).

Auf dem Weg in Herrn Müllers Büro überlegt Herr Schneider: „Eine nette Idee. Wahrscheinlich will er mir alles Gute wünschen und mich als Manager willkommen heißen. Vielleicht werde ich sogar zum Essen eingeladen."

„Guten Morgen, Herr Schneider. Wie geht's im neuen Job?"
„Danke bestens, Herr Müller. Ich war heute früh bei Frau Becker, um sicherzustellen, daß sie klarkommt."
„Herr Schneider, können Sie mich bitte über den Streik im dritten Stock aufklären?" ... Es folgt eine lange Pause, in der Herr Schneider seinen Schock verarbeiten muß.
„Es tut mir leid, Herr Müller, ich wußte nicht, daß es einen Streik gibt. Ich werde mich sofort darum kümmern und bin in ein paar Minuten zurück."

RICHTIG DELEGIEREN

Herr Schneider gleicht einem Olympiaanwärter, als er, immer drei Stufen auf einmal nehmend, zum dritten Stock hinaufstürzt. Vor der Tür macht er kurz halt und sagt sich schwer keuchend: „Keine Panik – durchatmen und ruhig hineingehen." Nach einer Pause, in der er sein infarktgefährdetes Herz zur Ruhe kommen läßt, tritt er ein und – *nichts!*

Alles scheint völlig normal. Nachdem er dem Verantwortlichen ein paar schlaue Fragen gestellt hat, denkt er, er habe sich vielleicht verhört, und überprüft sicherheitshalber alle Stockwerke und wieder – *nichts!*

So kehrt er mehr als verwirrt in Herrn Müllers Büro zurück. Er weiß nicht recht, wie er nun reagieren soll.

> *„Sie haben mich nach dem Streik im dritten Stock gefragt. Es tut mir leid, aber es gibt weder dort noch anderswo irgendwelche Anzeichen für einen Streik."*
>
> *„Weiß ich, Herr Schneider", kommt die barsche Antwort. „Es gab nie einen Streik, aber Sie mußten das erst nachprüfen, nicht wahr? Es mag Ihnen an Ihrem ersten Tag vielleicht hart erscheinen, aber vergessen Sie nicht, daß Sie jetzt eine Managementfunktion übernommen haben und somit wissen müssen, was im ganzen Haus vor sich geht und nicht nur in der Abteilung, für die Sie vorher verantwortlich waren. Sie haben Frau Becker zu Ihrer Nachfolgerin bestimmt, weil sie in der Lage ist, Ihren alten Job zu bewältigen. Sie weiß, wo Sie zu erreichen sind, wenn es Probleme gibt. Also lassen Sie sie nur machen, und konzentrieren Sie sich auf weitere Aufgaben."*

Herr Schneider geht mit dem Gefühl, daß er eine harte, aber lehrreiche Lektion gelernt hat. „Das war nicht gerade die Einführung ins Management, die ich mir gewünscht hätte, aber er hat verdammt recht. Ich war nicht da, wo ich sein sollte, und habe nicht das getan, was ich tun sollte. Ich wollte mich nicht einfach zurückziehen, aber auch nicht die Kontrolle verlieren, und was am schlimmsten ist, Frau Becker hat wahrscheinlich gedacht, ich wollte mich einmischen. Delegieren scheint gar nicht so einfach zu sein, aber nun ist ein Anfang gemacht."

> **S**o, wie niemand zugeben möchte, daß er ein schlechter Autofahrer ist, möchte auch niemand zugeben, daß er schlecht delegiert!

EINFÜHRUNG **KAPITEL 1**

WOZU DIESES BUCH?

Den meisten Vorgesetzten fällt es schwer „loszulassen", d. h. zu delegieren, und das liegt oft an der unterschwelligen (und natürlichen) Angst, die Kontrolle zu verlieren.

Dieses Buch soll Ihnen helfen, Ihre derzeitige Sicht des Delegierens zu überdenken, anhand praktischer Übungen zu vergleichen und Ihre Fähigkeiten auf diesem wichtigen, aber sehr schwierigen Gebiet weiterzuentwickeln bzw. zu verbessern. Im Managementbereich gibt es nur wenige festgeschriebene „Gesetze". Man sollte die Hinweise in diesem Buch also als grobe Richtlinien ansehen. Situationen und Menschen sind unterschiedlich, und die Empfehlungen werden nicht immer zu Ihrer Situation passen. Nehmen Sie sie als Denkanstöße. Nur Sie selbst können entscheiden, wann und bis zu welchem Umfang die Richtlinien anwendbar sind. Wir hoffen, daß Sie nach Lektüre dieses Buches einige Ideen herausarbeiten können, die Ihnen helfen, effektiver zu delegieren, *ohne die Kontrolle zu verlieren*.

DIE ZIELE DIESES BUCHES

Wenn Sie dieses Buch gelesen haben, sollte Ihnen folgendes klar sein:

- Was ist der Unterschied zwischen „Arbeit delegieren" und „Arbeit zuteilen"?
- Was sind die häufigsten Fehlerquellen beim Delegieren, und wie vermeidet man sie?
- Was kann man delegieren und was nicht?
- Wie wählt man die richtige Person für die Aufgabe(n) aus?
- Wie bereitet man das Delegierungsgespräch vor, und wie führt man es?
- Wie behält man die Kontrolle, ohne sich einzumischen?
- Was ist zu tun, wenn etwas schiefläuft?

■ Stil und Struktur dieses Buches

Wir favorisieren das praktische Training und benutzen in unseren Kursen die Methode „learning by doing". Deshalb haben wir auch versucht, dieses Buch so interaktiv wie möglich zu gestalten, und fordern Sie zum Mitmachen auf, damit Sie einen möglichst großen Nutzen davon haben. Wo dies möglich war, haben wir „Aktions"-Abschnitte eingefügt, damit Sie eigene Gesichtspunkte und Vorgehensweisen einschätzen und mit den Vorschlägen dieses Buches vergleichen können. Die „Aktions"-Abschnitte sind mit dem hier gezeigten Symbol gekennzeichnet.

Obwohl es nicht unbedingt notwendig ist, diese Abschnitte auszufüllen, glauben wir doch, daß Sie einen größeren Nutzen von diesem Buch haben, wenn Sie es einmal ausprobieren.

Jedes Kapitel behandelt einen bestimmten Aspekt des Delegierens. Es beginnt jeweils mit der Zielsetzung und einer Zusammenfassung des Inhalts.

Sie finden zahlreiche Beispiele für gutes und schlechtes Delegieren. Manche stammen aus unserer eigenen Erfahrung, manche von Kursteilnehmern, Managern, Freunden usw. Sämtliche Namen (Unternehmen und Einzelpersonen) wurden geändert, um die „Schuldigen" (uns eingeschlossen!) zu schützen.

Am Ende jeden Kapitels steht eine Zusammenfassung oder Checkliste der wichtigsten Punkte.

DER UMGANG MIT DIESEM BUCH

Wahrscheinlich haben Sie dieses Buch aus folgendem Grund gekauft: *„Ich verstehe wenig davon und möchte das Delegieren lernen."*

Vielleicht streben Sie einen Managementposten an (oder haben kürzlich ihren ersten angetreten), und es ist Ihnen klar, daß gutes Delegieren für einen Vorgesetzten wichtig (oder sogar lebenswichtig) ist. Sie wissen derzeit wahrscheinlich aber noch nicht allzuviel darüber und wollen lernen, wie man so effektiv wie möglich delegiert. Vielleicht haben Sie vorher noch nie delegiert; das heißt aber nicht, daß Sie nichts darüber wissen! Möglicherweise standen Sie bisher am „empfangenden" Ende und wissen deshalb durchaus etwas über das Delegieren.

EINFÜHRUNG **KAPITEL 1**

Die beste Art, dieses Buch zu benutzen, ist sicherlich, es ganz durchzuarbeiten und alle „Aktions"-Abschnitte auszufüllen. Mit anderen Worten, benutzen Sie es als Arbeitsbuch!

Vielleicht haben Sie das Buch aber auch aus folgendem Grund gekauft: *„Ich habe Erfahrung, aber ich hätte gern einige Tips, was das Delegieren anbelangt."*

Vielleicht sind Sie ein erfahrener Manager, der weiß, wie schwierig es ist, richtig zu delegieren, und möchten Ihre eigenen Ansätze mit den Vorschlägen in diesem Buch vergleichen, um Ihre eigenen Stärken und Schwächen herauszufinden und damit Ihre Fähigkeiten in diesem Bereich zu verbessern. Dabei ist es wichtig, in bezug auf die eigenen Stärken und Schwächen ehrlich zu sein. Oft gibt man sich damit zufrieden, etwas an seinen Schwächen zu ändern, und vergißt (oder ignoriert) dabei die eigenen Stärken. Wir glauben, daß es ebenso wichtig ist, Stärken aufzubauen wie Schwächen zu korrigieren.

Am besten lesen Sie zunächst die beiden ersten Kapitel, die die Grundlagen behandeln, und vergleichen dann Ihre persönliche Sicht des Delegierens mit der unseren.

Füllen Sie danach die Selbsteinschätzung am Ende des zweiten Kapitels aus. Das erleichtert es Ihnen herauszufinden, auf welche Bereiche des Delegierens Sie sich konzentrieren sollten. Dann brauchen Sie nur noch die für Sie zutreffenden Kapitel oder Abschnitte zu lesen. Dieser Vorschlag zu selektivem Lesen (um vielbeschäftigten Leuten etwas Zeit zu sparen) soll Sie natürlich nicht daran hindern, das Buch vollständig zu lesen.

KAPITEL 2

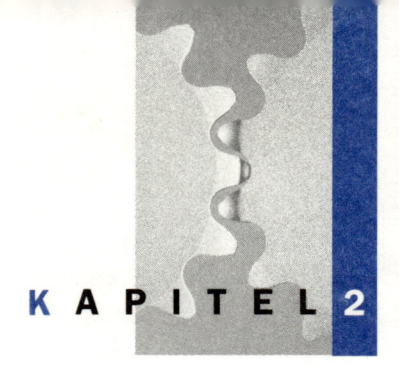

Delegieren Sie wirklich?

■ Überblick

Dieses Kapitel soll Ihnen helfen, Ihr Verständnis des Delegierens zu überprüfen und Ihre Stärken und Schwächen in bezug auf diese Fähigkeit herauszuarbeiten. Sie müssen die Fragebogen natürlich nicht ausfüllen, aber wir halten es für sinnvoll, denn wenn man ein Ziel erreichen will, ist es immer wichtig zu wissen, wo man gegenwärtig steht. So weiß man dann zumindest auch, wie weit man zu gehen hat.

■ Ziele

Wenn Sie dieses Kapitel gelesen haben, sollten Sie

- ◆ Ihre Stärken und Schwächen in bezug auf das Delegieren kennen,
- ◆ die Ergebnisse, die Sie von der Lektüre dieses Buches erwarten, klar benennen können.

■ Inhalt

- ◆ Was bedeutet „Delegieren" für Sie?
- ◆ Wie gut sind Sie im Delegieren?
- ◆ Holen Sie zur Unterstützung die Meinung anderer ein.
- ◆ Ihre Stärken und Schwächen und Ihre Erwartungen an dieses Buch.

DELEGIEREN SIE WIRKLICH? **KAPITEL 2**

WAS BEDEUTET „DELEGIEREN" FÜR SIE?

Das Wort „delegieren" kann anscheinend alles mögliche bedeuten. Nehmen Sie sich ein paar Minuten, und schreiben Sie Ihr Verständnis auf:

_____
_____
_____
_____
_____
_____

WIE GUT SIND SIE IM DELEGIEREN?

Hier wird eine ziemlich typische Situation geschildert, in der delegiert werden muß. Die verschiedenen Aspekte des Delegierens können nicht alle in einem Beispiel gezeigt werden. Aber wir hoffen, daß unser Beispiel Sie zu der Überlegung anregt, wie Sie die Sache angehen würden.

■ Was müssen Sie tun?

◆ Die Situation durchlesen und entscheiden, wie Sie hier vorgehen würden.
◆ Ihre Ideen in dem danach folgenden Abschnitt aufschreiben.

Auf der folgenden Seite haben wir die Faktoren aufgeführt, die wir in dieser Situation für wichtig halten. (Wir wissen, es ist verführerisch, aber *bitte nicht mogeln!*) Nach der Lektüre dieses Abschnitts können Sie eine Checkliste ausfüllen, in der Ihre Vorgehensweise mit unserer verglichen wird.

RICHTIG DELEGIEREN

■ Die Situation

Sie sind Chef der Ausbildungsabteilung in einem technischen Betrieb mit 800 Mitarbeitern, fünf Mitarbeiter sind Ihnen unmittelbar unterstellt, ein leitender Ausbilder, ein kaufmännischer Ausbilder, zwei technische Ausbilder und eine Sekretärin (die auch das Kursmaterial für die Ausbilder tippt).

Heute ist Dienstag, und vor kurzem ist eine Abteilungsbesprechung für Montag nächster Woche anberaumt worden. Bei diesem Treffen sollen die Ausbildungspläne und das Budget für das kommende Jahr mit der Personalchefin abgesprochen werden. Alle zuständigen Mitarbeiter haben bereits ihre individuellen Trainingspläne abgegeben, und Sie haben das Budget erstellt. Der leitende Ausbilder managet das Abteilungsbudget für Sie schon seit langem sehr effektiv.

Unerwartet erhalten Sie einen Anruf der Muttergesellschaft in den USA. Sie werden gebeten, an einem Treffen am nächsten Montag in New York teilzunehmen, um Ihre innovativen Ideen im Bereich des technischen Trainings zu erläutern, von denen man sehr beeindruckt ist. Sie werden am Samstag hin- und am Dienstag zurückfliegen, so daß Sie erst Mittwoch wieder im Büro sein werden. Die Personalchefin (an die Sie berichten) ist hocherfreut über diese Anfrage und hält es für sehr wichtig, die New Yorker zu unterstützen. Jedoch soll auch die Abteilungsbesprechung unverändert stattfinden, da das Budget an diesem Tag beschlossen werden muß, damit die gesamte Finanzplanung der Firma zeitlich eingehalten werden kann.

Sie können natürlich nicht an zwei Orten zugleich sein und wollen die Führung der Abteilungsbesprechung an Ihren Ausbildungsleiter delegieren. Er springt in Ihrer Abwesenheit oft als Ihr Stellvertreter ein und hat bereits zwei solcher Besprechungen erfolgreich geleitet. In diesem Fall handelt es sich jedoch um eine äußerst wichtige Besprechung, da es um die Ausbildungspläne und das Budget für das kommende Jahr geht. Die Anwesenheit der Personalchefin wird die Sache verkomplizieren, da die mächtige Dame dazu neigt, in solchen Versammlungen die Regie zu übernehmen. Sie persönlich können damit diplomatisch umgehen.

Für den Rest der Woche sind Sie noch im Büro. Ihr Ausbildungsleiter hat in dieser Woche keine Kurse mehr abzuhalten und versucht, einige Verwaltungsarbeiten zu erledigen (Kursmaterial schreiben, Telefonate führen, den monatlichen Ausbildungsbericht verfassen usw.).

■ Wie würden Sie als Chef der Abteilung in dieser Situation vorgehen?

_____
_____
_____
_____
_____
_____
_____
_____
_____
_____

■ Faktoren, die wir in dieser Situation für wichtig erachten

Wir haben die relevanten Faktoren hier einfach nur aufgelistet. Ihr Stellenwert und ihre Anwendung werden in den folgenden Kapiteln besprochen.

Vor dem Gespräch

Ziel. Entscheiden Sie, was der Ausbildungsleiter in der Besprechung, die er für Sie hält, erreichen soll.

Hintergrund. Warum muß die Besprechung stattfinden, warum soll der Ausbildungsleiter sie führen, was hält er davon, wenn er darum gebeten wird?

Erfahrung. Entscheiden Sie über die Erfahrung des Ausbildungsleiters, seine Stärken (frühere Besprechungen, Budgets) und seine Schwächen (Umgang mit der Personalchefin).

Während des Gesprächs

Während des Gesprächs ist es ganz wichtig, daß Sie Ihr Vertrauen in die Fähigkeit des Ausbildungsleiters, diese Besprechung zu leiten, deutlich machen. Wenn *Sie* diesen Eindruck nicht vermitteln, wie sollte *er* dann glauben, dazu in der Lage zu sein?

Beziehung. Beruhigen Sie ihn, stellen Sie einen guten Draht her.

Zweck. Erklären Sie die Situation, warum die Besprechung wie geplant stattfinden muß, und warum Sie ihn für die Leitung vorgesehen haben.

Anstatt *Ihre* Ansichten kundzutun, ist es wichtig, daß Sie nach *seinen* Ansichten zu folgenden Punkten fragen:

Arbeitsbelastung. Wie sieht die derzeitige Arbeitsbelastung aus? Kann er das Treffen vorbereiten?

Informationen. Was muß er wissen? Obwohl er das laufende Budget überwacht, muß er vielleicht wissen, wie Sie zu dem Budget für das nächste Jahr gekommen sind. Dasselbe gilt eventuell für die Zusammenstellung des Ausbildungsplans. Gegebenenfalls muß er auch wissen, nach welchen Kriterien die Personalchefin die Ausbildungspläne und das Budget beurteilt.

Plan. Er muß die Sitzung vorbereiten, sich über das Ziel klarwerden und entscheiden, wie er die Besprechung zu führen gedenkt. Korrigieren Sie seinen Plan nur, wenn er einen maßgeblichen Fehler enthält. Ansonsten sollten Sie ihn nach seiner Art vorgehen lassen.

Potentielle Schwierigkeiten. Welche potentiellen Schwierigkeiten sieht er, z. B. eine Übernahme durch die Personalchefin, eine Ablehnung des Ausbildungsplans oder des Budgets? Wie würde er dem vorbeugen bzw. damit umgehen? Bitte nehmen Sie auch hier nur Änderungen vor, wenn ein maßgeblicher Fehler vorliegt. Vielleicht bittet er Sie darum, vorher kurz mit der Personalchefin zu sprechen.

Kontrollen. Es ist wichtig, daß Sie den Ausbildungsleiter entscheiden lassen, wann Sie sich treffen und was er noch von Ihnen benötigt. Er schlägt wahrscheinlich ein Treffen unmittelbar vor dem Wochenende vor, nachdem er Zeit zur Vorbereitung hatte.

Vollmacht. Welche Vollmacht braucht er? Erlauben Sie ihm, (innerhalb vorgegebener Grenzen) Änderungen im Plan/Budget vorzunehmen, um die Zustimmung der Personalchefin zu erhalten. Es kann auch hilfreich sein, wenn Sie die anderen Mitarbeiter darüber in Kenntnis setzen, daß er Ihre Vollmacht hat, während der Sitzung die notwendigen Entscheidungen zu treffen. Eventuell ist eine schriftliche Vollmacht erforderlich.

Gefühle. Wie fühlt er sich jetzt bei dem Gedanken, die Besprechung zu leiten? Besprechen Sie alle Bedenken, die womöglich aufkommen, und achten Sie darauf, daß er wirklich bereit ist, die Aufgabe zu übernehmen. Handelt es sich um wirkliches Engagement oder um einfaches Akzeptieren der Aufgabe?

Direkter Kontakt. Bieten Sie ihm an, daß er während der Vorbereitung jederzeit zu Ihnen kommen kann, um Probleme zu besprechen.

Nachbesprechung. Erklären Sie, daß Sie nach Ihrer Rückkehr über den Verlauf und den Ausgang der Besprechung informiert werden möchten. Setzen Sie das Datum dafür gemeinsam fest.

Zusammenfassung. Fassen Sie das erwartete Ergebnis, wichtige Aktionen und Termine kurz zusammen.

Nach dem Gespräch

Nachbesprechung. Bedanken Sie sich bei ihm, daß er die Aufgabe für Sie übernommen hat. Besprechen Sie den Ausgang der Sitzung, was gut gelaufen ist, was man hätte besser machen können. Vereinbaren Sie erforderliche weitere Schritte. Fragen Sie, wie er sich nun fühlt, nachdem die Sache geschafft ist.

Checkliste zum Vergleich

Vergleichen Sie, inwieweit Sie die von uns aufgeführten Faktoren in Ihrem Lösungsansatz berücksichtigt haben, und notieren Sie, was immer Sie für hilfreich erachten. Folgende Fragen sind zu berücksichtigen:

Haben Sie insgesamt gesehen delegiert, abgeschoben oder überkontrolliert?

_____

_____

Haben Sie Ihren Mitarbeiter einbezogen, oder haben Sie ihm gesagt, was zu tun ist?

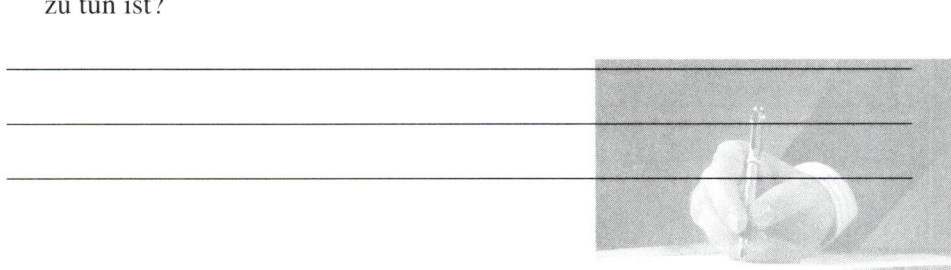

_____

_____

_____

RICHTIG DELEGIEREN

Haben Sie neben der Verantwortung auch Vollmacht übertragen?
_____
_____

Haben Sie Handlungsfreiheit gelassen, z. B. den Termin für ein Treffen mit Ihnen festzulegen?
_____
_____

Haben Sie hinterfragt, welche Gefühle dabei im Spiel waren?
_____
_____

Haben Sie zwischen Engagement und bloßem Akzeptieren unterschieden?
_____
_____

Haben Sie am Ende zusammengefaßt?
_____
_____

Haben Sie eine Nachbesprechung vereinbart?
_____
_____

Sehen Sie sich unsere Gesichtspunkte nochmals an. Gab es mehrere Punkte, die Sie ausgelassen haben? Wenn ja, warum war das der Fall?
_____
_____

Wie sind Sie vorgegangen?
_____
_____

HOLEN SIE ZUR UNTERSTÜTZUNG DIE MEINUNG ANDERER EIN

Jetzt zu etwas wirklich Schwierigem. Es kommt nur in Frage, wenn Sie bereits delegieren. Es geht darum, Leute, deren Meinung Sie vertrauen, zu fragen, wie sie Ihre Art des Delegierens sehen. „Oha! Solch ein Masochist bin ich nun auch wieder nicht", könnte jetzt Ihre Reaktion sein. Es ist sicherlich riskant, und nur Sie selbst können entscheiden, ob der mögliche Nutzen das Risiko wert ist. Also sehen wir uns einmal beide Seiten der Medaille an.

■ Die Vorteile

◆ Sie finden heraus, wie die Person, an die Sie delegieren, wirklich über Ihre Art des Delegierens denkt. Deren Anregungen sollten Ihnen helfen, delegierende Gespräche noch effektiver zu führen.

◆ Es gibt kein Patentrezept, das auf jeden und jede Situation paßt. Die Informationen, die Sie erhalten, können deshalb hilfreich sein, das Gespräch besser auf die jeweilige Person/Situation abzustimmen.

◆ Es kann sinnvoll sein, Ihre eigenen Vorgesetzten zu fragen, um eine Sicht von außen zu erhalten. Dies ist aber nur sinnvoll, wenn diese mit der Angelegenheit genügend vertraut sind; ein Vorgesetzter aus einem anderen Bereich findet eine solche Beurteilung vielleicht schwierig oder gar unmöglich. Vielleicht kann er jedoch allgemeine Eindrücke vermitteln, wenn ihm keine Einzelheiten bekannt sind.

◆ Ihre Sekretärin/Assistentin zu befragen kann wirklich nützlich sein. Diese ist ja oft die Empfängerin einer ganzen Menge „unbewußt" delegierter Aufgaben. Ein Gespräch kann außerdem die tägliche Organisation, die so oft als Büroroutine abgehakt wird, wesentlich verbessern. Das Gespräch könnte sogar weitere Gelegenheiten zum Delegieren aufzeigen.

■ Die Risiken

◆ Schlimmstenfalls sagt man Ihnen, daß Sie überhaupt nicht oder schlecht delegieren. Dann kann es nur noch besser werden! Das echte Problem besteht darin, mit dem eigenen Ego fertig zu werden. Keiner hört gerne Kritik; aber Sie haben ja andere um ihre Meinung gefragt, weil Sie ihnen vertrauen und von der Kritik profitieren wollen. Wenn Sie die Einschätzung der anderen annehmen und die Mitarbeiter mit einbeziehen, um die Arbeit zu verbessern, ist dies ein großer Schritt vorwärts.

◆ Jemand kritisiert Ihre Art des Delegierens in ungerechtfertigter Weise, und das Gespräch entwickelt sich zu einem Streit. Ein solcher Streit kann aber durch Einhaltung von ein paar Grundregeln ganz leicht vermieden werden. Die wichtigste lautet in etwa: „Sagen Sie mir, was ich Ihrer Meinung nach gut mache und warum, und was ich Ihrer Meinung nach besser machen könnte. Geben Sie mir möglichst Beispiele, die das veranschaulichen."
So erfragen Sie wirklich eine ausgewogene Ansicht und erhalten aussagekräftige Fakten. Falls Sie sich immer noch ungerecht beurteilt fühlen, fragen Sie sich einmal, warum. Liegen die Mitarbeiter in der Sache falsch, oder haben Sie nur eine andere Sicht der Dinge?

◆ Man sagt Ihnen nicht die ganze Wahrheit. Das kann natürlich passieren, wenn Sie einen Untergebenen fragen. Nur wenige Leute sind selbstmörderisch veranlagt! Es sollte helfen, vor dem Gespräch zu erklären, warum Sie Ihre Art des Delegierens überprüfen wollen, und warum Sie gerade diesen Mitarbeiter um seine Meinung bitten. Sie können auch fragen, was Ihre Mitarbeiter davon halten, um diese Meinung gebeten zu werden. Diese Frage wirkt beruhigend.

Wie auch immer Sie reagieren, Sie sollten auf keinen Fall die schlimmsten Befürchtungen Ihrer Mitarbeiter bestätigen und sie „fertigmachen", weil sie versucht haben, ehrlich zu Ihnen zu sein. Haben Sie schon einmal im Park Eltern mit ihrem ungezogenen Kind gesehen, das Richtung Parkausgang (und Hauptstraße) läuft? Wenn das Kind auf Zurufen zögernd zurückkommt und dafür dann eine Ohrfeige bekommt, versteht es die Welt nicht mehr. Was täten *Sie* beim nächsten Mal? Aber Erwachsene reagieren nicht wie Kleinkinder, werden Sie sagen. Wirklich nicht?

IHRE STÄRKEN UND SCHWÄCHEN UND IHRE ERWARTUNGEN AN DIESES BUCH

Beantworten Sie die folgenden Fragen. Das wird dazu beitragen, daß Sie das Buch optimal nutzen. Es lohnt sich also, vorab etwas Zeit zu investieren, um hinterher stärker profitieren zu können.

WELCHEN NUTZEN ERWARTEN SIE VON DIESEM BUCH?

Schreiben Sie zunächst vor dem Hintergrund der Ergebnisse der bisherigen Arbeitsschritte Ihre eigenen *Stärken* in bezug auf das Delegieren auf:

_____
_____
_____
_____
_____
_____

Notieren Sie jetzt auf denselben Grundlagen Ihre *Schwächen* in bezug auf das Delegieren:

_____
_____
_____
_____
_____
_____

RICHTIG DELEGIEREN

Schreiben Sie auf, welche *Ergebnisse* Sie von diesem Buch erwarten. (Versuchen Sie, so genau wie möglich zu sein.) Nachdem ich dieses Buch gelesen habe, möchte ich wissen/in der Lage sein:

_____

_____

_____

_____

Wenn Sie das Buch nicht ganz durcharbeiten möchten, klären Sie, *welche Kapitel* dieses Buches für die Ergebnisse, die Sie erzielen möchten, *relevant* sind:

_____

_____

_____

_____

KAPITEL 3

Warum delegieren?

■ Überblick

In diesem Kapitel werden wir definieren, was Delegieren bedeutet, werden auf verbreitete Mißverständnisse eingehen und uns die Vorteile effektiven Delegierens ansehen.

■ Ziele

Wenn Sie dieses Kapitel gelesen haben, sollten Sie

- ◆ wissen, was delegieren überhaupt bedeutet, und worin der Unterschied zu einem einfachen Zuteilen von Arbeit besteht,
- ◆ die Vorteile effektiven Delegierens kennen.

■ Inhalt

- ◆ Was bedeutet „delegieren"?
- ◆ Der Unterschied zwischen delegieren und Arbeit zuteilen.
- ◆ Die Vorteile effektiven Delegierens.

RICHTIG DELEGIEREN

WAS BEDEUTET „DELEGIEREN"?

Die folgende Definition findet sich in einem Wörterbuch: *Delegieren – einer anderen Person zur Vertretung der eigenen Person Aufgaben, Befugnisse usw. übergeben.*

Nach dieser Definition könnte der Eindruck entstehen, daß alles von seiten des Vorgesetzten ausgeht und nichts von der Person, an die delegiert wird. „Ich übergebe Ihnen eine sehr verantwortungsvolle Aufgabe. Ich mache Sie dafür verantwortlich, wenn Sie sich wie ein Idiot benehmen, und werde Sie dann entsprechend behandeln", könnte man zynisch formulieren.

Gut zu delegieren bedeutet, die Person, an die delegiert wird, in den Prozeß einzubeziehen. Dies ist unsere Definition. Analysieren wir diese nun Schritt für Schritt.

> **D**elegieren bedeutet, einen Teil Ihrer Aufgabe als Vorgesetzter an eine andere Person (meist einen Mitarbeiter aus der Abteilung) abzugeben, und zwar mit der vollen Verantwortung sowie der notwendigen Handlungsvollmacht.

■ „Abgeben"

Das ist das Schlüsselwort! Leider verstehen zu viele Vorgesetzte darunter nur das Erteilen von Instruktionen, deren Ausführung dann streng kontrolliert wird. (Manchmal möchte der Mitarbeiter die Sache auch gern selbst erledigen!)

Vertrauen beruht auf Gegenseitigkeit. Der Vorgesetzte muß der Fähigkeit des Mitarbeiters, die Aufgabe effektiv zu erledigen, vertrauen und dies auch zeigen. Umgekehrt muß der Mitarbeiter Vertrauen in die Motive des Vorgesetzten haben, gerade ihm die Aufgabe zu übertragen. Ein solches Vertrauensverhältnis muß über längere Zeit aufgebaut werden.

Anvertrauen heißt *nicht*, die Verantwortung von sich zu schieben. Das passiert, wenn ein Vorgesetzter versucht, sich der Verantwortung für die Aufgabe zu entziehen.

WARUM DELEGIEREN? **KAPITEL 3**

> **V**erantwortlichkeit heißt letztendlich für die Arbeit einer Einheit oder einer Abteilung verantwortlich zu sein, d.h., Sie sind das letzte Glied in der Kette!

Betrachten wir unter diesem Aspekt das folgende Gespräch zwischen der Verkaufsdirektorin (Frau Meier) und dem Verkaufsleiter (Herrn Kraft):

„Kommen Sie rein, Herr Kraft. Ich hatte heute früh einen beunruhigenden Anruf. ABC, unser größter Kunde, hat gerade folgendes Angebot von Ihrem Verkäufer, Herrn Jordan, erhalten. Sie wissen schon, das Angebot, das er erstellt hat, als Sie verreist waren. Mündlich hatte er 14 000 DM für die Maschine zugesagt; und der Kunde stimmte zu. Als das Angebot eintraf, lautete es auf 17 000 DM, der Auftrag war aber bereits in Vertrauen auf die mündliche Aussage erteilt."

„Das ist doch nicht mein Fehler. Ich kann mich schließlich nicht um alles kümmern, insbesondere wenn ich unterwegs bin! Normalerweise unterschreibe ich die Angebote an ABC selbst, aber dieses Mal hatte ich ihm gesagt, er solle für mich unterschreiben. Herr Jordan hätte sich so etwas nicht leisten dürfen. Ziehen Sie ihm die Ohren lang, nicht mir."

„Herr Kraft, Sie sind der Vorgesetzte von Herrn Jordan, also sind Sie das letzte Glied in der Kette. Herr Jordan ist für korrektes und effektives Verkaufen zuständig, Sie sind für die Arbeit Ihrer Verkaufsabteilung verantwortlich, einschließlich allem, was sie mit Ihrer Vollmacht tut, während Sie abwesend sind. Erinnern Sie sich an den vorigen Monat, als Ihre Abteilung das Doppelte des monatlichen Zieles erreichte. Ihnen als Abteilungsleiter wurde dies zugute gerechnet, obwohl die anderen die Verkäufe erreicht haben. Sie müssen also auch die Kritik hinnehmen, wenn etwas schiefläuft. Es tut mir leid, Herr Kraft, aber Sie haben zugelassen, daß dieser Fehler passiert ist. Überlegen Sie sich die Gründe und was Sie wegen der Differenz von 3 000 DM zu tun gedenken; und sehen Sie zu, daß so etwas nicht wieder vorkommt."

Herr Kraft (der Verkaufsleiter) hatte die Verantwortung für das ABC-Angebot an Herrn Jordan (den Verkäufer) übertragen und ihm die Vollmacht erteilt, an seiner Stelle zu unterschreiben. So weit, so gut! Dann versuchte er, auch die Verantwortlichkeit auf Herrn Jordan abzuschieben. Frau Meier (die Verkaufsdirektorin) erkannte das und stellte es klar.

RICHTIG DELEGIEREN

DER UNTERSCHIED ZWISCHEN DELEGIEREN UND ARBEIT ZUTEILEN

■ „Teil Ihrer Aufgabe als Vorgesetzter"

Delegieren wird oft mit „Arbeit zuweisen" verwechselt. Ein Teil der Arbeit als Vorgesetzter besteht darin, die Ressourcen effektiv zu nutzen, um die gewünschten Ergebnisse zu erzielen. Dies bedeutet, die Arbeit aufzuteilen und den richtigen Leuten zuzuweisen. Jemandem eine Aufgabe zu geben, die Teil seiner normalen Arbeit ist, heißt „Arbeit zuweisen". Hier tragen die Mitarbeiter auch einige Verantwortung und verfügen möglicherweise auch über eine gewisse Handlungsvollmacht. Obwohl die Prinzipien von Arbeit Zuweisen und Delegieren sich oftmals ähneln, geht es beim Delegieren um eine Verantwortung, die über das normale Maß hinausgeht, und oft auch um zusätzliche Handlungsvollmacht. Nehmen wir beispielsweise an, Sie sind Vorgesetzter einer EDV-Abteilung. Vier Programmierer sind Ihnen unterstellt. Es soll ein neues Programm erstellt werden. Zu entscheiden, welcher Programmierer dies schreiben soll und ihn darüber zu informieren, heißt „Arbeit zuweisen". Die Entscheidung, ob ein Programm intern geschrieben werden soll oder ob ein Teil Software von außen hinzugekauft werden soll, liegt jedoch normalerweise beim EDV-Leiter. Wenn Sie in dieser Funktion einen der Programmierer bitten, diese Entscheidung zu treffen, dann spricht man von „Delegieren".

■ „An eine andere Person (meist einen Mitarbeiter der Abteilung)"

Üblicherweise wird von einem Vorgesetzten an eine ihm direkt unterstellte Person delegiert. Es kann aber auch auf gleicher Ebene oder nach oben delegiert werden! Wenn Sie dies aber zu oft versuchen, wird sich Ihr Vorgesetzter vielleicht fragen, warum Sie das tun, ob Sie keine Entscheidungen treffen wollen oder ob es niemanden in Ihrer Abteilung gibt, dem Sie vertrauen usw.

■ „Mit der vollen Verantwortung"

„Verantwortung" heißt, für die Erfüllung eines bestimmten Zieles, z. B. die erfolgreiche Erfüllung einer bestimmten Aufgabe bis zu einem festgesetzten Termin, verantwortlich zu sein. Vergessen Sie nicht, daß man „Verantwortlichkeit" nicht delegieren kann.

■ „Sowie der notwendigen Handlungsvollmacht"

„Handlungsvollmacht" heißt aus unserer Sicht die Fähigkeit zu freien Entscheidungen. Das bedeutet, daß der Mitarbeiter Entscheidungen treffen kann, ohne vorher die Genehmigung seines Vorgesetzten einzuholen, der die Aufgabe an ihn delegiert hat. Der Vorgesetzte trägt aber nach wie vor die letzte Verantwortung.

DIE VORTEILE EFFEKTIVEN DELEGIERENS

Notieren Sie zunächst Ihre eigene Einschätzung.

_____
_____
_____
_____
_____
_____
_____

RICHTIG DELEGIEREN

> **D**ie Hauptvorteile effektiven Delegierens bestehen in der Möglichkeit,
> - die eigene Zeit effektiver zu nutzen,
> - die Fähigkeiten der Mitarbeiter in der Abteilung weiterzuentwickeln,
> - die Motivation zu steigern,
> - „bessere" Entscheidungen zu treffen.

■ Die eigene Zeit effektiver nutzen

Hatte ein Arbeitstag jemals genug Stunden, in denen Sie alles erledigen konnten, was Sie wollten? Wahrscheinlich nicht sehr oft! Man wird nur allzu oft von wichtigen Aufgaben abgelenkt und befaßt sich mit weniger wichtigen oder gar unwichtigen. Im Idealfall sollte dies nicht so sein, aber die Praxis sieht anders aus.

Wie oft schon haben Sie einen Anruf erhalten und gedacht: „Das ist schnell erledigt, das mache ich gleich"? Sie lassen das, woran Sie gerade arbeiten, liegen, gehen in eine andere Abteilung, nur um dort festzustellen, daß der Mitarbeiter, den Sie brauchen, gerade anderswo ist. Dann benötigen Sie eine Stunde, diesen zu finden und die Angelegenheit zu klären.

Ähnlich verhält es sich mit Aufgaben, die weiterdelegiert werden können und sollten. Manche Vorgesetzte vergeuden unverhältnismäßig viel Zeit damit, Dinge selbst zu tun, die sie überhaupt nicht zu tun brauchten. Folglich nutzen sie ihre Zeit nicht effektiv.

> **S**chaffen Sie ein kleines Management-„Wunder". Delegieren Sie mehr, und gewinnen Sie mehr Zeit.

Effektives Delegieren wird Ihnen mehr Zeit verschaffen für die wichtigen Aufgaben, für die Sie tatsächlich bezahlt werden. Manche Menschen setzen Prioritäten danach, wie „dringend" etwas ist anstatt wie „wichtig". Einige der weniger wichtigen Aufgaben können oftmals delegiert werden, so daß mehr Zeit bleibt, sich auf die wichtigen Dinge zu konzentrieren. Das bedeutet aber nicht, einem Mitarbeiter den „Schrott" aufzuladen, mit dem man nicht belästigt werden will.

Die Fähigkeiten der Mitarbeiter in der Abteilung weiterentwickeln

Die meisten Vorgesetzten sind für die Weiterbildung und den Aufstieg der Mitarbeiter in ihrer Abteilung verantwortlich. Unserer Meinung nach liegt eine Schlüsselfunktion in der Tätigkeit eines Vorgesetzten darin, jeden Mitarbeiter so zu fördern, daß er seine Arbeit nach seinen Fähigkeiten bestmöglich erledigen kann, und ihn bei der Weiterentwicklung so zu unterstützen, daß er die nächste Stufe seiner Karriereleiter erreichen kann.

Manche Menschen wollen aber gar nicht befördert werden und sind mit dem zufrieden, was sie tun. Von vielen Vorgesetzten wird dies leider negativ gesehen. Aber auch diese Mitarbeiter sind wichtig! Nicht jeder kann befördert werden, aber die meisten wollen gute Leistungen erbringen.

Delegieren bedeutet immer auch „Coachen". Der Vorgesetzte kann einem Mitarbeiter helfen, Dinge zu lernen, die er vorher nicht beherrscht hat, und so dessen Fähigkeiten weiterentwickeln.

Steigerung der Motivation

Je mehr jemand kann, desto eher ist er zu motivieren. Gutes Delegieren ist mit die beste Motivation; schlechtes Delegieren hat eine stark demotivierende Wirkung! Dafür fallen Ihnen sicher Beispiele aus eigener Erfahrung ein.

Gutes Delegieren fordert heraus und gibt Verantwortung, führt zu Anerkennung und einem großen Erfolgserlebnis, wenn eine Aufgabe erfolgreich abgeschlossen wird. Schlechtes Delegieren führt zu Frustration, dem Eindruck, ohne Unterstützung „in etwas hineingeworfen" worden zu sein, und zu einem Gefühl der Unzulänglichkeit. Nicht sehr erfreulich!

■ „Bessere" Entscheidungen

„Besser" im Vergleich zu was? Im Vergleich zu überstürzten Entscheidungen – darum geht es. Die Zeit, die man durch Delegieren gewinnt, sollte für eine angemessene Beurteilung wirklich wichtiger Entscheidungen genutzt werden.

Es gibt jedoch noch eine andere Seite der „besseren" Entscheidungen. Manche Menschen sind der Meinung, die besten Entscheidungen würden von demjenigen getroffen, der am nähesten vor Ort ist. Je weiter man entfernt ist, desto mehr muß die Entscheidung nach schnell und genau weitergegebenen Informationen getroffen werden.

Dazu ein Beispiel: In einem Unternehmen traten Cash-Flow-Probleme auf. Der Geschäftsführer erklärte der nächsten Führungsebene, daß die Ausgaben sofort gekürzt werden müßten. Es wurde beschlossen, einige Bereiche frei verfügbarer Mittel kurzfristig zu kürzen. Trotzdem blieb eine Deckungslücke. Da die Reisekosten der Mitarbeiter einen sehr großen Posten bei den Ausgaben ausmachten, war der Geschäftsführer der Meinung, daß hier kurzfristig Einsparungen möglich wären. Das leitende Management stimmte diesen Überlegungen zu und hielt eine Einsparung von 15 % bei den Reisekosten über einen Zeitraum von drei Monaten für realistisch und glaubte, daß damit das Problem gelöst werden könnte.

Wie sollte Ihrer Meinung nach diese Entscheidung vermittelt werden? Die meisten würden wahrscheinlich erklären: Nur das leitende Management darf Ausgaben genehmigen; nur wichtige Reisen werden genehmigt; es müssen billigere Hotels gewählt werden, Fahrzeuge müssen geteilt werden; die Abteilungsleiter müssen die Ausgaben streng kontrollieren. War das auch Ihre Meinung?

Jetzt kommt der Clou! Der Geschäftsführer bat das leitende Management, den Abteilungsleitern mitzuteilen, sie sollten Entscheidungen über Reisekosten und Unterkunft soweit wie möglich – wie sie es für richtig erachten – nach *unten* delegieren, wobei die Verantwortung natürlich unverändert bei ihnen bleibe. Dieses Vorgehen sollte begründet werden. Nach dieser Entscheidung konnten die Mitarbeiter mit Zustimmung des Vorgesetzten selbst entscheiden, ob eine Reise wirklich notwendig war. Wenn sie sich dafür entschieden, wurden Reisekosten ohne Diskussion gegen Vorlage der Quittungen zurückerstattet. Was meinen Sie, was dabei herauskam? Allein im ersten Monat lag die Einsparung schon bei 25 % (und das setzte sich weiter fort). Welche neuen Entscheidungen sind also an der „Front" getroffen worden? Die Mitarbeiter arrangierten sich untereinander, teilten Fahrzeuge, stiegen bei kurzen Reisen in günstigeren Hotels ab, reisten 2. Klasse in der Bahn und übernachteten auch einmal bei Freunden oder Verwandten anstatt in einem teuren Hotel.

Sie sind der Meinung, darauf hätten die Abteilungsleiter von selbst kommen müssen? Mag sein, aber welche Abrechnungssysteme lassen es zu, bei Freunden zu übernachten und denen ein Essen zu spendieren, anstatt ins Hotel zu gehen und damit die Kosten zu verdoppeln?

Natürlich erforderte diese Entscheidung ein großes Maß an Vertrauen, jedoch kein blindes Vertrauen. Sie erinnern sich, den Abteilungsleitern wurde aufgetragen, „so weit nach unten zu delegieren, wie sie es für richtig hielten". Falls es also jemanden gab, dem man in dieser Form nicht vertrauen sollte, konnte ein Riegel vorgeschoben werden. Die Entscheidung bewies auch Vertrauen in die Urteilsfähigkeit der Abteilungsleiter. Wäre die Sache schiefgegangen, hätte sich der Geschäftsführer (der sich für diese Vorgehensweise entschieden hatte) dafür vor dem leitenden Management der Firma verantworten müssen.

Wahrscheinlich gibt es nur wenige Menschen, die den Mut aufbringen, unter solchen Umständen in dieser Form zu delegieren. Im vorliegenden Fall hat sich das Risiko gelohnt.

Für einen solchen Chef würde jeder gerne arbeiten. Er schätzt den Wert seiner Mitarbeiter und verdient damit auch das positive Ergebnis.

ZUSAMMENFASSUNG

Delegieren bedeutet einen Teil seiner Arbeit als Vorgesetzter an eine andere Person (meist einen Mitarbeiter aus der Abteilung) abzugeben, und zwar mit der vollen Verantwortung sowie der notwendigen Handlungsvollmacht.

Was sind die Vorteile?

- Man kann die eigene Zeit effektiver nutzen.
- Man fördert die Fähigkeiten der Mitarbeiter in der Abteilung.
- Man steigert die Motivation.
- Man kann „bessere" Entscheidungen treffen.

KAPITEL 4

Was hält vom Delegieren ab?

Überblick

Die meisten Manager delegieren nicht genug! In diesem Kapitel sehen wir uns die Gründe dafür an und überlegen, wie man das ändern kann.

Ziele

Wenn Sie dieses Kapitel gelesen haben, sollten Sie

- die Hauptgründe kennen, warum manche Vorgesetzten meinen, sie sollten bzw. könnten nicht ausreichend delegieren,
- die Stichhaltigkeit dieser Gründe überprüft haben,
- geklärt haben, wie man das ändern kann.

Bevor wir uns die Gründe für den Mangel am Delegieren ansehen, schreiben Sie bitte Ihre Gedanken zu den folgenden Fragen auf:

1. Delegieren Sie (oder andere leitende Mitarbeiter, die Sie kennen) genug?
2. Falls nicht, woran liegt das Ihrer Meinung nach? Schreiben Sie die Hauptfaktoren auf.

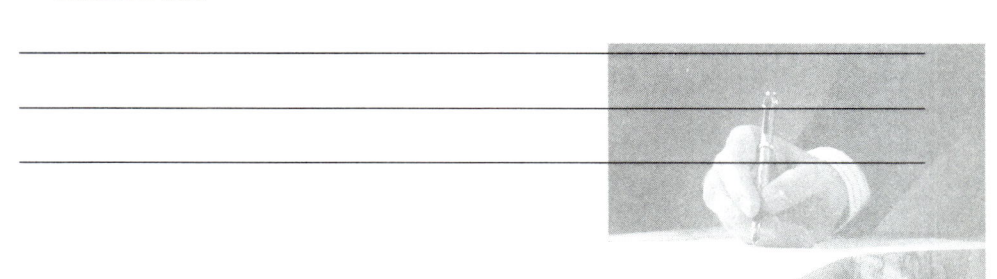

_____

_____

_____

RICHTIG DELEGIEREN

_____

_____

_____

_____

■ Inhalt

- ◆ Die Hinderungsgründe beim Delegieren.
- ◆ Ich bin mir nicht sicher, wie man richtig delegiert.
- ◆ Werde ich nicht die Kontrolle verlieren?
- ◆ Es geht doch viel schneller, wenn ich es selbst mache.
- ◆ Ich kann es sowieso besser.
- ◆ Werde ich womöglich nicht mehr gebraucht?
- ◆ Wie beurteilt die Geschäftsleitung das Delegieren?

DIE HINDERUNGSGRÜNDE BEIM DELEGIEREN

Die Vorteile effektiven Delegierens sind allgemein bekannt. Um so unverständlicher ist es, warum manche Menschen anscheinend nicht genug oder überhaupt nicht delegieren.

Wir haben mit einer ganzen Anzahl von Managern auf verschiedenen Ebenen gesprochen, und alle waren ehrlich genug zuzugeben, daß sie entweder überhaupt nicht oder nur sehr wenig delegieren. Daraufhin fragten wir, warum das so ist.

Es gab eine Menge verschiedener Gründe, aber einige wurden wiederholt genannt, und zwar die Punkte, die oben unter der Überschrift „Inhalt" aufgeführt sind. Vergleichen Sie zunächst Ihre eigenen Überlegungen mit diesen Gründen. Sind Ihnen die gleichen (oder ähnliche) Begründungen eingefallen? Wir wollen uns diese Gründe nun näher ansehen und herausfinden, ob es sich wirklich um „gute Gründe" oder nur um Ausreden handelt. Ein Grund ist eine berechtigte Ursache, während eine Ausrede sich zwar berechtigt anhört, es aber nicht wirklich ist.

Bevor Sie weiterlesen, sehen Sie sich einmal Ihre Auflistung der Gründe an. Seien Sie ehrlich vor sich selbst, und entscheiden Sie, ob es sich dabei um „gute Gründe" oder um Ausreden handelt.

ICH BIN MIR NICHT SICHER, WIE MAN RICHTIG DELEGIERT

Es ist bedenklich, wenn jemand behauptet: „Delegieren ist leicht, das kann ich gut." Denn es ist keineswegs leicht, zu delegieren und dennoch die Kontrolle zu behalten.

Wenn man zum ersten Mal delegieren will, ist es nur natürlich, sich darüber Gedanken zu machen, wie man dabei vorgeht (das kommt sogar noch bei erfahrenen Managern vor!). Das richtige Vorgehen erfordert die Kenntnis und die Umsetzung der richtigen Grundsätze effektiven Delegierens. Genau dazu soll das Buch beitragen.

Nichts und niemand kann Ihnen eine 100prozentige Erfolgsgarantie geben, aber wenn Sie die Empfehlungen in diesem Buch befolgen, vermindern Sie in jedem Fall die Wahrscheinlichkeit, daß ernsthafte Probleme auftreten. Manch einer mag sagen: „Die Frage des Delegierens kam in meiner Ausbildung nie vor. Wie kann man also von mir erwarten, daß ich es richtig anstelle?" Das stimmt sogar vielleicht, aber diese Argumentation ist eine Ausrede und kein Grund! Es gibt immer Leute, die erwarten, daß andere die Arbeit für sie tun. Diesen muß man die Frage entgegenhalten: „Was haben Sie getan, um sich selbst zu helfen?" Man kann sich die erforderlichen Kenntnisse in Kursen aneignen, aber das ist nicht die einzige Möglichkeit.

Wir glauben, daß zum Erlernen des richtigen Delegierens die Fähigkeit gehört, Anforderungen zu erkennen, weiter die Möglichkeit zum praktischen Umsetzen (nach Möglichkeit mit einem Feedback) und – am wichtigsten – die richtige Einstellung. Jeder „*kann*" lernen, erfolgreich zu delegieren, wenn er nur wirklich will!

Die Bedeutung der Einstellung

Wenn jemand nicht bereit ist, etwas zu lernen, ist es praktisch unmöglich, ihm etwas zu vermitteln. Unsere Einstellung ist wahrscheinlich das einzige, was wir wirklich bestimmen können. Wir können *„wählen"*, ob wir etwas positiv oder negativ ansehen. Wenn uns etwas Negatives zustößt, gibt es kein Gesetz, das besagt, daß auch unsere Einstellung dazu negativ sein müßte, und wir die Last ein Leben lang auf unseren Schultern zu tragen hätten. Jetzt fragen Sie vielleicht: „Wie kann man denn ein negatives Geschehen positiv beurteilen?"

Nehmen wir ein Beispiel. Während meines Studiums besuchte ich einen einwöchigen Workshop. An dem Kurs nahm auch ein junger Mann teil, der früher ein aktives, sportliches Leben geführt hatte und nach einer schweren Krankheit an den Rollstuhl gefesselt war. Sein Wissensdurst und sein Sinn für Humor waren umwerfend. Im Spaß raste er mit seinem Rollstuhl davon und freute sich, wenn der arme Fußgänger (ich!) keuchend zurückblieb. Er meldete sich immer als erster, wenn ein Versuchskaninchen gesucht wurde oder jemand, der eine Gruppe leitete, und man hörte heraus, daß er ein sehr erfolgreicher Student war. Nach seiner Aussage lag sein einziges Problem darin, daß er „runde Beine" hätte, wie er es ausdrückte. Er war uns allen eine Quelle der Inspiration, und wenn es schwierig wurde (und das war oft der Fall!), war er behilflich und munterte alle auf. Jeder hätte verstanden, wenn er sich „vom Schicksal geschlagen" gefühlt hätte und der Meinung gewesen wäre, daß er manches nicht schaffen könne. Aber das war bei ihm nie der Fall.

Seine Einstellung zum Lernen war die positivste, die ich je erlebt habe. Das beweist, wozu man in der Lage ist, wenn man an sich glaubt. Kommen wir zurück zum Delegieren. Man kann es lernen, wenn man es wirklich will. Ein altes Sprichwort sagt: „Man wird so alt wie eine Kuh und lernt doch immer noch dazu." Auch hier geht es also um die richtige Einstellung.

Die richtige Einstellung allein genügt jedoch nicht. Gut zu delegieren bedeutet auch, die Fähigkeiten und Kenntnisse der Personen, an die man delegieren könnte, zu kennen und zu wissen, was alles zu der Aufgabe gehört, die man zu delegieren gedenkt.

Wenn jemand eine Managementfunktion in einer Abteilung übernimmt, die er noch nicht kennt, wird er natürlich am Anfang noch unsicher sein und nicht viel delegieren. Es braucht seine Zeit, die Mitarbeiter kennenzulernen und auch die Aufgaben, die man delegieren kann.

WERDE ICH NICHT DIE KONTROLLE VERLIEREN?

Die Angst, die Kontrolle zu verlieren, wird sehr oft als Begründung dafür angesehen, daß man nicht delegiert. Wie bereits erwähnt, kann man die Verantwortlichkeit nicht weiterdelegieren. Es muß also eine gewisse Kontrolle vorhanden sein, um ein erfolgreiches Ergebnis sicherzustellen. Die Schwierigkeit besteht oft darin, daß mit dem Delegieren einer Aufgabe auch Handlungsvollmacht für unabhängige Entscheidungen weitergegeben werden muß. Dazu ein Beispiel:

Vergangenen Montag haben Sie eine Aufgabe an Frau Schulte, eine Ihrer Mitarbeiterinnen, delegiert. Heute ist Mittwoch. Sie sitzen an Ihrem Schreibtisch und fragen sich, wie es um die Arbeit steht, die bis Freitag erledigt sein muß. Sie denken: „Ich darf mich nicht ganz zurückziehen, sondern muß etwas Interesse zeigen. Also frage ich Frau Schulte, wie sie zurechtkommt." Sie gehen in bester Absicht in Frau Schultes Büro. Sie ist da, und Sie fragen etwas wie: „Hallo, Frau Schulte, wie läuft es mit der Arbeit, die ich Ihnen gegeben habe?"

Kommt Ihnen das bekannt vor?

Was würden Sie an Frau Schultes Stelle antworten?

_____
_____
_____
_____
_____
_____
_____

Auf diese Art der „Kontrolle" gibt es drei Standardantworten: „Gut", „Okay", „Alles in Ordnung". Haben Sie eine davon benutzt?

Warum sollten dies aber Standardantworten sein? Das liegt daran, daß der Mitarbeiter in der Regel immer dasselbe denkt. Normalerweise sieht er den Vorgesetzten nicht als hilfreiche Person, die sich um alles kümmert, wie man es vielleicht annehmen könnte, sondern denkt sich eher: „Sie haben mir die Aufgabe anvertraut, nun lassen Sie mich die Arbeit auf meine Weise machen. Ich weiß, wo Ihr Büro ist, falls ich Sie brauche."

■ Übermäßige Kontrolle

Erinnern Sie sich an Long John Silver aus der „Schatzinsel"? Man stellt ihn sich meistens mit einem Papagei auf der Schulter vor. Ein Manager kann leicht wie Long John Silvers Papagei wirken – er sitzt einem im Nacken, quatscht ab und zu dazwischen und nützt nicht viel!

Über den Stand der Arbeit sind Sie zwar informiert, aber fragen Sie sich einmal, welche Wirkung eine derartige Kontrolle auf die Motivation der Mitarbeiter hat. Wie würden Sie sich dabei fühlen?

Das heißt nicht, daß man sich niemals nach dem Stand einer delegierten Aufgabe erkundigen sollte. Es gibt auch Mitarbeiter, die um nichts in der Welt zugeben würden, daß sie mit etwas Schwierigkeiten haben. In einem solchen Fall kann eine kurze Frage hilfreich sein und dazu führen, daß Probleme leichter angesprochen werden.

Man will also weder die Kontrolle verlieren noch wie Long John Silvers Papagei erscheinen. Wie delegiert man also am besten, ohne die Kontrolle zu verlieren?

Beziehen Sie die Mitarbeiter in den gesamten Prozeß der Kontrolle mit ein! Sie vertrauen ihnen die Arbeit und die Handlungsvollmacht für Entscheidungen an. Vertrauen Sie ihnen auch beim Aufbau eines effektiven Kontrollsystems, das einen erfolgreichen Abschluß einer Aufgabe sicherstellen kann. Dieses Ziel läßt sich erreichen, wenn Sie – idealerweise gemeinsam – eine bestimmte Checkliste erstellen, um

- ◆ den Fortschritt zu überwachen (und gegebenenfalls zu beeinflussen), um sicherzustellen, daß die einzelnen Stufen und das gewünschte Gesamtergebnis rechtzeitig und in der richtigen Form erreicht werden,
- ◆ wichtige Entscheidungen zu besprechen bzw. zu überprüfen,
- ◆ den Mitarbeitern zu versichern, daß alles so läuft, wie es sollte.

WAS HÄLT VOM DELEGIEREN AB? KAPITEL 4

> **Delegieren, ohne die Kontrolle zu verlieren**
>
> Die alltägliche Kontrolle (in einem realistischen Rahmen) an die Mitarbeiter zu delegieren heißt *nicht*, die Kontrolle zu verlieren.

Die Frage, wie ein solches Kontrollsystem aufgebaut werden kann, wird ab Seite 188 behandelt.

ES GEHT DOCH VIEL SCHNELLER, WENN ICH ES SELBST MACHE

Geht es nicht viel schneller, etwas selbst zu machen? Die Antwort lautet wahrscheinlich „Ja".

Wie bereits erwähnt, spielt der Zeitfaktor eine sehr große Rolle, und die Termine sind meist sehr eng. In diese Falle tappt man also schnell hinein. Meist passiert dies bei Arbeiten, die man vorher immer selbst erledigt hat. Vielleicht denkt man bei sich: „Ich brauche zwei Stunden dafür, Herr Hofmann wird vier Stunden brauchen, um alle erforderlichen Unterlagen zusammenzustellen und sich mit der Materie vertraut zu machen. Es bleibt nicht viel Zeit, die Ergebnisse müssen bald vorliegen, also erledige ich es selbst."

■ Ein gefährlicher Kreislauf

Man kann leicht in einen gefährlichen Kreislauf geraten, denn es wird immer schneller gehen, wenn man etwas selbst erledigt, es sei denn, man nimmt sich einmal die Zeit, es jemandem richtig zu erklären. Wenn es sich um eine Aufgabe handelt, die man delegieren will, muß man sich also irgendwann aus diesem Kreislauf befreien!

Zu dieser Kategorie von Arbeit gehören regelmäßige Aufgaben, z.B. Berichte zu schreiben, Budgetkontrollen zu erstellen, Abteilungsbesprechungen durchzuführen usw.

Nehmen wir einmal an, Sie erstellen wöchentlich einen Bericht, für dessen Zusammenstellung Sie drei Stunden benötigen. Wenn Sie dies an einen Mitarbeiter in Ihrer Abteilung delegieren, wird es beim ersten Mal bestimmt wesentlich mehr als drei Stunden in Anspruch nehmen, um die Sache zu erklären, ein paar Richtlinien festzulegen, den Bericht zu erstellen und den Entwurf dann nochmals gemeinsam durchzugehen. Nehmen wir weiter an, daß insgesamt sechs Stunden benötigt werden (zwei Stunden von Ihrer und vier Stunden der Arbeitszeit des Mitarbeiters). Beim nächsten Mal braucht er vielleicht nur noch drei Stunden und Sie eine Stunde zur Prüfung. Damit haben Sie bereits zwei Stunden gespart, in denen Sie sich wichtigeren Aufgaben zuwenden können.

Warum delegieren wir nicht einfach?

- Weil wir vielleicht Spaß an der Arbeit haben.
- Weil wir uns vorher über diese Routineaufgaben keine Gedanken gemacht haben.

Wir haben Spaß an der Arbeit

Gut und schön, aber fragen Sie sich einmal, ob es das ist, was Sie eigentlich mit Ihrer Zeit anfangen sollten. Es ist nur natürlich, daß man gern die angenehmen Arbeiten erledigt, aber nicht immer geht es nach unseren Wünschen. Wenn Sie sich bei einer bestimmten Arbeit im Zweifel sind, fragen Sie sich einmal, wie Ihr Vorgesetzter über die vielleicht zwei Stunden denken würde, die Sie dafür opfern. So können Sie herausfinden, ob Sie Ihre Prioritäten bei der Arbeit danach setzen, was Spaß macht, oder nach dem, was wichtig ist.

Wenn es wichtigere Dinge zu erledigen gibt, dann ist es an der Zeit zu delegieren. Das bedeutet natürlich nicht, daß Sie alle Arbeiten, die Ihnen Spaß machen, delegieren müssen. Aber mit dem Delegieren können Sie sich mehr Zeit für andere erfreuliche und wichtige Aufgaben verschaffen, die man nicht delegieren kann.

Wir haben uns vorher über diese Routineaufgaben keine Gedanken gemacht

Wenn Sie jetzt erkannt haben, welche Routinetätigkeiten Sie delegieren können, ist es vielleicht hilfreich, sie hier aufzuschreiben und einen Termin zu setzen, bis zu dem Sie die Aufgaben delegieren.

Routineaufgaben   *Was ist zu tun und bis wann?*

_____

_____

_____

_____

_____

ICH KANN ES SOWIESO BESSER

Dieser Auffassung sind wir natürlich gern. In manchen Fällen stimmt es ja auch. Sie haben vielleicht ein größeres Wissen und mehr Fähigkeiten aus Ihrer Erfahrung mit einer bestimmten Aufgabe. Hier verhält es sich aber wieder ähnlich wie bei den Routineaufgaben. Sie werden *immer* mehr wissen und können, wenn Sie nicht einem Mitarbeiter in der Abteilung die Möglichkeit geben, in die Sache hineinzuwachsen, d. h. seine Kenntnisse und Fähigkeiten in bezug auf eine bestimmte Aufgabe weiterzuentwickeln. Wenn Sie jemanden mit den richtigen Fähigkeiten und der richtigen Motivation wählen und gemeinsam die erforderlichen Kontrollen arrangieren, besteht überhaupt kein Grund zu der Annahme, daß hier keine gute Arbeit geleistet werden wird.

Hauptsächlich geht es jedoch um unser eigenes Ego. Manch einer macht sich ernsthaft Sorgen, daß ein Mitarbeiter die Arbeit besser machen könnte als er selbst. Die einfache Antwort lautet: „Na und?" Der Trick besteht darin, das zunächst einmal festzustellen und dann zu nutzen.

> Herr Bertram, der Transportleiter eines mittleren Produktionsbetriebes, hat zu entscheiden, welche Informationen und Aufgaben in der Abteilung

RICHTIG DELEGIEREN

in Zukunft mit dem Computer bearbeitet werden könnten. Der Produktionschef hatte die Frage aufgeworfen, aber auch gleich erklärt, daß die Entscheidung stark in Herrn Bertrams Tätigkeitsfeld hineinreicht. Herrn Bertrams Problem liegt jedoch darin, daß er einen Horror vor Computern hat („Nicht nur er", hören wir Sie sagen), und während ihm durchaus klar ist, daß man bessere Wege der Informationsverarbeitung finden müßte, befürchtet er hauptsächlich, irgendeine wichtige Information könnte für immer in den Tiefen des Computers verlorengehen und er hätte dann keine Ahnung, was zu tun wäre. Außerdem weiß er sowieso nicht, was er von diesen „neumodischen Apparaten" halten soll. Andererseits hat er in anderen Abteilungen gesehen, wie sinnvoll Computer bei Routenplanung und Fahrzeuginstandhaltung eingesetzt werden können. Es wäre relativ leicht, die Sache oberflächlich zu prüfen und dann zu beschließen, daß eine Umstellung auf Computereinsatz keinen Nutzen bringt. Herr Bertram hat aber den Mut, diesen Weg *nicht* zu gehen! Trotz seiner Befürchtungen und Vorbehalte will er der Idee zumindest eine Chance geben. Zufällig ist einer seiner Mitarbeiter, Herr Lieven, ein absoluter Computerfreak, der auf diesem Gebiet immer auf dem neuesten Stand ist. Herr Bertram akzeptiert, daß er selbst in bezug auf Computer keine Ahnung hat, und bittet Herrn Lieven, die Sache für ihn zu übernehmen, *indem er ihm auch die Gründe dafür erklärt.*

Um es kurz zu machen, Herr Lieven hält einen Computer für verschiedene Aufgaben für nützlich, einschließlich der Transportkostenkontrolle sowie optimaler Routenplanung für die Lkw. Er besorgt ein Leihgerät zur Probe, zeigt Herrn Bertram, wie die Sache funktioniert, und hilft ihm, den Computer zu bedienen, so daß Herr Bertram sich eine eigene Meinung bilden kann. Es überrascht nicht zu hören, daß Computer und Software relativ schnell angeschafft werden.

Sie denken sich vielleicht: „Alles schön und gut, aber wer hat schon jemanden wie Herrn Lieven zur Verfügung?" Aber sehr oft gibt es so jemanden wirklich. Hier geht es wieder nur um das eigene Ego. Herr Bertram war erfolgreich, weil er akzeptierte, daß Herr Lieven die Aufgabe besser lösen würde als er selbst, hatte den Mut, dies zuzugeben, und überließ ihm die Aufgabe. Wenn Sie der Produktionschef oder Herr Lieven wären, würde Herr Bertram nun in Ihrem Ansehen steigen oder fallen?

WAS HÄLT VOM DELEGIEREN AB? **KAPITEL 4**

WERDE ICH WOMÖGLICH NICHT MEHR GEBRAUCHT?

Eventuell denken Sie: „Wenn ich einen Mitarbeiter einarbeite, werden sie mich bald nicht mehr brauchen. Sie könnten mich loswerden und 20 000 DM im Jahr sparen, wenn sie ihn auf meinen Posten setzen." Wir wollen nicht so tun, als ob dies *nie* der Fall wäre, aber es ist doch äußerst unwahrscheinlich. Wenn Sie lernen, effektiv zu delegieren, stehen die Chancen höher, befördert als entlassen zu werden. Das wollen Sie nicht glauben? Hier die Begründung.

WIE BEURTEILT DIE GESCHÄFTSLEITUNG DAS DELEGIEREN?

Wenn man bei der Arbeit zwischen „technischen" Aspekten und den Managementtätigkeiten unterscheidet, werden die Anteile in etwa wie in der nachstehenden Grafik aussehen.

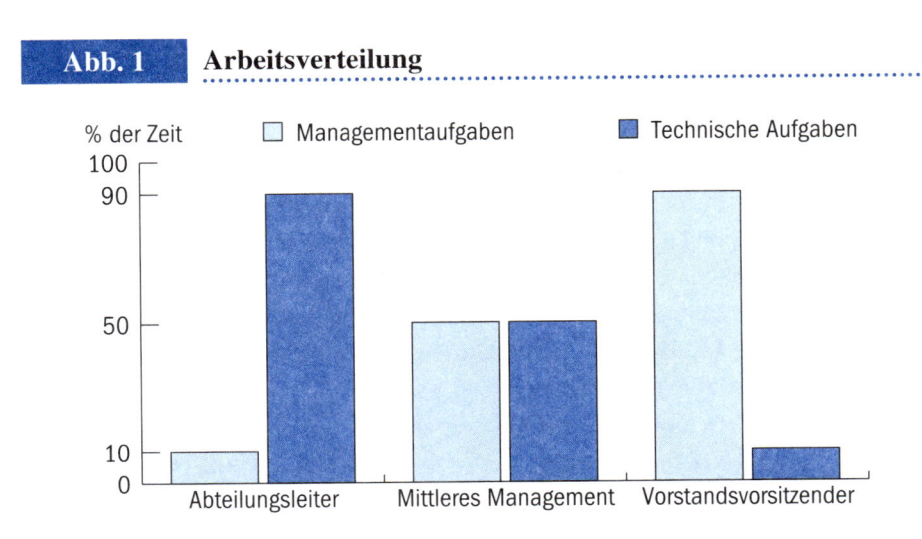

Abb. 1 **Arbeitsverteilung**

% der Zeit ☐ Managementaufgaben ■ Technische Aufgaben

	Abteilungsleiter	Mittleres Management	Vorstandsvorsitzender
Managementaufgaben	10	50	90
Technische Aufgaben	90	50	10

Beachten Sie, daß es sich hier nur um eine allgemeine Darstellung handelt, individuelle Situationen können natürlich davon abweichen.

RICHTIG DELEGIEREN

Die linke Seite bezieht sich auf die Arbeit eines leitenden Programmierers, der vielleicht 90 % seiner Zeit mit dem Schreiben komplizierter Computerprogramme verbringt und die restlichen 10 % seiner Zeit den Managementaufgaben widmet, z. B. der Entscheidung, wer welches Programm schreiben soll, der Überwachung von Fortschritten, der Bearbeitung von Anfragen usw.

Im mittleren Management wird die Zeit etwa 50:50 auf die Aufgaben verteilt sein, da die Managementaufgaben zunehmen.

Die rechte Seite bezieht sich auf den Vorstandsvorsitzenden, der womöglich Experte auf einem Geschäftsgebiet ist. Ihm sind mehrere Direktoren unterstellt. Vielleicht kommt er aus dem Vertriebsbereich und ist somit „Experte" auf diesem Gebiet. Er trägt aber auch Verantwortung für die Bereiche Produktion, Personal, Finanzen, Marketing und Verwaltung. Er *muß* also delegieren. Um nach ganz oben zu gelangen, mußte er lernen zu delegieren, und auch ihm ist das nicht leichter gefallen als unsereinem. Sprechen Sie ruhig einmal einen Manager darauf an!

> Ein Geschäftsführer gründete eine Firma für Plastikteile. Er hatte nach einer Lehre als Werkzeugmacher gearbeitet. Als seine Firma über die ursprünglichen zwölf Mitarbeiter hinaus wuchs, war es für ihn mit am schwierigsten, das Delegieren zu erlernen. Er versuchte gleichzeitig Geschäftsführer und Werkzeugmacher zu sein, doch das funktionierte nicht. Er vergaß zwar nie seine Herkunft, aber es wurde ihm klar, daß er immer weniger von seiner alten Arbeit verstand, da die Technik sich weiterentwickelte und neue Maschinen installiert wurden. Nun bezahlte er also andere Leute für die Arbeit, die er früher getan hatte, und er mußte akzeptieren, daß er nun kein Werkzeugmacher mehr war!

Vermutlich durchlaufen die meisten Menschen im oberen Management diese Erfahrung und lernen (hoffentlich) damit umzugehen. Folglich verstehen auch die meisten die Schwierigkeiten, die dies mit sich bringt. Fast alle schätzen aber die Fähigkeit zu delegieren. Versetzen Sie sich einmal in die Lage eines Geschäftsführers. Wen würden Sie im Falle einer Beförderung vorziehen – den Experten oder den Delegierer?

Wenn Sie also lernen zu delegieren und Ihre Abteilung entsprechend fördern, wird es jemanden geben, der in der Lage ist, in Ihre Fußstapfen zu treten, wenn sich für Sie selbst die Gelegenheit zu einer Beförderung ergibt, ohne daß dabei größere Umstellungsprobleme auftreten.

WAS HÄLT VOM DELEGIEREN AB? **KAPITEL** 4

ZUSAMMENFASSUNG

- Die meisten Manager delegieren nicht genug.
- Eine positive Einstellung zum Delegieren ist äußerst wichtig.
- Vermeiden Sie übermäßige Kontrolle, lassen Sie die Mitarbeiter (innerhalb vereinbarter Grenzen) die Kontrolle selbst organisieren.
- Überlegen Sie, welche Routinearbeiten delegiert werden sollen/können.
- Akzeptieren Sie, daß jemand in der Abteilung eine bestimmte Aufgabe womöglich besser als Sie erledigt.
- Auf dem Wege nach oben wird Ihre eigene Erfahrung auf bestimmten Sachgebieten an Bedeutung verlieren, während Ihre Fähigkeit zu managen an Bedeutung zunimmt.

KAPITEL 5

Der wahre Hinderungsgrund beim Delegieren

■ Überblick

In diesem Kapitel sehen wir uns den wahren Grund für den Mangel an Delegieren an und überlegen, was dagegen zu tun ist.

■ Ziele

Wenn Sie dieses Kapitel gelesen haben, sollten Sie

- ◆ den wahren Grund kennen, warum man nicht delegiert,
- ◆ wissen, wie man damit umgeht.

■ Inhalt

- ◆ Der Hauptgrund, der vom Delegieren abhält.
- ◆ Die Bedeutung und der Einfluß der Angst.
- ◆ Der Umgang mit der Angst.
- ◆ Die realistische Einstellung zur Angst.

DER WAHRE HINDERUNGSGRUND BEIM DELEGIEREN **KAPITEL 5**

DER HAUPTGRUND, DER VOM DELEGIEREN ABHÄLT

Im vorhergehenden Kapitel haben wir untersucht, wie Manager begründen, daß sie überhaupt nicht oder nicht genug delegierten. Wir haben versucht herauszufinden, wann es sich um echte Gründe und wann es sich nur um Ausreden handelt. Beispielsweise kann ein Manager das Gefühl haben, noch zu neu in der Abteilung zu sein und die Mitarbeiter noch nicht genug zu kennen, um wichtige Aufgaben zu delegieren (dies ist ein echter Grund). Nach sechs Monaten jedoch ist dies kein echter Grund mehr, sondern nur noch eine Ausrede. Warum also werden diese echten Gründe manchmal zu Ausreden? Die Antwort lautet: *Angst!*

Wir müssen unsere Motive, warum wir nicht delegieren, genau unter die Lupe nehmen und sie dann ehrlicherweise einstufen als

◆ wahre Gründe,
◆ Gründe, die mit unserer Angst zu tun haben.

Blättern Sie noch einmal zurück zu Seite 33. Wenn Sie dort irgendwelche Faktoren als Ausreden identifiziert haben, sind Sie der Ansicht, daß „Angst" die Ursache dafür war? Markieren Sie die entsprechenden Aussagen.

DIE BEDEUTUNG UND DER EINFLUSS DER ANGST

Angst ist ein sehr starkes Gefühl. Echte Angst kann viele Arten der Reaktion in uns auslösen. Folgende Situation kann leicht in Angst versetzen. Man erfährt, daß man vor einer Gruppe von Leuten eine Rede halten soll.

Die meisten fühlen sich etwas unbehaglich, vor einer Gruppe stehen zu müssen und eine Rede zu halten, die einen weniger, die anderen mehr. Übliche Reaktionen sind dann feuchte Hände, eine trockene Kehle, Zittern der Hände und Knie, die Angst, den Text zu vergessen usw. Verbreitet ist die Einstellung: „Warum gerade ich? Andere scheinen dies viel besser zu können." *Aber das stimmt nicht!* Man merkt ihnen die Nervosität nur nicht an.

RICHTIG DELEGIEREN

Ein berühmter Mann des öffentlichen Lebens verbrachte die meiste Zeit damit, vor großen Auditorien Reden zu halten. Einmal war ich vor einem Auftritt mit ihm zusammen. Er rauchte eine Zigarette nach der anderen und zitterte wie Espenlaub. Ich kannte ihn gut genug, um mir die Frage zu erlauben: *„Sie tun dies nun schon seit Jahren und wissen, wie die Leute auf Sie reagieren. Warum um alles in der Welt sind Sie so nervös?"*
Die Antwort werde ich nie vergessen: *„Ich bin immer so nervös. Jedes Publikum ist eine unbekannte Größe, und ich kann mir nie sicher sein, wie es reagieren wird. An dem Tag, an dem ich nicht mehr nervös bin und es mir egal ist, wie die Zuhörer mich finden, werde ich schlechte Arbeit leisten."* Danach ging er ans Rednerpult, und als ob ein Schalter umgelegt worden wäre, gab er seine gewohnt perfekte, ausgefeilte „Vorstellung".

Beim Delegieren ist das genauso. An dem Tag, an dem wir nicht mehr nervös sind, wird es uns egal sein, wie die anderen uns sehen. Nervosität ist also durchaus in Ordnung, sie darf nur nicht dazu führen, daß man sich am Delegieren hindern läßt und keine Verantwortung und Handlungsvollmacht mehr abgibt.

■ Der Glaube an die eigene Unentbehrlichkeit

Obwohl wir wissen, daß dem nicht so ist, halten uns alle gerne für unentbehrlich. Man möchte gebraucht werden, und das ist auch in Ordnung. Wie die folgende Situation zeigt, kann dies jedoch auch zu weit gehen.
Wir befinden uns im Verwaltungsbüro eines kleinen Unternehmens. Es gibt noch keine Computer, und die Rechnungen werden von einer Mitarbeiterin geschrieben und verschickt, die dann auch die eingehenden Zahlungen verbucht. Als sie für ein paar Tage in Urlaub fährt, nimmt sie die Rechnungsbücher mit! Niemand sonst kennt ihr System, und sie läßt auch niemanden „mitmischen". Jetzt denken Sie bestimmt: „Wie um alles in der Welt konnte ihr Chef sie mit den Büchern gehen lassen?" Aber sie hat damit versucht, sich unentbehrlich zu machen.
Diese Unentbehrlichkeit kann wie in diesem Falle beabsichtigt sein oder aus einer Art Angst oder auch einfach zufällig entstehen.
Nehmen wir an, Sie haben gerade ein Projekt abgeschlossen. Ein neues Projekt steht an, und Ihr Chef bittet Sie, sich darum zu kümmern, da Sie jetzt Zeit dafür haben. Innerhalb eines Monats können Sie zum Experten für dieses

Projekt werden, da nur Sie es genau kennen. Das kann ein tolles Gefühl sein. *Sie sind auf mich angewiesen, da nur ich mich damit auskenne.* Wie sieht aber die Kehrseite der Medaille aus? Sie mögen praktisch unentbehrlich sein, aber wie wird Ihr Chef die Situation sehen?

Schreiben Sie auf, was Ihnen hierzu einfällt:

_____

_____

_____

_____

> **Die Gefahr der Unentbehrlichkeit**
>
> **W**er sich absichtlich oder zufällig unentbehrlich macht, kann möglicherweise auch nicht mehr befördert werden

DER UMGANG MIT DER ANGST

Man muß vor allen Dingen die Gründe für die völlig natürliche Angst verstehen, die mit dem Delegieren einhergeht. Damit umzugehen heißt, etwas dagegen zu tun.

Sie werden inzwischen Ihre Gründe, nicht zu delegieren, bereits als Ausreden oder echte Gründe klassifiziert haben.

■ Ausreden

Sie sind bereits einen großen Schritt vorangekommen, wenn Sie (wenn auch nur sich selbst gegenüber) so ehrlich sind zuzugeben, daß Sie manchmal Ausreden vorschützen. Wenn Sie wirklich die Vorteile des Delegierens berücksichtigen, überwiegen diese bei weitem die Nachteile. Es geht also hier um die

RICHTIG DELEGIEREN

Einstellung zum Delegieren. Wenn Sie wirklich delegieren *wollen*, werden Sie es auch können.

Schreiben Sie auf, was Ihnen zu Vorteilen und Nachteilen einfällt:

Vorteile	*Nachteile*

▪ Echte Gründe

Natürlich können auch echte Gründe vorliegen, warum Sie nicht delegieren. Aber auch dann kann man etwas ändern, wenn man es wirklich will. Viele der üblichen Gründe, warum nicht delegiert wird, wie auch mögliche Lösungsansätze wurden im vorhergehenden Kapitel behandelt. Überlegen Sie, ob einige der Lösungsansätze sich auf Ihre Situation anwenden lassen. Schreiben Sie Ihre Vorstellungen auf, und legen Sie möglichst auch einen Termin fest. Ihre Notizen könnten wie im folgenden Beispiel aussehen:

Echter Grund: Frau Meier hat nicht genügend Erfahrung für eine Aufgabe (könnte sie aber im Prinzip übernehmen). Lösungsansatz/Termin: Genug Zeit geben (um zu erklären), Unterstützung anbieten. Mitte März, wenn das Geschäft ruhiger ist.

Echter Grund	*Lösungsansatz/Termin*

DIE REALISTISCHE EINSTELLUNG ZUR ANGST

Beim Delegieren ist es normal, daß auf *beiden* Seiten Angst aufkommt. Als Vorgesetzter sind Sie verantwortlich und wollen nicht, daß etwas schiefgeht. Der Mitarbeiter möchte Sie nicht enttäuschen. Die Angst, daß etwas schiefgeht, kann man nicht wirklich vermeiden, bis die Aufgabe erfolgreich zu Ende gebracht wurde. Besteht ein effektives Kontrollsystem, dann kann die Gefahr, daß etwas schiefgeht, und damit auch die Angst stark reduziert werden.

ZUSAMMENFASSUNG

- Der Haupthinderungsgrund beim Delegieren ist *Angst!*
- Trennen Sie echte Gründe von Ausreden.
- Hüten Sie sich vor der Unentbehrlichkeit.
- Bestehen echte Gründe (und nicht nur Ausreden), etwas nicht zu delegieren, überlegen Sie mögliche Lösungen, wie Sie trotzdem delegieren können, und legen Sie Termine fest.

KAPITEL 6

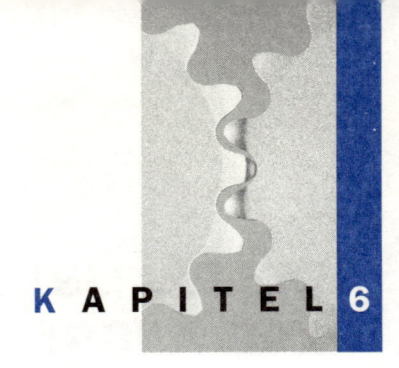

Welche Aufgaben kann man delegieren?

■ Überblick

Viele haben Probleme mit der Entscheidung, welche Aufgaben zu delegieren sind. In diesem Kapitel sehen wir uns an, welche Aufgaben delegiert werden können und welche nicht.

■ Ziele

Wenn Sie dieses Kapitel gelesen haben, sollten Sie

- ◆ wissen, wie man effektive Ziele setzt,
- ◆ wissen, wie man die passenden Aufgaben auswählt, die delegiert werden können,
- ◆ die Aufgaben, die zu delegieren sind, festgelegt haben.

■ Inhalt

- ◆ Was kann delegiert werden und was nicht?
- ◆ Die Zielsetzung.
- ◆ Entscheiden, welche Aufgaben man delegiert.

WAS KANN DELEGIERT WERDEN UND WAS NICHT?

Dies ist für die meisten Manager eine schwierige Frage. Es gibt wenige feste Regeln, da sehr viel von den Fähigkeiten und der Erfahrung der betroffenen Personen wie auch von der Komplexität der in Frage kommenden Aufgaben abhängt.

Dieses Kapitel befaßt sich mit den in Frage kommenden *Aufgaben,* das nachfolgende mit den in Frage kommenden *Personen.*

Was kann nicht delegiert werden?

Erinnern Sie sich an das dritte Kapitel: *Das einzige, was man nicht delegieren kann, ist die Verantwortlichkeit.* Trotzdem versuchen dies leider einige Manager. (Erinnern Sie sich an die Geschichte des Verkaufsleiters, der versuchte, die Verantwortlichkeit abzuschieben?) Als Manager eines bestimmten Gebietes sind Sie für die gesamte Arbeit, die von Ihren Untergebenen geleistet wird, verantwortlich, gleichgültig, ob diese „zugewiesen" oder „delegiert" ist.

Was kann delegiert werden?

Verantwortlichkeit kann man nicht delegieren. Dagegen läßt sich

- eine Aufgabe, die Teil Ihrer Arbeit ist,
- die Verantwortung für die erfolgreiche Ausführung einer Sache,
- die Handlungsvollmacht für unabhängige Entscheidungen delegieren.

„Klingt gut, aber das heißt, daß man alles delegieren kann", werden Sie sagen. Aber wollen Sie denn wirklich die gesamte Kontrolle über die Arbeit der Abteilung, für die Sie verantwortlich sind, abgeben? Sicherlich nicht. Das wäre kein Delegieren mehr, sondern Abschieben.

Ihre nächste Frage lautet vielleicht: „Es gibt doch bestimmt Aufgaben, die sich besser zum Delegieren eignen als andere?" Das ist richtig. Erinnern Sie sich an die Vorteile des Delegierens (die eigene Zeit besser nutzen, die Abtei-

RICHTIG DELEGIEREN

lung fördern, Motivation, „bessere" Entscheidungen durch die Nutzung spezieller Erfahrung in der Abteilung). Diese Faktoren werden Ihnen helfen, die zu delegierenden Aufgaben herauszufinden. Die Auswahl der tatsächlich zu delegierenden Aufgabe hängt dann von *Ihrer Zielsetzung* ab, d.h. von dem Ergebnis, das Sie vom Delegieren der Aufgabe erwarten. Also muß man zunächst wissen, wie man Ziele setzt. Die Entscheidung, welche Aufgaben delegiert werden sollen, wird später in diesem Kapitel besprochen. Zunächst aber zu den Zielen.

DIE ZIELSETZUNG

Effektive Ziele setzen zu können ist eine wichtige Fähigkeit in allen Bereichen. Sie betrifft nicht nur das Delegieren. Wie geht man dabei vor?

Um Ihren Ansatz mit unserem vergleichen zu können, schreiben Sie bitte Ihre Zielsetzung für etwas auf, das Sie in der kommenden Woche bei der Arbeit zu erledigen haben. (Welche Aufgabe dies ist, spielt keine Rolle; sie muß nichts mit Delegieren zu tun haben. Der Inhalt ist unwichtig.)

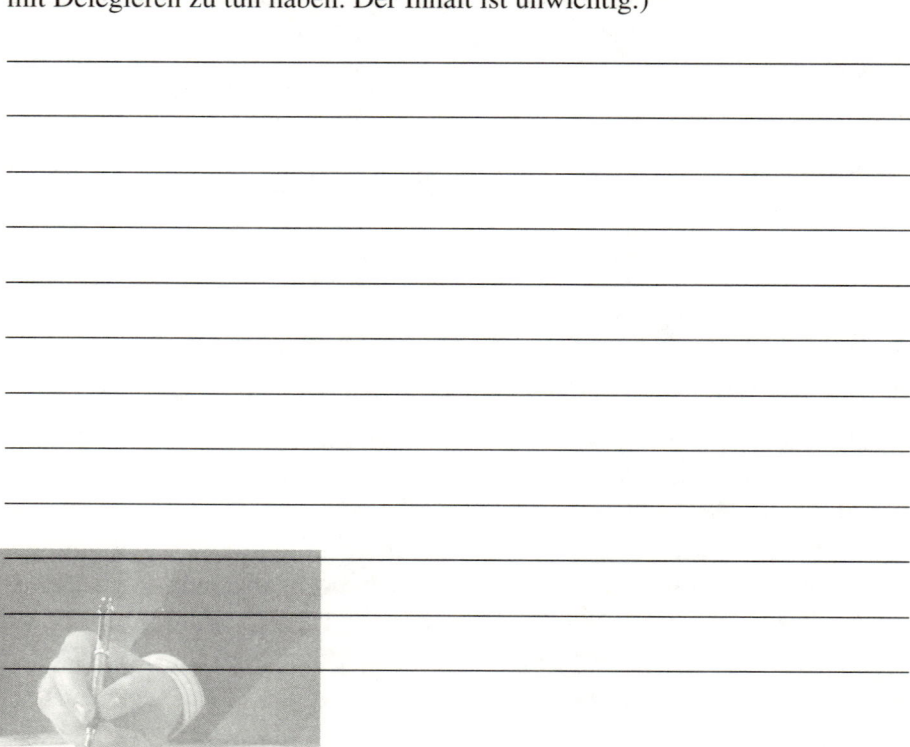

_____
_____
_____
_____
_____
_____
_____
_____
_____
_____
_____

■ Die genaue Zielsetzung

Wenn man sich über das eigentliche Ziel nicht im klaren ist, besteht die Gefahr, daß man „Feuer löschen" muß, anstatt „Feuer zu verhindern". Unter Zeitdruck ist das nicht ungewöhnlich. Da tritt eine Krise auf, und schnelles Handeln ist erforderlich. Man muß sich dann mit der *Auswirkung* befassen, nicht mehr mit der *Ursache*.

    Viele Menschen haben eine recht allgemeine Auffassung von dem Ziel, das sie erreichen wollen, z. B.: „Ich brauche diesen Bericht bis heute abend. Also werde ich Herrn Fischer bitten, die Zahlenarbeit für mich zu erledigen." Das ist eine ziemlich gängige Situation. Aber ist dieses Vorgehen richtig? Herr Fischer kann vielleicht das gegenwärtige Zeitproblem für seinen Vorgesetzten lösen, aber das ist wirklich „Feuer löschen". Wenn die Situation wieder auftritt, wird es den armen Herrn Fischer wieder treffen.

Vielleicht ist der Manager auf einem Karussell und springt von einer Krise zur nächsten, ohne *echte* Probleme jemals zu lösen.

Der Bericht muß natürlich erstellt werden, aber irgendwann muß der Manager von dem Karussell abspringen. Sein echtes Problem heißt vielleicht: „Ich habe nicht genug Zeit, um alles zu erledigen, was zu tun ist." Die Zielsetzung hat sich also verschoben. Es geht nicht mehr nur um die Erstellung des Berichtes, sondern um eine viel allgemeinere Frage mit zahlreichen Aspekten.

Der Manager hat in Wirklichkeit zwei Ziele; zum einen muß der Bericht bis abends fertig werden (die Auswirkung), zum anderen muß er sehen, wie er mehr Zeit für seine tatsächlichen Aufgaben frei machen kann (die Ursache). Die erste Aufgabe ist dringender, heißt aber nur noch das „Feuer zu löschen", die zweite, die „Vermeidung des Feuers", ist wesentlich wichtiger.

Sehen Sie sich Ihr Ziel auf der vorhergehenden Seite an. Sitzen Sie schon auf dem Karussell (indem Sie nur noch das „Feuer löschen" können)? Wenn dies der Fall ist, schreiben Sie ein Ziel auf, das Ihnen helfen soll, in Zukunft das „Feuer zu vermeiden".

■ Ergebnisse kontra Aktionen

Eine der größten Fallen beim Versuch einer vernünftigen Zielsetzung ist die Verwechslung von Aktionen und Ergebnissen. Nehmen wir an, ein Abteilungsleiter möchte einen zusätzlichen PC für die Abteilung anschaffen. Das Ziel wird sicher häufig wie folgt aussehen: „Bis Ende des Monats einen Bericht für den Finanzdirektor zur Computerversorgung in der Abteilung vorbereiten!"

Es kann leicht vorkommen, daß der Bericht eine detaillierte Aufstellung der bestehenden Ressourcen sowie des Bedarfs und der daraus resultierenden Vorteile für die Abteilung enthält. Das ist ziemlich typisch für ein Ziel. Einen Bericht anzufertigen ist jedoch eine Aktivität und kein Ergebnis!

WELCHE AUFGABEN KANN MAN DELEGIEREN? **KAPITEL 6**

Fragen Sie sich, welches *Ergebnis* der Abteilungsleiter wünscht. Vermutlich möchte er den Finanzdirektor überzeugen, dem Kauf eines zusätzlichen Computers zuzustimmen!

Wie wird sich eine Ergebnisorientierung Ihrer Meinung nach auf die Situation auswirken?

_____
_____
_____
_____
_____
_____
_____
_____
_____
_____
_____
_____
_____
_____

Vielleicht meint der Abteilungsleiter auch, eine direkte Präsentation könnte mehr Erfolg haben als ein schriftlicher Bericht, den man aber als Beleg trotzdem bereithalten sollte. Damit entsteht eine richtige „Verkaufs"-Situation, in der der Bericht eher die Vorteile für den Finanzdirektor benennt und weniger als Entscheidungsgrundlage für den Abteilungsleiter dient.

> **D**ie Ziele sollen folgendes zeigen: das gewünschte *Ergebnis* (d.h. den Finanzdirektor überzeugen) und nicht die *Aktivität* (d.h. den Bericht über Computer anfertigen).

RICHTIG DELEGIEREN

■ Wie definiert man ein effektives Ziel?

Wie bereits erwähnt, muß das Ziel ergebnisorientiert sein. Natürlich gibt es auch noch andere hilfreiche Richtlinien, die jedoch leider in der Praxis nicht immer genutzt werden.

Ein effektives Ziel sollte *klar* (sofern möglich), *meßbar* und *realistisch* sein.

Klar

Wenn man für sich selbst ein Ziel definiert, weiß man, was gemeint ist. Es ist jedoch besonders wichtig, sich klar auszudrücken, wenn man ein Ziel für jemand anderen definiert.

Nehmen wir an, Sie möchten ein Haus kaufen. Sagen wir, Sie wünschen sich ein Haus „mit dem gewissen Etwas". Ihr Partner und Sie haben dies bestimmt schon besprochen und wissen, was gemeint ist. Wenn Sie Ihre Wünsche nun mit einem Immobilienmakler besprechen, hat dieser vielleicht eine ganz andere Vorstellung von dem „gewissen Etwas". Sie wünschen sich ein Fachwerkhaus mit bleiverglasten Fenstern; der Makler schickt Ihnen Unterlagen zu einem extravaganten Betonbungalow. Passiert so etwas nicht oft? Das Problem besteht darin, daß der Person, die die Arbeit erledigen muß, die Anforderungen nicht eindeutig erklärt worden sind.

Beim Delegieren ist es unabdingbar, dem Mitarbeiter das Ziel eindeutig zu vermitteln. Das kann bedeuten, daß man dabei genauer vorgehen muß, als wenn man die Ziele nur für sich selbst aufschreibt. Ein solches Vorgehen ist aber ganz wichtig, um zum richtigen Ergebnis zu kommen. Sie denken vielleicht, das verstehe sich doch von selbst. Es steht jedoch fest, daß eine Menge Probleme beim Delegieren durch einen Mangel an klarer Zielsetzung verursacht werden.

> Der alte Gabelstapler einer Firma hat schon bessere Tage gesehen, um es gelinde auszudrücken. Der Motor macht ein Geräusch wie eine Schlagbohrmaschine. Der Vorarbeiter hat sich bereits mehrmals über den Zustand des Fahrzeugs beschwert, das zwar nicht gefährlich, aber einfach „überholt" ist und oft repariert werden muß.
> Der Produktionsleiter bittet den (ihm unterstellten) Vorarbeiter, *„sich möglichst bald nach einem neuen Gabelstapler für den Fuhrpark umzusehen."* Erleichtert zieht der Vorarbeiter los (zu diesem Zeitpunkt hochmotiviert), spricht mit drei Verkäufern, arrangiert Probevorführungen von

Gabelstaplern, gibt die technischen Einzelheiten des besten Fahrzeuges an die Einkaufsleitung durch und bittet um sofortige Bestellung, da der Produktionsleiter „möglichst bald" gesagt hat. Der Gabelstapler wird bestellt. Die Einkaufsabteilung schickt die Kopie des Auftrags an den Produktionsleiter und belastet seine Kostenstelle entsprechend (die in dieser Firma übliche Vorgehensweise). Als der Produktionsleiter die Kopie erhält, geht er in die Luft. Der arme Vorarbeiter wird unter wüsten Anschuldigungen in sein Büro zitiert und gefragt, was ihm einfiele, „über den Kopf" des Produktionsleiters hinweg zu entscheiden.

Völlig niedergeschmettert antwortet der Vorarbeiter: *„Sie haben mich gebeten, schnellstmöglich einen neuen Gabelstapler zu besorgen, und da dachte ich mir, so wäre es am schnellsten."*

Die Antwort des Produktionsleiters: *„Ich wollte, daß Sie sich die Sache baldmöglichst ‚einmal anschauen', damit Sie mir eine Empfehlung geben können. Aber Sie sollten das verdammte Ding nicht gleich kaufen. Dem Einkauf haben Sie gesagt, ich wolle den Gabelstapler sofort."* *„Genau das haben Sie mir gesagt, als Sie mich damit beauftragten"*, erwiderte der Vorarbeiter.

Das Ziel wurde dem Vorarbeiter hier einfach nicht klar erläutert. Obwohl beide hier an dem Mißverständnis Schuld haben, trägt der Produktionsleiter die größere. Die meisten Leute wollen nicht als begriffsstutzig erscheinen und nochmals nachfragen müssen, ob sie auch richtig verstanden haben. Also hätte der Produktionsleiter sicherstellen müssen, daß das Ziel klar war, z. B.: „Der alte Gabelstapler muß ersetzt werden. Machen Sie mir bis Ende der Woche einen Vorschlag, welchen wir Ihrer Meinung nach kaufen sollten. Wir werden das dann besprechen und die Bestellung aufgeben." Nachher ist man natürlich immer klüger. Ihnen fallen sicher ähnliche Situationen ein, in denen das Ziel demjenigen, der die Arbeit auszuführen hatte, einfach nicht klar war.

Meßbar

Die Meßbarkeit ist sicherlich eine der schwierigsten Aspekte bei der Zielsetzung. Manche Ziele sind relativ leicht meßbar, z. B. das Verkaufsziel in einer bestimmten Stückzahl bis zu einem bestimmten Zeitpunkt. Aber das Leben ist meistens nicht ganz so einfach.

Nehmen wir an, Sie entschließen sich, einen Mitarbeiter Ihrer Abteilung zu bitten, für Sie die nächste monatliche Sitzung der Abteilung in Ihrer Abwesenheit zu leiten. Die einfache Aussage „Leiten Sie die nächste Sitzung effektiv für mich" reicht wahrscheinlich nicht aus, wenn die betreffende Person dies vorher nie getan hat. Was heißt denn beispielsweise effektiv?

Um das Ziel für den Mitarbeiter meßbar zu machen, werden Sie erklären müssen, wie Sie „effektiv" bemessen. Wenn das Ziel nicht meßbar ist, fragen Sie sich, welches Ergebnis Sie erwarten. Vielleicht müssen die Teilnehmer an der Sitzung bestimmte Aktionspläne vorbereiten, und Sie erwarten die Zustimmung der Teilnehmer zu bestimmten Aktionen und Terminen, außerdem eine Auflistung, wer für welche Aktionen verantwortlich ist. Jetzt ist das Ziel wesentlich meßbarer geworden als vorher.

Realistisch

Oberflächlich gesehen mag es wieder selbstverständlich erscheinen, daß ein Ziel realistisch, also erreichbar, sein muß. Hier liegt aber eine Gefahr. Wenn wir Termine einschätzen, benutzen wir oft uns selbst als Maßstab, d.h., wir überlegen, wie lange wir brauchen, um etwas zu erledigen. Was für Sie als Vorgesetzten realistisch ist, ist vielleicht für Ihren Untergebenen nicht realistisch. Sie bereiten eine Präsentation vielleicht in zwei Stunden vor, aber Mitarbeiter mit weniger Erfahrung werden dafür sicherlich wesentlich mehr Zeit benötigen. Fragen Sie sich also immer, *was für die Mitarbeiter realistisch ist.*

Wir haben bisher nur über den Zeitaspekt gesprochen. Realistische Erwartungen in bezug auf die Ergebnisse sind jedoch ebenfalls wichtig. Sie finden Präsentationen wahrscheinlich ziemlich einfach, weil Sie sich schon seit Jahren damit befassen. Wenn ein Mitarbeiter erst ein- oder zweimal eine Präsentation vorbereitet hat, wird er bestimmt noch nervös sein, besonders wenn er in Ihrem Auftrag handelt.

Ein effektives Ziel sollte

- für denjenigen, der die Aufgabe zu erledigen hat, klar sein,
- meßbar sein, damit die beauftragte Person weiß, ob die Aufgabe erfolgreich abgeschlossen wurde,
- für die betreffende Person realistisch, d.h. erreichbar, sein, sowohl in bezug auf die Ergebnisse, die Sie erwarten, wie auch auf die Zeit, die Sie zur Verfügung stellen.

Ein effektives Ziel sollte einen *Termin* sowie *mögliche Einschränkungen* berücksichtigen.

Termin

Es ist wichtig, daß mit der delegierten Aufgabe ein Termin gesetzt wird, damit der Mitarbeiter die Zeit entsprechend einplanen kann, um die Aufgabe rechtzeitig abzuschließen. Wenn Sie keinen Termin setzen, dürfen Sie sich nicht beschweren, wenn eine Arbeit eine Ewigkeit zu dauern scheint.

Versuchen Sie die Angabe „sobald wie möglich" zu vermeiden. Niemand weiß, ob das in einer Stunde, einem Tag, einer Woche oder einem Monat bedeutet. Versuchen Sie den Zeitbedarf einzuschätzen, den der Mitarbeiter in etwa benötigen wird, geben Sie noch etwas Zeit zu, wenn es eine neue Aufgabe für ihn ist, und besprechen Sie es mit ihm. Das ist wichtig, damit auch der Mitarbeiter den Zeitplan für realistisch hält. Wenn er die Aufgabe noch nicht kennt, wird er sich weitestgehend auf Ihre Einschätzung verlassen. Versuchen Sie also, fair zu sein.

Mögliche Einschränkungen

Einschränkungen, insbesondere bei delegierten Aufgaben, sind an der Tagesordnung. Wenn Sie Vollmachten übertragen, bewegt sich dies im allgemeinen innerhalb bestimmter Grenzen (Einschränkungen). Seltsamerweise werden aber gerade diese der betreffenden Person oft nicht klargemacht.

> „Herr Bertram, wir müssen 20 neue Drucker für unsere PCs kaufen. Würden Sie bitte mit dem Händler Kontakt aufnehmen, einen Rabatt für mich aushandeln und bestellen."
> Ein paar Stunden später: „Gute Nachrichten, Frau Becker! Ich habe 6 % Rabatt bekommen, und die Drucker werden in zwei Wochen geliefert."
> „Oh nein, Herr Bertram, ich hatte erwartet, daß Sie bei einem so großen Auftrag mindestens 15 % herausholen ..."

Frau Becker hätte dies Herrn Bertram nur *sagen* müssen, bevor er mit dem Lieferanten Kontakt aufgenommen hat. Warum sagen manche Manager nicht deutlich, wo die Grenzen sind? Weil sie es manchmal selbst nicht genau wissen und weil sie davon ausgehen, daß die Mitarbeiter die Grenzen kennen oder herausfinden. Manchmal denkt man auch einfach nicht daran, die Grenzen zu nennen, bis es zu spät ist.

RICHTIG DELEGIEREN

Es gibt auch noch einen ganz anderen Grund. Der dahinter stehende Gedanke lautet ungefähr: „Wenn ich keine Grenzen setze, kommt vielleicht viel mehr heraus, als ich erwartet habe." Die Realität beweist aber oft das Gegenteil (wie im obigen Falle mit den Rabatten). Die Mitarbeiter werden selbst Grenzen setzen, wenn Sie es nicht tun, und diese müssen nicht unbedingt mit den Ihren übereinstimmen.

> **Ein effektives Ziel sollte**
>
> ▪ ergebnisorientiert sein (nicht orientiert an der notwendigen Aktion),
> ▪ mit einem Termin verbunden sein, bis zu dem die Aufgabe erledigt sein sollte,
> ▪ mögliche Einschränkungen oder Grenzen in bezug auf die Handlungsvollmacht klar benennen.

Nachstehend ein Beispiel einer Zielsetzung, die all diese Kriterien erfüllt: „Bitte bei der Firma XYZ 20 neue Laserdrucker für unsere PCs bestellen. Lieferung innerhalb von vier Wochen. Rabatt von mindestens 15 % pro Stück auf unseren normalen Preis aushandeln."

Diese Anweisung ist vielleicht übergenau, aber haben Sie nicht schon oft erlebt, daß unklare Ziele Schwierigkeiten verursachten? Dieses Ziel ist ergebnisorientiert, klar, realistisch (das können wir nur annehmen, da es sich um ein Beispiel handelt), meßbar und nennt auch einen Termin und mögliche Einschränkungen. Wir halten es für wesentlich besser als das „Ziel", das Frau Becker Herrn Bertram im vorhergehenden Beispiel vorgegeben hat.

Da die richtige Zielsetzung sehr wichtig ist, haben Sie im folgenden die Möglichkeit zu einer Selbsteinschätzung, die Ihnen helfen soll, Zielsetzungen in der oben dargelegten Form zu üben. Diese Übung ist natürlich keine Pflicht, aber wir halten sie für sehr sinnvoll.

Lesen Sie die Situation durch, und schreiben Sie auf, welches Ihre Ziele für die nächsten Monate wären. (Nehmen Sie an, Sie sind der leitende Kundenkontakter.)

WELCHE AUFGABEN KANN MAN DELEGIEREN? **KAPITEL 6**

▪ Die Situation

Die Firma

Die Firma, in der Sie arbeiten, stellt Personalcomputer her und verkauft direkt an Endkunden mit der vom Kunden gewünschten, aufgespielten und geprüften Software. Außer Privatkunden beliefert die Firma auch Behörden und Industrieunternehmen, sog. Großkunden. Die Firma besteht seit 1983 und hat sich mit Service und Qualität einen Namen gemacht. Besonders schnelle Lieferung und umgehende Reaktion bei Reklamationen werden bei Ihnen großgeschrieben.

Die Situation

Sie arbeiten als leitender Kundenkontakter und sind für 20 Großkunden zuständig. Zwei andere Kollegen betreuen die übrigen Kunden, aufgeteilt in die Region Nord und Süd. Sie sind vor zwei Monaten in die Firma eingetreten, und die neue Aufgabe bedeutet eine Verbesserung für Sie. Sie leisten gute Arbeit und haben sich schnell bei den Großkunden gut eingeführt. Im allgemeinen kommen Sie gut mit Menschen zurecht, aber mit dem Leiter der Produktionsplanung gibt es manchmal Differenzen wegen Kundenreklamationen (keine persönlichen Differenzen). Wenn Sie wegen verspäteter Lieferungen drängen, nimmt er das persönlich und sieht Sie als „Firmenpolizei" und nicht als Kollegen. Aber am Ende erreichen Sie im allgemeinen doch, daß das Notwendige unternommen wird.

Ihre Arbeitsplatzbeschreibung

Sie haben dafür zu sorgen, daß alle Probleme, die im Bereich der Großkunden auftreten, schnell und effizient gelöst werden, d. h. „Förderung der Kundenzufriedenheit". Im einzelnen zählt zu Ihren Aufgaben:

1. Anfragen von Großkunden klären und an den entsprechenden Mitarbeiter zur Bearbeitung weiterleiten. Überwachung bis zur endgültigen Erledigung der Aufgabe.

2. Beschwerden von Großkunden klären und entsprechend weiterleiten; sicherstellen, daß schnell und effizient darauf eingegangen wird. Falls erforderlich, steht Ihnen die Unterstützung des Direktors der entsprechenden Abteilung zur Verfügung.

RICHTIG DELEGIEREN

3. Treffen mit Großkunden zur Besprechung von Anfragen und/oder Beschwerden vereinbaren. Dazu legen Sie Zeit, Ort, Teilnehmer und eine Agenda fest und erstellen eine kurze Einführung in das Thema für die internen Mitarbeiter.

4. Erstellung eines monatlichen Berichts über die Anfragen und Beschwerden der Großkunden, mit Kopie an alle Direktoren und Manager.

5. Sicherstellung der korrekten Ablage aller Unterlagen (per Computer oder Registratur) mit der Möglichkeit des sofortigen Zugriffs für alle Direktoren und Manager.

Die Fragestellung

Nach zwei Monaten der Einarbeitung (die gut verlaufen sind) bittet Sie der Verkaufsleiter, an den Sie berichten, um Vorschlag Ihrer Ziele für die nächsten drei Monate. Sie haben darüber nachgedacht und einige Punkte ausgearbeitet (unabhängig von Ihrer normalen Routinearbeit):

1. Obwohl Kundenreklamationen im allgemeinen zufriedenstellend bearbeitet werden, sind Sie der Meinung, der Kunde sollte innerhalb von 24 Stunden eine telefonische Antwort und anschließend noch ein Bestätigungsschreiben erhalten. Der Verkaufsleiter und die Direktion würden diese Verbesserung unterstützen.

2. Obwohl Ihre Kontaktpersonen bei den Großkunden ganz zufrieden scheinen, sind Sie der Meinung, daß nach Abwicklung von Reklamationen geprüft werden sollte, ob die Kunden damit zufrieden sind. Derzeit werden die Reklamationen nach der Bearbeitung einfach als erledigt abgelegt.

3. Die monatlichen Berichte könnten verbessert werden. Sie halten den „monatlichen" Abstand für zu lang und meinen, daß die Berichte auch einen Hinweis zur zukünftigen Vermeidung solcher Reklamationen enthalten sollten. Die Sekretärin in der Abteilung ist momentan völlig ausgelastet und könnte keine weiteren Schreibaufgaben übernehmen.

WELCHE AUFGABEN KANN MAN DELEGIEREN? **KAPITEL 6**

Welche Zielsetzung schlagen Sie vor?

_____
_____
_____
_____
_____
_____
_____
_____
_____

Unsere Sicht der möglichen Ziele

Folgende Kernpunkte müssen herausgearbeitet werden:

1. Die Reaktionszeit auf Kundenreklamationen verbessern und schriftliche Bestätigung verschicken.

2. Nach Abwicklung von Reklamationen prüfen, ob die Großkunden zufrieden sind.

3. Änderung der Berichterstellung unter Berücksichtigung der derzeitigen Überlastung der Sekretärin (die Überlastung besteht „momentan").

4. Verbesserung des Verhältnisses zum Produktionsleiter (falls erforderlich mit Unterstützung der Geschäftsleitung, aber ohne die Taktik des „erhobenen Zeigefingers").

Die Zielsetzung des leitenden Kundenkontakters sollte folgendermaßen aussehen (unter den Kriterien ergebnisorientiert, klar, meßbar und realistisch):

1. Verbesserung der Abwicklung von Kundenreklamationen durch telefonische Rückantwort innerhalb von 24 Stunden, gefolgt von einem Bestätigungsschreiben. Timing: Innerhalb von zwei Wochen Zustimmung des Managements einholen, danach Einführung innerhalb eines Monats.

2. Zustimmung des Managements für eine Prüfung der Kundenzufriedenheit erwirken und einführen (Fragebogen, telefonische Umfrage usw.). Anfrage bei den Großkunden, ob sie mit dem gebotenen Service zufrieden sind. Termin: bis Ende des nächsten Monats. Ergebnisse in der Berichterstattung berücksichtigen (siehe auch folgender Punkt). Termin dafür: bis Ende des dritten Monats.

3. Den bestehenden Monatsbericht dahingehend ändern, daß die Aktionen im einzelnen aufgelistet werden (Vermeidung einer Wiederholung von Reklamationen), Änderung auf vierzehntägige Berichterstattung. Termin: in Abstimmung mit dem Verkaufsleiter und der Sekretärin. Einführung bis zu Beginn des dritten Monats, um die momentane Überlastung der Sekretärin nicht noch zu erhöhen.

4. Das Arbeitsverhältnis mit dem Produktionschef verbessern (nicht mehr länger als „Firmenpolizei" angesehen werden), und zwar durch ein persönliches Gespräch, in dem Verständnis für die Wichtigkeit schneller Lieferung, die Reduzierung von Beschwerden und für die Notwendigkeit von dringenden Anfragen an den Vertrieb erreicht werden soll (idealerweise ohne das „schwere Geschütz" der Geschäftsleitung). Termin: bis Ende des ersten Monats.

Wie sah Ihre Zielsetzung im Vergleich zu unserer Version aus?

Ohne wörtlich zu vergleichen: Waren Ihre Ziele ergebnisorientiert, klar, meßbar und realistisch? Gibt es Verbesserungsmöglichkeiten für Ihre Art der Zielsetzung? Schreiben Sie diese bitte auf, so daß Sie später darauf zurückgreifen können.

_____

_____

_____

_____

_____

_____

Wenn Sie Verbesserungsmöglichkeiten gefunden haben, gehen Sie zurück zu der Zielsetzung, die Sie zunächst aufgeschrieben haben, und schreiben Sie diese noch einmal neu.

Wie Sie wissen, kostet es Zeit, effektive Ziele auszuarbeiten, aber wir sind der Meinung, daß sich der kleine Mehraufwand an Zeit lohnt. Nach dem Durcharbeiten dieses Abschnitts stimmen Sie dem hoffentlich zu.

ENTSCHEIDEN, WELCHE AUFGABEN MAN DELEGIERT

Daß Verantwortung und Handlungsvollmacht delegiert werden können, wissen Sie bereits. Das hilft jedoch nicht viel bei der Entscheidung, *welche Aufgaben* delegiert werden sollen. Da diese Entscheidung von sehr vielen situationsbedingten Faktoren abhängt, sind generelle Hinweise nicht möglich. Wir können Ihnen aber einige hilfreiche Tips geben, die Ihnen vielleicht bei der Entscheidung helfen, welche Aufgaben Sie für das Delegieren in Betracht ziehen können.

Die Tips stehen in Zusammenhang mit den Vorteilen des Delegierens. Wir unterteilen sie in vier Kategorien:

RICHTIG DELEGIEREN

- Aufgaben, die Ihnen helfen, Ihre Zeit besser zu nutzen.
- Aufgaben, durch die Sie Mitarbeiter fördern können.
- Motivierende Aufgaben.
- Aufgaben, die durch Nutzen der Fähigkeiten und Kenntnisse der Mitarbeiter zu besseren Entscheidungen führen.

Aufgaben, die Ihnen helfen, Ihre Zeit besser zu nutzen

Wozu bin ich da?

Bevor wir uns die möglichen Aufgaben ansehen, wollen wir überlegen, was „Ihre Zeit besser nutzen" bedeutet. Zeit ist wertvoll, und niemand scheint je genug davon zu haben. Aber der Tag hat nun einmal nur 24 Stunden, das können wir nicht ändern. Was wir aber tun können, ist sicherzustellen, daß die uns zur Verfügung stehende Zeit klug genutzt wird.

Sind Sie nicht auch schon nach einem hektischen Arbeitstag nach Hause gekommen und haben sich gedacht: „Ich bin geschafft! Den ganzen Tag bin ich von einer Sache zur anderen gehetzt, aber ich habe nicht das Gefühl, etwas erreicht zu haben." Gelegentlich fühlen wir uns sicher alle so. Aber manchen Menschen scheint es immer so zu gehen. Sie hetzen nur noch blind und kopflos herum, stürzen sich in alle möglichen Aktivitäten, erreichen jedoch nicht besonders viele Ergebnisse, also das, wofür sie eigentlich bezahlt werden.

Wenn man prüfen will, wie man seine Zeit besser nutzen kann, sollte man sich zunächst die Frage stellen: „Womit sollte ich meine Zeit überhaupt verbringen?"

Eine Kursteilnehmerin sagte einmal, ihrer Meinung nach sollte jeder Manager in seinem Büro ein großes Schild haben mit der Aufschrift: „Wozu bin ich da?" Sie hat recht. Wir alle verlieren dies manchmal aus den Augen, und es scheint sogar Menschen zu geben, die sich die Frage überhaupt noch nie gestellt haben!

Haben Sie auch schon einmal den Manager erlebt, der es ablehnt, in Krisensituationen Entscheidungen zu treffen? Anträge, die seiner Genehmigung bedürfen, verschwinden in einem „schwarzen Loch" (seinem Büro) und tauchen nie wieder auf. Und genau dieser Manager wird sich andererseits stundenlang mit der Formulierung einer internen Aktennotiz aufhalten, die absolut

WELCHE AUFGABEN KANN MAN DELEGIEREN? **KAPITEL 6**

unwichtig ist. Er wird dafür bezahlt, Entscheidungen zu treffen, zieht es aber vor, seine Zeit mit ziemlich unwichtigen Dingen zu verbringen.

Was machen Sie aus Ihrer Zeit?

Notieren Sie die wichtigsten Dinge, die Sie innerhalb einer Woche oder eines Monats *tatsächlich tun.*

_____
_____
_____
_____
_____
_____
_____
_____
_____
_____
_____
_____

Angenommen, Sie haben die Möglichkeit zu delegieren, dann beantworten Sie stichwortartig die Frage: „Wozu bin ich da?"

_____
_____
_____
_____

Vergleichen Sie nun, was Sie zu den letzten beiden Fragen notiert haben, und haken Sie ab, was direkt zusammenpaßt. Hier gilt oft die 80:20-Regel. Aus 20% der Dinge, die wir tatsächlich tun, resultieren 80% der Ergebnisse, für

RICHTIG DELEGIEREN

die wir bezahlt haben. Das bedeutet natürlich nicht, daß die anderen 80 % der Aufgaben, die unsere Zeit in Anspruch nehmen, unwichtig sind. Sie können durchaus notwendig sein, sind aber *weniger* wichtig.

Wenn es Ihr Ziel ist, durch Delegieren Ihre Zeit besser zu nutzen, dann sehen Sie sich diese 80 % der weniger wichtigen Aufgaben an. Wenn Sie hier etwas delegieren können, bleibt Ihnen mehr Zeit für die wichtigen 20 %.

Eilige Aufgaben

Aber was ist mit eiligen Aufgaben? Sie müssen ohnehin erledigt werden, und es geht wahrscheinlich schneller, wenn man es selbst macht. Stimmt! Aber die richtige Frage, die man sich stellen muß, lautet: „Wieviel Zeitaufwand rechtfertigen diese Aufgaben?" Dies ist kein Buch über Zeitmanagement, aber der Zeitaspekt beim Delegieren ist wichtig. Manchmal werden die Prioritäten nach „Dringlichkeit" und nicht nach „Wichtigkeit" gesetzt. Folglich kann es leicht passieren, daß man eine Menge Zeit in eine eilige Aufgabe investiert, die aber gar nicht wichtig ist.

Vielleicht sagen Sie: „Oh nein, meine Zeit ist viel zu wertvoll, als daß ich in eine so offensichtliche Falle hineintappe." Nehmen wir ein Beispiel:

Eine Firma soll in einer Woche in neue Büroräume umziehen. Dazu findet eine Sitzung statt. Zwei Punkte stehen auf der Tagesordnung:

- ◆ Ein neues Computersystem für Rechnungs- und Kreditwesen, das jeden Sitzungsteilnehmer betrifft. Jeder wird damit arbeiten.
- ◆ Parkplätze für die leitenden Angestellten. Alle neun betroffenen Angestellten nehmen an der Sitzung teil.

Ein Punkt der Tagesordnung beansprucht eineinhalb Stunden, der andere zehn Minuten. Haben Sie es erraten? Wahrscheinlich liegen Sie richtig. Nach der Sitzung wurde der Vorsitzende gefragt, warum das Thema der Parkplätze eineinhalb Stunden beansprucht hatte und das Thema Computersystem nur zehn Minuten.

„Es ist dringend. Wir ziehen nächste Woche um, und das Computersystem wird erst Ende nächster Woche installiert." – „Einverstanden, es ist dringend, aber wie wichtig ist es?" – „Sehr wichtig, es geht dabei um Menschen, und für die sind solche Dinge wichtig." – „Es werden Parkplätze für neun leitende Angestellte benötigt. Wieviel Plätze stehen denn insgesamt zur Verfügung?" – „Hm, na ja, eigentlich zwölf."

Warum dauerte es Ihrer Meinung nach eineinhalb Stunden? Der Vorsitzende hatte die Angelegenheit zur Diskussion gestellt, und so hielt man sich damit auf, wie weit entfernt ein Parkplatz vom Haupteingang war. „Ich bin schon am längsten hier, also sollte ich am nähesten am Eingang parken, usw. usw." Die Sache war eilig, aber nicht wichtig, da für jeden ein Platz zur Verfügung stand, und der am weitesten entfernte Parkplatz lag höchstens zwölf Meter vor dem Haupteingang. (Wesentlich näher als der Parkplatz für die übrigen Mitarbeiter, der etwa 300 Meter weiter weg lag.)

Wieviel Zeit hätten *Sie* für dieses Thema zur Verfügung gestellt, nachdem Sie diese Einzelheiten kennen? Zehn Minuten, wenn überhaupt?

Der Vorsitzende hatte wirklich nicht überlegt, wie unbedeutend diese Frage war, so daß ihm viel zuwenig Zeit für eine angemessene Besprechung des Computersystems blieb, was sowohl eilig als auch wichtig war.

Das bedeutet, daß *wichtige* Aufgaben zu den entscheidenden 20 % gehören, zu den Aufgaben, die Ergebnisse bringen. *Eilige* Aufgaben fallen nicht unbedingt in diese Kategorie. Wenn etwas eilig, aber unwichtig ist, müssen Sie dann Ihre Zeit dafür aufwenden? „Eilig" heißt ja nicht unbedingt „sofort". Wenn Sie sich einmal die Zeit nehmen, eine solche Aufgabe richtig an einen Mitarbeiter zu delegieren, kann dieser die Sache für Sie erledigen und wird in einem ähnlichen Fall auch wieder dazu in der Lage sein. Das mag beim ersten Mal etwas Zeit kosten, aber danach haben Sie Zeit für wichtigere Dinge frei.

Routinearbeiten, zeitintensive Aufgaben

Die meisten von uns haben eine Menge Routinearbeiten zu erledigen, die automatisch zu laufen scheinen, z. B. die Vorbereitung einer Tagesordnung für die monatliche Abteilungssitzung oder die Anfertigung eines Monatsberichts. Wir sind an diese Aufgaben gewöhnt und integrieren sie in unseren Arbeitsablauf. Nichtsdestoweniger können sie einen nicht unerheblichen Anteil unserer Zeit in Anspruch nehmen. Diese Zeit könnte effektiver für wichtigere Aufgaben genutzt werden.

Oftmals kommt man gar nicht auf die Idee, diese Aufgaben zu delegieren. Aber es lohnt sich, einmal darüber nachzudenken. Für Sie scheinen es Routinearbeiten zu sein, weil Sie sie regelmäßig und schon seit langem erledigen. Für einen Mitarbeiter Ihrer Abteilung kann eine solche Aufgabe interessant sein und eine Herausforderung darstellen.

„Herummäkeln" an Arbeiten, die Mitarbeiter erledigt haben

Einmal ehrlich: Wenden Sie Zeit dafür auf, kleinere Änderungen an Arbeiten vorzunehmen, die Ihre Mitarbeiter erledigt haben? Manche Manager verbringen eine Menge Zeit damit. Sollte dies bei Ihnen der Fall sein, müssen Sie gründlich überlegen, *warum* das so ist. Wenn bei der regulären Arbeit in Ihrer Abteilung Probleme auftreten, besteht dann vielleicht ein Fortbildungsrückstand? Vielleicht genügt es, wenn Sie sich einmal die Zeit nehmen, um die Zusammenhänge im einzelnen zu erklären. Das erspart Ihnen unter Umständen viele Kontrollen und Änderungen. Gibt es Schwierigkeiten bei delegierten Aufgaben, dann war die Vorbesprechung möglicherweise nicht ausreichend, vielleicht auch nicht klar genug. Wir wollen natürlich niemanden wie einen total Ungebildeten behandeln, aber es ist nur zu einfach, den entgegengesetzten Weg einzuschlagen, indem wir tatsächlich einfach davon ausgehen, daß die Mitarbeiter bereits genug über die delegierte Aufgabe wissen oder es herausfinden können.

Manche Menschen ändern auch *grundsätzlich* alles, was ihre Untergebenen bearbeitet haben, z. B. weil sie gerne ein bißchen Macht ausüben. Oft besteht überhaupt kein Grund, irgend etwas zu ändern, aber manche Menschen haben einfach ein gutes Gefühl dabei. Wenn Sie sich eingestehen, daß dies vielleicht auch bei Ihnen der Fall ist, sind Sie schon einen guten Schritt weiter. Unternehmen Sie jetzt aber auch etwas dagegen. Versuchen Sie einmal, ein wenig von Ihrer Macht zu delegieren, indem Sie Verantwortung und/oder Handlungsvollmacht weitergeben, und sehen Sie sich an, welch motivierenden Einfluß dies auf Ihre Mitarbeiter hat. Sie werden angenehm überrascht sein.

Lieblingsaufgaben

Lieblingsaufgaben zu delegieren ist ziemlich schwierig, insbesondere da Sie ja genügend Macht besitzen, um diese erfreulichen Aufgaben weiterhin selbst zu übernehmen. Arbeiten aufgeben, die einem Spaß machen, das heißt „zum Manager werden!" Haben Sie sich das jemals klargemacht?

Es mag Ihnen ja Spaß machen, daran ist nichts Schlechtes. Aber handelt es sich um eine Arbeit, die Sie wirklich tun *sollten,* ob sie nun Spaß macht oder nicht? Wenn Sie der Meinung sind, daß die Arbeit eigentlich nicht Ihre Aufgabe ist, dann müssen Sie auch entsprechend handeln. Denken Sie daran, daß Sie dabei mehr Zeit für wichtigere Aufgaben gewinnen. Einige davon machen sicherlich genausoviel Freude. Es ist also eher unwahrscheinlich, daß Sie alle Aufgaben, die Sie gerne tun, delegieren werden.

Arbeiten, die zum Aufgabengebiet eines Mitarbeiters gehören

Erinnern Sie sich an die Geschichte am Anfang dieses Buches, die Sache mit Herrn Schneiders Beförderung? Ihm wurde eine ziemlich harte Lektion erteilt, als er sich in etwas einmischte, was nun die Aufgabe seiner Nachfolgerin war. Der Geschäftsführer hatte ihm bewiesen, daß er nicht an dem Platz war, wo er zu sein hatte, und nicht das tat, was seine Aufgabe war.

Die wenigsten fangen als „Manager" an. Eine typische Karriere könnte vom Personalsachbearbeiter über den leitenden Sachbearbeiter zum Personalchef führen (natürlich nicht unbedingt in demselben Unternehmen). Folglich kennt jemand, der diesen Werdegang durchlaufen hat, die Arbeit der Abteilung, deren Leitung er nun übernommen hat. Sicherlich könnte er diese Arbeiten auch gut erledigen, aber dafür wird er jetzt nicht mehr bezahlt. Er wird für das „Management" der Abteilung bezahlt, nicht dafür, die Arbeit der Abteilung selbst zu erledigen.

Dies ist für einen frischgebackenen Manager oft eine ziemlich schwierige Aufgabe, denn er ist ja mehr mit seiner alten Rolle vertraut als mit der neuen. Dadurch besteht die echte Gefahr, daß er – sei es aus Interesse oder einfach aus Angst vor dem Unbekannten – viel zuviel Zeit damit verbringt, die Arbeit zu tun, die eigentlich von der Abteilung erledigt werden sollte.

Wenn Sie etwas besonders gut können, was Sie nun Ihren Untergebenen übertragen müssen, dann lassen Sie die betreffenden Mitarbeiter doch davon profitieren, und helfen Sie ihnen, ihre Fähigkeiten und Kenntnisse zu entwickeln. Sie werden Spaß daran haben und motivieren damit die Mitarbeiter, die sich weiterbilden möchten. Somit wird die Arbeit effektiv und nach Ihren Vorgaben erledigt werden. Danach können Sie sie beruhigt den Mitarbeitern überlassen. Und vergessen Sie nicht, es ist *deren* Job, nicht der Ihre.

Aufgaben, bei denen es in Ihrer Abwesenheit Probleme gibt

Hier gibt es zwei Kategorien: diejenigen, von denen man weiß, und diejenigen, von denen man nichts weiß. Zunächst zu den Aufgaben, die man kennt. Sie kommen zurück ins Büro und irgend jemand erklärt Ihnen, daß es mit einer

RICHTIG DELEGIEREN

bestimmten Aufgabe Probleme gibt. Die erste Frage muß lauten: *Warum* gibt es diese Schwierigkeiten? Es kann viele Gründe geben, hier die häufigsten:

◆ Man weiß nicht, was als Nächstes zu tun ist. (Das hängt ganz von Ihrer einführenden Erklärung ab bzw. davon, wie diese verstanden wurde. Sorgen Sie dafür, daß die Mitarbeiter genau verstehen, worum es geht; dann ist dieses Problem gelöst.)

◆ Man traut sich nicht, ohne Ihre Genehmigung vorzugehen.

Kein Mitarbeiter möchte den Chef enttäuschen. Obwohl die Mitarbeiter die Vollmacht haben, bestimmte Entscheidungen zu treffen, sind sie sich trotzdem nicht ganz sicher und fragen lieber noch einmal. Ob das gerechtfertigt ist oder nicht, müssen Sie entscheiden. Wenn plötzlich unerwartete Probleme aufgetreten sind, die auch Sie nicht voraussehen konnten, ist das in Ordnung. Niemand kann alles voraussehen. Geben Sie Ihren Mitarbeitern ein paar hilfreiche Tips, wie mit der Situation jetzt und in Zukunft am besten umzugehen ist, oder fragen Sie, wie der Mitarbeiter das Problem lösen würde.

Wenn Ihnen die Verzögerung (durch das Nachfragen der Mitarbeiter) unnötig erscheint, versuchen Sie herauszufinden, woran das liegt. Wahrscheinlich trauen Sie sich nur nicht, allein zu entscheiden. Irgend etwas hindert Sie also daran, obwohl Sie der Meinung waren, Ihre Mitarbeiter könnten alles Notwendige allein erledigen. Gelegentlich übernimmt jemand eine Aufgabe, die ihm aufgetragen wird, nur „um den Chef bei Laune zu halten". Der betreffende Mitarbeiter mag durchaus zustimmen, aber das heißt nicht, daß er sich dabei wohl fühlt, wenn er notwendige Entscheidungen treffen muß. Sie haben offensichtlich Vertrauen in diesen Mitarbeiter (sonst hätten Sie ihm wohl nicht die Aufgabe übertragen). Aber haben Sie das auch deutlich zum Ausdruck gebracht, als Sie mit ihm gesprochen haben? Wenn bei Ihnen Unsicherheit durchklingt, dann fühlt sich der Mitarbeiter auch unsicher. Denken Sie auch an ähnliche Situationen aus der Vergangenheit, aus denen dieser Mangel an Vertrauen entstanden sein mag.

> Die Szene spielt sich in einer Turnhalle ab. Mark, ein zwölfjähriger Junge, beim Turnen. Er muß über eine niedrige Bank springen, eine Rolle über einen Kasten schlagen und am Ende einen Pferdsprung machen. Er springt sauber über die Bank und macht eine einwandfreie Rolle, aber dann verschätzt er sich beim Sprungbrett, prallt gegen das Pferd und landet auf dem Boden. Der strenge Lehrer nennt den Jungen einen ungeschickten Tollpatsch, weil er das Sprungbrett verpaßt hat, erwähnt in

keiner Weise, was ihm bis dahin gelungen war, und macht ihn damit vor der gesamten Klasse lächerlich. Mark soll es dann nochmals versuchen. Was passiert diesmal? Nun, der Junge stolpert prompt schon über die erste Bank und fällt auf die Nase. Der Lehrer hat das ganze Selbstvertrauen des Jungen zerstört, und das braucht man, um etwas zu schaffen. Auch Lehrer sind nicht perfekt, vielleicht hat er auch nur einen schlechten Tag, aber die Folgen sind nachhaltig. Noch Jahre später treibt Mark zwar gerne Sport, haßt aber alles, was mit Geräteturnen zu tun hat. (Außerdem wurde jener Lehrer auch nicht gerade Marks Lieblingslehrer.) Sehr überraschend ist dies nicht.

Kommen wir auf das Delegieren zurück. Fragen Sie sich, ob das mangelnde Selbstvertrauen eines Mitarbeiters womöglich darauf zurückzuführen ist, daß Sie vielleicht auf einen früheren Fehler des Mitarbeiters einmal nicht ganz richtig reagiert haben.

Nun zu den Aufgaben, die in Ihrer Abwesenheit Probleme bereiten, von denen Sie aber nie etwas hören (es sei denn, Sie fragen danach). Dafür, daß Sie von diesen Problemen nichts hören, gibt es zwei Hauptgründe. Entweder konnte das Problem gelöst werden, so daß es nicht mehr nötig ist, Ihnen davon zu berichten, oder das Problem besteht noch, der betreffende Mitarbeiter möchte Ihnen aber nichts davon erzählen.

Ohne eine passende Kontrollmöglichkeit werden Sie dies nie erfahren. Deswegen müssen Sie nach Ihrer Rückkehr alle delegierten Aufgaben mit dem Mitarbeiter durchsprechen.

Der erstgenannte Grund stellt nicht wirklich ein Problem dar. Der mit der Arbeit betraute Mitarbeiter ist zwar auf Schwierigkeiten gestoßen, konnte aber in eigener Initiative eine Lösung finden. Möglicherweise hat die Sache nur etwas mehr Zeit in Anspruch genommen als erwartet. Im Gespräch sollte geklärt werden, was tatsächlich passiert ist.

Der zweite Grund ist von wesentlich größerer Bedeutung. Niemand gibt gerne Schwierigkeiten oder gar eine Niederlage zu: „Ach Chef, was ich noch sagen wollte, leider habe ich die Präsentation beim Direktor in Ihrer Abwesenheit total verpatzt. Wahrscheinlich hat das Ihre Karriere um zehn Jahre zurückgeworfen. Ist das okay?"

Andere Leute ziehen die Vogel-Strauß-Methode vor. Wenn Gefahr droht, Kopf in den Sand und hoffen, daß es vorübergeht. Das endet oft in der Philosophie: „Wenn ich nicht gefragt werde, sage ich auch nichts, und mit etwas Glück merkt niemand etwas."

Genau wie bei dem vorher besprochenen Thema Vertrauen muß man auch hier herausfinden, *warum* ein Mitarbeiter so reagiert. Will er einfach nicht zugeben, daß er Probleme hat, oder ist früher einmal etwas passiert, was ihn jetzt davon abhält? In jedem Fall sollte in einem Gespräch die Situation geklärt werden, so daß Sie beide jetzt und in Zukunft besser damit umgehen können.

Aufgaben, durch die Sie Mitarbeiter fördern können

Vor nicht allzu langer Zeit glaubte man noch, die Weiterbildung von Mitarbeitern sei ausschließlich deren eigene Sache, zumindest wurde so gehandelt. Wenn jemand etwas lernen sollte, wurde er zu einem Lehrgang geschickt.

Neuerdings ist man eher der Meinung, daß die Förderung der Mitarbeiter eine wesentliche Aufgabe der Vorgesetzten ist. Vom Arbeitsalltag unabhängige Lehrgänge sind immer noch beliebt, aber sie sind nur eine Methode zur Weiterentwicklung von Mitarbeitern. Vorgesetzte können Mitarbeiter auch direkt im praktischen Arbeitsalltag fördern. Eine sehr sinnvolle Möglichkeit bietet hier das Delegieren.

Von Weiterentwicklung wird oft gesprochen, wenn jemand innerhalb eines Unternehmens vorankommen möchte, d. h., er erhält die Möglichkeit, sich die für die nächst höhere Position notwendigen Fähigkeiten und Kenntnisse anzueignen. Delegieren ist ein idealer Weg, den Mitarbeitern auf kontrolliertem Wege die Erfahrung für eine gehobenere Position zu vermitteln. Andererseits kann man durch Delegieren aber auch Mitarbeiter – wohl die meisten in einer Abteilung – *innerhalb ihres derzeitigen Aufgabengebietes* fördern. (Nicht jeder kann oder will ja befördert werden.) Seltsamerweise sehen nur wenige Vorgesetzte ihr Delegierungspotential unter diesem Gesichtspunkt.

Bedürfnisse klären

Prüfen Sie die Fortbildungs- und Traineebedürfnisse der Mitarbeiter Ihrer Abteilung. Wenn Ihr Unternehmen mit einem Beurteilungssystem arbeitet, gibt es dort normalerweise auch Hinweise auf entsprechende Bedürfnisse. Sehen Sie sich dann die Aufgaben an, die Sie zu erledigen haben, und überlegen Sie, ob Sie einem Ihrer Mitarbeiter durch Delegieren der einen oder anderen Aufgabe weiterhelfen könnten.

Delegieren, um eine mögliche Beförderung zu unterstützen

Wenn Sie die Bedürfnisse – wie oben erwähnt – geklärt haben, wissen Sie auch, welche Fähigkeiten und Kenntnisse Ihr Mitarbeiter braucht, um eine Stufe höher zu steigen. Es kann sinnvoll sein, sich mit der betreffenden Person einmal zusammenzusetzen und *gemeinsam* einen Plan zu erstellen, wie die Anforderungen für den Aufstieg erfüllt werden können. Ihre Mitarbeiter brauchen Ihre Hilfe und Unterstützung während des gesamten Entwicklungsprozesses. Also sollten Sie kontinuierlich vorgehen.

Abb. 2 Formblatt für einen Entwicklungsplan

Entwicklungsplan für		Datum	
Fähigkeiten/Kenntnisse:	Aktion:	Termin:	Ergebnisse:
1.			
2.			
3.			
4.			
5.			
6.			

Überlegen Sie sich, welche Ihrer derzeitigen Aufgaben sich zum Delegieren eignet und dem Mitarbeiter helfen könnte, seine Kenntnislücken auf diesem Gebiet zu schließen. Fangen Sie mit einfachen Dingen an. Wenn jemand beispielsweise seine Fähigkeiten im Bereich von Präsentationen weiterentwickeln soll, konfrontieren Sie ihn nicht gleich zu Beginn mit Ihrem größten Kunden. Das ist eigentlich selbstverständlich, trotzdem werden hier immer wieder Fehler gemacht.

Schritt für Schritt

In England sagt man: „Wer einen Elefanten verspeisen will, muß ihn vorher in mundgerechte Stücke zerteilen." Bei einem Vorgehen Schritt für Schritt wird die neue Aufgabe in Einzelstücke zerlegt, die nacheinander bearbeitet werden, bis der Mitarbeiter am Ende den ganzen „Elefanten" bewältigt hat. Hier ein Beispiel: Angenommen, ein Mitarbeiter muß lernen, interne Präsentationen vor dem Management vorzubereiten und durchzuführen, und hat dies noch nie getan. Das Gespräch mit diesem Mitarbeiter könnte dann folgenden Vorgehensplan ergeben:

Plan

Ziel: Die Fähigkeit zur Vorbereitung und Durchführung effektiver Präsentationen vor Managern innerhalb von sechs Monaten entwickeln. (Was mit „effektiv" gemeint ist, wurde vorher klar definiert!)

Stufe 1: Präsentation vor Kollegen

- ◆ Vorbereitung: Ziel und für die Zuhörer passenden Inhalt definieren, vorläufigen Entwurf und visuelle Hilfen erarbeiten, mit dem Vorgesetzten besprechen, Entwurf und Materialien fertig ausarbeiten.
- ◆ Generalprobe mit dem Vorgesetzten, eventuelle Änderungen vornehmen.
- ◆ Zehnminütige Präsentation im Juni vor Kollegen durchführen, die Gruppe zu Fragen und Feedback ermutigen, danach persönliche Besprechung der Präsentation mit dem Vorgesetzten.

Stufe 2: Präsentation vor dem Management

- ◆ Den Manager zu einer Sitzung des Managements im Juli begleiten, um zu sehen, worin die Unterschiede bei einer Präsentation vor dem Management liegen. Diese danach mit dem Vorgesetzten besprechen.
- ◆ Eine Präsentation (einschließlich einer Fragerunde) in Vertretung des Vorgesetzten vor dieser Management-Runde (zu einem mit dem Vorgesetzten abgestimmten Thema) im September. Wenn vom Mitarbeiter gewünscht, steht der Vorgesetzte für Proben und Ratschläge zur Verfügung.

Wie Sie sehen, steigert sich der Schwierigkeitsgrad, aber auch die Eigenverantwortung. Damit kommen wir zu einem anderen wichtigen Prinzip:

WELCHE AUFGABEN KANN MAN DELEGIEREN? **KAPITEL 6**

> **E**in paar kleine Fehler dürfen ruhig vorkommen.

Beim Delegieren entsteht meist eine Lernsituation. Wenn jemand eine neue Aufgabe übernimmt, können Fehler passieren. Andererseits will natürlich jeder eine Katastrophe vermeiden. Kontrollen sollten solche Katastrophen verhindern, aber wie steht es mit möglichen oder tatsächlich schon aufgetretenen kleineren Fehlern?

Mögliche kleinere Fehler

Wenn Sie einen kleineren Fehler entdecken, ist es klar, daß Sie darüber sprechen, um ihn zu vermeiden. Finden Sie jedoch in einer Planung eines Mitarbeiters eine kleinere Lücke, ist es vielleicht sogar besser, ihn den Fehler machen zu lassen (schließlich ist es ja sein Plan), als ihn darauf hinzuweisen. Da es sich nur um eine Kleinigkeit handelt, ist es unwahrscheinlich, daß das Endergebnis dadurch stark beeinflußt wird. Es hängt von der jeweiligen Person ab, ob Sie einen kleineren Fehler ausschließen wollen oder ihn zulassen. Ein Mitarbeiter, der ohnehin wenig Selbstvertrauen hat, wird enttäuscht sein, wenn er auch nur den kleinsten Fehler macht. Ein anderer, der meint, schon alles zu wissen, lernt vielleicht aus seinen Fehlern. Es liegt bei Ihnen zu entscheiden, was für die jeweilige Person die richtige Vorgehensweise ist.

Tatsächliche kleinere Fehler

Hier muß der Vorgesetzte eine wichtige Unterstützung leisten. Versuchen Sie den Eindruck zu vermitteln, daß Sie keine absolute Perfektion erwarten und daß kleinere Fehler völlig normal sind. Kümmern Sie sich weniger um den tatsächlichen Fehler, sondern darum, wie es dazu gekommen ist, so daß der Mitarbeiter für die Zukunft daraus lernen kann. Wenn Sie selbst und nicht der Mitarbeiter den Fehler entdecken, müssen Sie erklären, warum Sie dies für einen Fehler halten, und fragen, wie der Mitarbeiter die Angelegenheit korrigieren würde. „Dieser Bericht ist absoluter Schrott! Ich wünschte, ich hätte Ihnen diese Aufgabe nie anvertraut". Eine solche Aussage hilft in einem derartigen Fall nicht sonderlich.

RICHTIG DELEGIEREN

Wichtigere Entscheidungen delegieren

Eine Beförderung bedeutet meist auch mehr Verantwortung und Handlungsvollmacht. Es ist also eine echte Hilfe, wenn man einem Mitarbeiter, der weiterkommen möchte, die Chance gibt, einige Entscheidungen auf einer höheren Ebene zu treffen. Der Mitarbeiter muß zuerst bei kleineren Entscheidungen sicher sein (wieder das Vorgehen Schritt für Schritt). Wenn er dies beherrscht, können Sie ihm auch größere Entscheidungen zutrauen, vorausgesetzt, er fühlt sich in der Lage, diese Verantwortung zu übernehmen.

Es kann hilfreich sein, wenn der Mitarbeiter die erste große Entscheidung noch nicht selbst trifft, sondern eine Entscheidungsgrundlage für Sie vorbereitet. Wenn der Mitarbeiter bewiesen hat, daß er der Sache gewachsen ist, können Sie ihn bei nächster Gelegenheit die endgültige Entscheidung nach vorheriger Rücksprache mit Ihnen treffen lassen. Funktioniert auch das, dann überlassen Sie ihm beim dritten Mal die Entscheidung ganz, mit der Bitte um Information, was beschlossen wurde. Mit dieser Methode entwickelt sich der Mitarbeiter weiter, ohne daß Sie die Kontrolle verlieren. Mag sein, daß Sie immer noch ein etwas ungutes Gefühl haben, aber diese Methode reduziert die Risiken erheblich.

Wenn Sie jemals einem Kind das Radfahren beigebracht haben, wissen Sie, daß man zuerst hinterherläuft und den Sattel festhält, während das Kind wie wild in die Pedale tritt. Sobald man den Eindruck hat, daß das Kind die Balance halten kann und nicht gegen den nächstbesten Baum fahren wird (oder man einfach zu erschöpft ist, um weiterzurennen), läßt man den Sattel los in der Hoffnung, daß alles gutgeht. Meist wackelt das Kind noch etwas, aber es bleibt im Sattel. Genauso verhält es sich auch beim Delegieren zur Förderung eines Mitarbeiters.

Förderung in der alltäglichen Arbeit

Nicht jeder möchte befördert werden, und nicht jeder ist dazu in der Lage. Viele sind mit dem zufrieden, was sie tun. Das heißt aber nicht, daß man sie durch Delegieren nicht ebenfalls fördern könnte. Jeder kann seine Fähigkeiten verbessern, und sei es auch nur in geringem Maße. Nehmen wir an, ein Mitarbeiter hat ein bestimmtes Budget zu überwachen, hat aber das Gefühl, noch etwas lernen zu können. Er ist der Aufgabe gewachsen, könnte sie aber noch besser bewältigen. Sie könnten ihm Verbesserungsvorschläge unterbreiten oder einen Teil der Verwaltung Ihres Abteilungsbudgets an ihn delegieren, damit er unter Ihren Fittichen mehr über die Aspekte des Budgetmanagements lernt und die Zusammenhänge versteht. So wird er sein Budget noch besser verwalten lernen, und Sie erhalten Unterstützung bei Ihrer Arbeit.

Bei der Förderung von Mitarbeitern müssen Sie immer im Gespräch bleiben, und vielleicht muß auch der oben gezeigte Entwicklungsplan etwas modifiziert und angepaßt werden. Für all diese Gespräche gilt:

> **H**üten Sie sich vor dem Satz: „Diese Aufgabe wird sich positiv auf Ihre Entwicklung auswirken."

Dieser Satz ist oft zu hören und ist auch so *gemeint,* aber nur zu oft trifft das auf die entsprechende Aufgabe keineswegs zu. Einige Vorgesetzte nutzen diesen Satz, um langweilige, uninteressante Aufgaben etwas aufzuwerten, und versuchen den Eindruck zu vermitteln, daß alles Teil eines großen Gesamtplanes ist. So leichtgläubig sind die Menschen aber nicht. Die Wahrheit bringt hier viel weiter. Wenn Sie eine langweilige und uninteressante Arbeit delegieren, seien Sie ehrlich. Erklären Sie, warum Sie die Hilfe brauchen, und bedauern Sie gegebenenfalls, daß es sich um eine eher langweilige Aufgabe handelt. Wenn Sie andererseits auch interessante Aufgaben vergeben, werden die Mitarbeiter verstehen, daß es im Leben nicht immer nur angenehme Dinge zu tun gibt, und werden Ihnen helfen. Sie werden vermutlich keinen großen Spaß daran haben, aber zumindest haben sie dies auch nicht erwartet.

Motivierende Aufgaben

Zunächst einmal muß man überlegen, was „Motivation" heißt. Für uns bedeutet Motivation, jemanden so zu ermutigen, daß er im Rahmen seiner Fähigkeiten sein Bestes gibt. Man darf nicht vergessen, daß Motivation positiv sein kann (basierend auf Ermutigung), aber auch negativ (oft basierend auf Drohung). Unsere Definition gehört zu der ersten Kategorie; das Spiel mit der Angst in die zweite.

Die meisten Leute haben Spaß an interessanter Arbeit und sind folglich motiviert dabei (Spaß und Motivation gehören zusammen). Bei der Überlegung, welche Aufgaben zur Motivation delegiert werden können, ist das gewünschte Ergebnis zu berücksichtigen, und zwar nicht nur in bezug auf die

RICHTIG DELEGIEREN

Arbeit, sondern auch in bezug auf die Wirkung, die die delegierte Arbeit auf den betreffenden Mitarbeiter haben wird. Wählen Sie eine Aufgabe, die den geplanten motivierenden Effekt haben soll. Passen Sie auf, daß Sie nicht irgendeine Aufgabe auswählen, die Ihnen selbst vielleicht in dieser Situation gefallen hätte. Ihre Mitarbeiter haben möglicherweise einen anderen Geschmack. Besprechen Sie die Angelegenheit also mit ihnen, und wählen Sie gemeinsam die richtige Aufgabe aus.

„Mein Job ist langweilig"

Haben Sie diese Aussage schon einmal von einem Mitarbeiter gehört? Zugegeben, manche Arbeiten sind zumindest teilweise wirklich langweilig. Diese Klage ist also nicht ungewöhnlich, und Sie haben vielleicht schon darüber nachgedacht, wie man bestimmte Arbeiten etwas interessanter gestalten könnte. Die Motivation der Mitarbeiter gehört zwar zu den Aufgaben eines Managers, aber es ist nicht allein seine Aufgabe. Es geht um die Arbeit der Mitarbeiter und um ihr Arbeitsleben. Die Verantwortung liegt also bei *beiden*. Fragen Sie einmal die Mitarbeiter, wie man nach ihrer Meinung die Arbeit interessanter machen könnte. Möglicherweise fällt den Mitarbeitern zu ihrer eigenen Arbeit nichts ein. Aber vielleicht finden sie etwas in Ihrem Arbeitsbereich, das sehr interessant sein könnte. Hier haben Sie als Manager die Möglichkeit, zu delegieren und gleichzeitig zu motivieren. Was für Sie selbst vielleicht eine langweilige Routineaufgabe ist, kann für einen Mitarbeiter sehr interessant sein, da er noch keine Erfahrung damit hat.

> Ein Lehrling soll auf einer automatischen Drehbank 5 000 Stifte herstellen. Dazu muß er auf der einen Seite Metallstücke hineinstecken und auf der anderen Seite fertige Stifte herausnehmen. Nicht gerade sehr aufregend. Er langweilt sich, macht aber tapfer weiter. Der Vorarbeiter bemerkt dies, läßt ihn aber einen ganzen Tag weitermachen. Am nächsten Tag ist der Lehrling vor Langeweile schon ziemlich entnervt, und der Vorarbeiter kommt genau im richtigen Moment. *„Das hast Du gut gemacht, Patrick. Wenn Du morgen damit fertig bist, darfst Du die Drehbank für einen anderen Lehrling neu einstellen. Du hast Deinen Anteil dazu beigetragen, bist ein prima Kerl."* Das Einstellen der Drehbank ist Aufgabe des Vorarbeiters, und er hat dies bestimmt schon mehr als hundertmal gemacht, so daß es für ihn zur Routine gehört. Aber er weiß, daß es für den Lehrling etwas ganz Neues ist und daß dieser Spaß daran haben

wird. Sie können sich vorstellen, wie motiviert der Lehrling danach weiterarbeitet. Seine Arbeit wird geschätzt, und nach dieser langweiligen Tätigkeit hat er etwas Interessantes in Aussicht.

> **W**as für Sie Routine ist, kann für eine andere Person eine interessante Herausforderung bedeuten.

Aufgaben delegieren, die Ihnen besonders gut liegen

Wie bereits erwähnt, erweitert jeder gern seine Fähigkeiten und Kenntnisse. Wenn Sie Aufgaben delegieren, die Ihnen selbst gut liegen, kann dies für einen Mitarbeiter eine große Herausforderung bedeuten. Es kann zu einem echten Erfolgserlebnis werden, wenn er seine Sache gut macht und von Ihnen entsprechend gelobt wird. Ihr Lob hat besonderes Gewicht, weil die Mitarbeiter ja wissen, daß Sie selbst auf diesem bestimmten Gebiet besonders gut arbeiten.

Allerdings gibt es hier zwei Schwierigkeiten für *Sie*. Wenn es sich um eine Aufgabe handelt, die Sie selbst besonders gut können, erledigen Sie sie wahrscheinlich auch gern und müssen sich erst selbst überzeugen, daß Sie hier zumindest gelegentlich „loslassen" müssen (erinnern Sie sich an den Abschnitt „Lieblingsaufgaben"?). Außerdem muß man das eigene „Ego" bezwingen. Immer wieder taucht die Befürchtung auf, der Mitarbeiter könnte etwas genauso gut oder sogar besser als man selbst erledigen. Das ist aber als Vorteil anzusehen! Denn jetzt gibt es zwei Leute in der Abteilung, die eine Sache erledigen können. Kurzfristig gesehen ist es sowieso ziemlich unwahrscheinlich, daß der Mitarbeiter gleich so gut ist wie Sie selbst. Ihre Fähigkeiten basieren auf Erfahrung. Es ist selten, daß jemand schon von Natur aus darüber verfügt. Die meisten Menschen brauchen eine Weile, um sich wirklich auszukennen. Als Beispiel hier die Geschichte von einer Sekretärin und ihrem Chef.

> Der Manager kann sehr gut direkt mit Kunden umgehen. Seine Sekretärin hat nur wenig Erfahrung damit, kommt aber im allgemeinen sehr gut mit Menschen zurecht. Die Firma stellt auf einer Messe aus, und eines Tages hat der Manager eine wichtige Verabredung und kann nicht auf dem Stand sein. Einer der Direktoren schlägt vor, daß seine Sekretärin ihn vertreten soll, und der Manager ist einverstanden. Verständlicherweise ist die Sekretärin zunächst etwas ängstlich, aber sie soll schon am Tag vorher

einmal auf dem Messestand dabei sein, um „ein Gefühl der Aufgabe zu bekommen". Das geht gut, und mit Unterstützung und ein paar Tips des Managers kann sie dann für ihn einspringen. Sie ist sehr motiviert, denn die Aufgabe ist eine echte und greifbare Herausforderung. Einer der Kunden macht sich sogar die Mühe, den Manager anzurufen und ihm zu sagen, wie gut ihm gefallen hat, wie er von der Sekretärin empfangen worden ist.

Unsere Fähigkeit, etwas zu tun, hängt sehr stark mit der richtigen Art des „Coachings" zusammen, und das Ergebnis kann hochmotivierend sein.

■ Aufgaben, die durch Nutzen der Fähigkeiten und Kenntnisse der Mitarbeiter zu besseren Entscheidungen führen

Im vorhergehenden Abschnitt ging es um Arbeiten, die Ihnen besonders liegen. Dieser Abschnitt befaßt sich mit dem Gegenteil. Es gibt vielleicht Arbeiten, die Sie erledigen, die aber ein Mitarbeiter in Ihrer Abteilung womöglich viel besser ausführen könnte. Wenn er diese Arbeiten übernimmt, wird seine Motivation steigen, und Sie haben die Möglichkeit für „bessere" Entscheidungen.

Sehen Sie sich Ihre regelmäßigen Arbeiten einmal an, und fragen Sie sich, ob es jemanden in Ihrer Abteilung gibt, der die eine oder andere Aufgabe effektiver erledigen könnte. Hier nehmen wir uns einmal selbst als Beispiel. Es geht um künstlerische Fähigkeiten bzw. den Mangel an diesen.

Shirley ist meine Partnerin im Geschäft, ich bin also nicht ihr Vorgesetzter, aber die Geschichte wird doch das Prinzip verdeutlichen, um das es geht. Wenn wir zu Hause arbeiten, ist es meine Aufgabe, Ausbildungsmaterial für Kurse zu entwickeln, d. h. Übungen, Broschüren, Folien usw. Shirley erledigt einen Großteil der administrativen Aufgaben. Meine künstlerischen Fähigkeiten entsprechen in etwa denen eines Dreijährigen (bei mir sehen gemalte Schiffe wie Autos aus). Wenn ich es recht bedenke, sind die meisten Dreijährigen sogar besser als ich! Bevor Shirley in mein Geschäft eintrat, bestanden meine Folien z. B. ausschließlich aus Text, es sei denn, ich konnte irgendwo Bilder auftreiben, die man kopieren konnte. Aber Shirley ist eine tolle Zeichnerin und hat die Folien um ein Vielfaches verbessert. Auf vielen gibt es jetzt lustige

WELCHE AUFGABEN KANN MAN DELEGIEREN? **KAPITEL 6**

Cartoons und Bilder, die das Thema sehr viel besser veranschaulichen. Shirley hat viel Spaß dabei, und meine Folien sind nun viel interessanter. Die Erstellung der Folien ist zwar meine Aufgabe, aber ich bin froh, dies an jemanden „delegieren" zu können, der es viel besser kann als ich.

Wenn Sie die Möglichkeit zum Delegieren haben, schreiben Sie auf, wozu das Delegieren welcher Arbeiten Ihnen helfen könnte,

- Ihre Zeit besser zu nutzen,
- Mitarbeiter Ihrer Abteilung zu fördern,
- Mitarbeiter Ihrer Abteilung zu motivieren,
- „bessere" Entscheidungen zu ermöglichen, indem Sie die Fähigkeiten Ihrer Mitarbeiter nutzen.

RICHTIG DELEGIEREN

ZUSAMMENFASSUNG

Zielsetzung

Ein effektives Ziel sollte

- ergebnisorientiert sein, nicht aktionsorientiert,
- klar, (wenn möglich) meßbar und realistisch sein,
- das erwartete Ergebnis, einen Termin und mögliche Probleme benennen.

Die Entscheidung, welche Aufgaben zu delegieren sind

Sie sollten Aufgaben delegieren, die

- Ihnen helfen, Ihre Zeit besser zu nutzen,
- die Mitarbeiter Ihrer Abteilung fördern,
- die Mitarbeiter Ihrer Abteilung motivieren,
- „bessere" Entscheidungen ermöglichen, indem Sie die Fähigkeiten Ihrer Mitarbeiter nutzen (Ihnen bleibt mehr Zeit für wichtige Entscheidungen).

WAS SIE SICH MERKEN SOLLTEN

- Wozu bin ich da?
- Eilig nicht mit wichtig verwechseln.
- Ihre Routinearbeiten können für andere interessant sein.
- Mitarbeiterförderung ist eine wichtige Aufgabe eines Managers.
- Delegieren Sie Schritt für Schritt.
- Akzeptieren Sie kleinere Fehler, sie sind bei delegierter Arbeit unvermeidlich.
- Akzeptieren Sie, daß der eine oder andere Mitarbeiter in Ihrer Abteilung etwas besser kann als Sie. Seien Sie dankbar dafür!

KAPITEL 7

An wen kann man delegieren?

■ Überblick

Im vorhergehenden Kapitel haben wir die zu delegierenden *Aufgaben* behandelt. In diesem Kapitel wollen wir uns mit der Frage beschäftigen, wie man die richtige *Person* auswählt, an die man delegieren kann. Hier kann die Schwierigkeit darin bestehen, daß man gelegentlich nicht die Person für eine bestimmte Aufgabe auswählen möchte, sondern umgekehrt eine Aufgabe sucht, mit der man eine bestimmte Person fördern oder motivieren kann. In jedem Fall muß man die *Anforderungen der Aufgabe* ebenso wie die *Fähigkeiten der Mitarbeiter* kennen. Beide Aspekte werden in diesem Kapitel ausführlich besprochen.

■ Ziele

Wenn Sie dieses Kapitel gelesen haben, sollten Sie

◆ wissen, wie man die Anforderungen für eine zu delegierende Aufgabe bestimmt,
◆ wissen, wie man die Fähigkeiten und Kenntnisse der Mitarbeiter in der Abteilung bewertet, damit man den für eine Aufgabe am besten geeigneten Mitarbeiter auswählen kann,

RICHTIG DELEGIEREN

◆ wissen, wie man entscheidet, bis zu welchem Punkt man bei einer bestimmten Aufgabe und einer bestimmten Person delegieren möchte (wie weit man „loslassen" möchte).

■ Inhalt

◆ Welche Anforderungen stellt die Aufgabe?
◆ Wie wählt man die für eine Aufgabe (am besten) geeignete Person aus?
◆ Aufzeichnen der Informationen über Aufgabe und Person.
◆ Die Entscheidung, in welchem Umfang man „loslassen" kann.
◆ Seitwärts und nach oben delegieren.

WELCHE ANFORDERUNGEN STELLT DIE AUFGABE?

Um zu entscheiden, welcher Mitarbeiter für eine bestimmte Aufgabe geeignet ist, müssen Sie zunächst klären, welche *Fähigkeiten und Kenntnisse* die Aufgabe erfordert. Hier darf man weder zu wenig noch zu sehr in die Tiefe gehen. Man muß eine gute Mitte finden, damit man genügend Informationen zur Auswahl eines geeigneten Mitarbeiters hat, ohne gleich drei Tage damit verbringen zu müssen, erst jeden einzelnen Aspekt der Aufgabe genauestens zu analysieren.

Wenn Sie bereits delegieren, untersuchen Sie wahrscheinlich bereits bis zu einem gewissen Grade, welche Fertigkeiten und Kenntnisse eine Aufgabe erfordert. Für viele Vorgesetzte sind dies praktisch „unbewußte Überlegungen": „Herrn Krüger kann ich dies nicht übertragen, er schafft das nicht." Oder: „Das kann Frau Schwarz erledigen, sie hat mit ähnlichen Dingen schon Erfahrung." Im Hinterkopf existieren also bereits gewisse Kriterien. Wir wollen hier versuchen, diese Kriterien sichtbarer zu machen.

Im folgenden finden Sie einige Hinweise zu möglichen Anforderungen an die Fähigkeiten eines Mitarbeiters. Diese sind jedoch je nach Aufgabe und Situation sehr unterschiedlich, so daß nur allgemeine Hinweise möglich sind.

Auf Seite 103 finden Sie ein Formblatt, das Sie vielleicht für Ihre Aufzeichnung von Fähigkeiten und Kenntnissen Ihrer Mitarbeiter bei bestimmten

Aufgaben verwenden möchten. Wenn es Ihnen lieber ist, können Sie gleich mit diesem Formblatt arbeiten, anstatt die dafür vorgesehenen freien Zeilen selbst auszufüllen. Entscheiden Sie!

■ Welche Fähigkeiten erfordert die Aufgabe?

Definieren wir zunächst, was wir unter „Fähigkeiten" verstehen. Für uns heißt das „Kompetenz, Können oder Eignung" auf einem bestimmten Gebiet.

Nehmen Sie eine Ihrer wichtigen, aber einfachen Aufgaben, die Sie regelmäßig zu erledigen haben. Schreiben Sie nachstehend (oder auf dem später folgenden Formblatt) auf, welche Fähigkeiten Ihrer Meinung nach für eine erfolgreiche Bearbeitung dieser Aufgabe erforderlich sind. Notieren Sie auch, was für Sie vielleicht völlig selbstverständlich ist.

Aufgabe:

_____

_____

Benötigte Fähigkeiten:

_____

_____

_____

_____

_____

_____

_____

_____

_____

RICHTIG DELEGIEREN

Auf Seite 91 finden Sie eine Liste der Fähigkeiten, die bei den verschiedensten Aufgaben erforderlich sein können. Dies soll keine unendliche Auflistung sein, sondern das, was wir für ein „gutes Mittelmaß" halten. Ob Sie mehr oder weniger Details wünschen, liegt bei Ihnen. Wir wollen hier nur ein Arbeitsblatt mit Fähigkeiten und Definitionen liefern, damit Sie zumindest einen Anfang finden. Benutzen Sie das Arbeitsblatt als Checkliste, denn es wird wohl kaum eine Aufgabe geben, die *alle* Fähigkeiten erfordert.

Falls Sie dennoch der Meinung sind, eine Aufgabe verlange alle Fähigkeiten, überdenken Sie dies noch einmal. Kann es sein, daß Sie einen „Superman" suchen? Der ist bestimmt schon anderweitig beschäftigt!

Die tatsächlich notwendigen Fähigkeiten

„Ich bin nicht sicher. Man muß die Arbeit halt ... irgendwie ... machen können." Wenn Sie Schwierigkeiten haben, die tatsächlich notwendigen Fähigkeiten herauszufinden, teilen Sie die von Ihnen gewählte Aufgabe noch einmal in ihre Einzelkomponenten. Danach gleichen Sie jede einzelne Komponente mit der Liste der Fähigkeiten ab, um zu sehen, welche davon für diesen Teilbereich überhaupt benötigt wird. Die Frage lautet also: „Was muß die Mitarbeiterin oder der Mitarbeiter tatsächlich können, um diesen Teil der Aufgabe zu erledigen?" Eine solche Vorgehensweise macht die Sache einfacher. Falls Sie immer noch nicht recht weiterkommen, sehen Sie sich das Beispiel des

AN WEN KANN MAN DELEGIEREN? **KAPITEL 7**

ausgefüllten Formblattes auf Seite 99 an, in dem die Fähigkeiten aufgelistet sind, die unserer Meinung nach zur Leitung einer Sitzung erforderlich sind.

Bewertung der erforderlichen Fähigkeiten

Verschiedene Fähigkeiten mögen erforderlich sein, es ist jedoch unwahrscheinlich, daß man in allem perfekt sein muß. Bei der Entscheidung, welcher Mitarbeiter für eine Aufgabe geeignet ist, sollte man also berücksichtigen, ob eine bestimmte Fähigkeit bei einer Arbeit überhaupt erforderlich ist. Auch hier haben wir versucht, die Bewertungsskala so einfach wie möglich zu halten, damit sie leicht anzuwenden ist. Versuchen Sie einmal, die notwendigen Fähigkeiten für die von Ihnen vorher gewählte Aufgabe zu bewerten (zur Bewertungsskala siehe Seite 93).

▪ Die erforderlichen Kenntnisse zur Erledigung einer Aufgabe

Unter Kenntnissen verstehen wir das Verfügen über spezielle Informationen zu einem bestimmten Thema. Wie bereits gesagt, hängen auch die Anforderungen an die Kenntnisse meistens stark von der einzelnen Aufgabe und der jeweiligen Situation ab.

Persönliche Fähigkeiten

Zahlenverständnis	Fähigkeit, mit Zahlen umzugehen, d.h. Rechnen
Verbale Kommunikation	Fähigkeit, sich knapp, klar und taktvoll im direkten oder telefonischen Umgang mit Menschen auszudrücken und richtig zuzuhören
Schriftliche Kommunikation	Fähigkeit, knappe und klare Berichte, Briefe und Notizen zu verfassen
Informationsauswertung	Fähigkeit, die Kernpunkte aus Gesprächen oder schriftlichem Material herauszufinden

RICHTIG DELEGIEREN

Verhandlungs-/ Überzeugungsgeschick	Fähigkeit, mit gut präsentierten Fakten zu verhandeln und zu überzeugen und Zustimmung und Zusagen zu erreichen
Persönliche Planung und Kontrolle	Fähigkeit, sich selbst klare Ziele zu setzen; zu planen, Prioritäten zu setzen, Planung, Durchführung und Zeit so zu überwachen, daß das gewünschte Ergebnis erzielt wird
Kreativität	Fähigkeit, neue Ideen und Ansätze zu entwickeln
Entscheidungsfreudigkeit/ Problembewältigung	Fähigkeit, effektiv und pünktlich Entscheidungen zu treffen und Ursachen von Problemen zu finden/zu korrigieren

Führungsqualitäten

Andere organisieren	Fähigkeit, Ziele/Aufgaben für andere zu definieren und die notwendige Kommunikation zwischen den betroffenen Personen sicherzustellen
Führung/Motivation	Fähigkeit, auf die jeweilige Situation richtig einzugehen und die Bereitschaft der Mitarbeiter zu stärken, ihr Bestes zu geben
Coaching/Beratung	Fähigkeit, Menschen bei der Verbesserung ihrer Leistungen zu unterstützen
Delegieren	Fähigkeit, einen Teil der eigenen Aufgaben erfolgreich einer anderen Person anzuvertrauen
Risikobereitschaft	Fähigkeit, kalkulierbare Risiken auf sich zu nehmen und nötigenfalls zu beurteilen, d.h. bereit zu sein, trotz fehlender Informationen eine notwendige Entscheidung zu treffen und die Verantwortung dafür zu übernehmen

Bewertungsskala der benötigten Fähigkeiten

H = Hoch
- Diese Fähigkeit ist entscheidend für den Erfolg.
- Der gewählte Mitarbeiter muß alle Aspekte dieser Fähigkeit vollständig erfüllen und dies vorher bei einer vergleichbaren Aufgabe unter Beweis gestellt haben.

M = Mittel
- Einzelne Aspekte dieser Fähigkeit sind notwendig, aber nicht entscheidend.
- Der gewählte Mitarbeiter muß nur einige Aspekte dieser Fähigkeit erfüllen, etwas Erfahrung bei einer nicht ganz so bedeutenden Aufgabe wäre hilfreich.

N = Niedrig
- Einzelne Aspekte dieser Fähigkeit wären nützlich.
- Der gewählte Mitarbeiter muß in der Lage sein, diese Fähigkeit weiterzuentwickeln, vorherige Erfahrung ist aber nicht erforderlich.

Keine Bewertung
- Diese Fähigkeit ist zu einer erfolgreichen Erfüllung einer Aufgabe nicht erforderlich.

Hier einige wichtige Aspekte, die man in Erwägung ziehen muß:

- Vorgehensweise, z. B. Kenntnis der Unternehmensgrundsätze und Verfahrensweisen,
- Managementaspekt, z. B. Kenntnis, wie man eine Sitzung organisiert,
- technischer Aspekt, z. B. Kenntnis, wie man mit einem Computer und bestimmter Software umgeht,
- finanzieller Aspekt, z. B. Kenntnis, wie man ein Budget erstellt,
- juristischer Aspekt, z. B. Kenntnis des Arbeitsgesetzes.

Diese allgemeine Aufstellung kann natürlich nicht jeden Aspekt berücksichtigen. Vielleicht ist es hilfreich, wenn Sie nachstehend (oder auf dem Form-

RICHTIG DELEGIEREN

blatt am Ende dieses Kapitels) notieren, welche anderen Kenntnisse für die von Ihnen zu delegierende Arbeit von Nutzen sein könnten (einige Hauptpunkte sind ausreichend):

_____
_____
_____
_____
_____
_____
_____
_____

Definition der erforderlichen Kenntnisse

Bei den Kenntnissen verhält es sich ähnlich wie bei den Fähigkeiten – die einen finden deren Bestimmung einfach, andere haben Probleme damit. Zur Vereinfachung wieder ein Beispiel. Überlegen Sie einmal, welche Kenntnisse ein Taxifahrer haben sollte. Er sollte

- ◆ wissen, wie man Kunden aufnimmt und wie abgerechnet wird,
- ◆ das Funkgerät bedienen können, um mit der Zentrale in Verbindung zu bleiben,
- ◆ das Personenbeförderungsgesetz im allgemeinen und insbesondere für Taxen kennen,
- ◆ den Stadtteil kennen, in dem er arbeitet,
- ◆ möglichst etwas von Autos verstehen, um kleinere Wartungsarbeiten selbst vornehmen zu können (Öl/Wasser usw.).

Bewertungsskala für die erforderlichen Kenntnisse

Es werden vielleicht diverse Kenntnisse benötigt, aber es ist unwahrscheinlich, daß sie alle gleich wichtig sind. Wenn Sie entscheiden, an wen eine Aufgabe am besten zu delegieren ist, kann es nützlich sein, die Bedeutung der Kenntnisse richtig einzuschätzen. Auch hier haben wir versucht, die Bewertungsskala möglichst einfach zu halten, damit sie leicht anwendbar ist (vgl. die Skala auf Seite 93).

Vielleicht üben Sie einmal diese Bewertung der Kenntnisse für die von Ihnen gewählte Aufgabe.

Bewertungsskala der benötigten Kenntnisse

H = Hoch	■ Detaillierte Kenntnisse sind für den Erfolg entscheidend. ■ Der gewählte Mitarbeiter muß komplette Kenntnisse über das gesamte Thema haben und sollte dies vorher bei einer vergleichbaren Aufgabe bewiesen haben.
M = Mittel	■ Einige Kenntnisse sind erforderlich, aber nicht von entscheidender Bedeutung. ■ Der gewählte Mitarbeiter muß über Kenntnisse in einigen Aspekten des betreffenden Themas verfügen, ferner über Erfahrung im praktischen Einsatz dieser Kenntnisse bei einer früheren, nicht ganz so bedeutenden Aufgabe.
N = Niedrig	■ Grundkenntnisse wären nützlich. ■ Der gewählte Mitarbeiter sollte einige grundsätzliche Faktoren kennen, benötigt aber keine vorherige praktische Erfahrung.
Keine Bewertung	■ Es sind keine Kenntnisse auf diesem Gebiet erforderlich.

RICHTIG DELEGIEREN

WIE WÄHLT MAN DIE FÜR EINE AUFGABE (AM BESTEN) GEEIGNETE PERSON AUS?

Um den richtigen Mitarbeiter für eine Aufgabe auszuwählen (oder umgekehrt eine passende Aufgabe für einen bestimmten Mitarbeiter herauszufinden), ist es wichtig, die Fähigkeiten und Kenntnisse der Mitarbeiter Ihrer Abteilung zu bewerten. Damit sollte es dann möglich sein, diese Eigenschaften mit denen zu vergleichen, die für eine erfolgreiche Erledigung der jeweiligen Aufgabe erforderlich sind.

■ Gegenwärtige Bewertung der Fähigkeiten und Kenntnisse Ihrer Mitarbeiter

Wenn Ihr Unternehmen mit einem Bewertungssystem arbeitet, sehen Sie sich die neuesten Bewertungen Ihrer Mitarbeiter einmal an. Viele Bewertungssysteme sind bei der Einschätzung von Fähigkeiten und Kenntnissen eine gute Hilfe; in der Regel bieten sie zahlreiche Informationen. Benutzen Sie diese Informationen aus den Bewertungs- und Fortbildungsplänen für jeden einzelnen Mitarbeiter Ihrer Abteilung, und übertragen Sie diese in das Formblatt (siehe Seite 99, 103).

Wenn kein Bewertungssystem zur Verfügung steht

In diesem Falle müssen Sie ganz von vorne anfangen. Betrachten Sie zunächst die Fähigkeiten und Kenntnisse, die Ihre Mitarbeiter zur Erledigung der derzeitigen Aufgaben in Ihrer Abteilung mitbringen müssen. Vorsicht: Die Anforderungen werden oft zu hoch angesetzt. Erinnern Sie sich an Gespräche mit Ihren Mitarbeitern zum Thema „Leistung", und versuchen Sie, den Stand der Fähigkeiten und Kenntnisse jedes einzelnen Mitarbeiters einzustufen.

Wahrscheinlich bleiben noch Lücken, Sie sind sich einfach nicht sicher. Versuchen Sie diese Punkte bei nächster Gelegenheit in einem Gespräch zu klären. Wenn Ihnen zu viele Informationen fehlen, können Sie diese entweder nach und nach ergänzen oder aber mit jedem Mitarbeiter Einzelgespräche führen, in denen Sie alle noch offenen Fragen klären. Wir persönlich bevorzugen die zweite Möglichkeit, denn je eher Sie alle erforderlichen Informationen zusammenhaben, desto früher können Sie mit Ihrer Planung beginnen, was Sie an wen delegieren wollen.

Bewertungsskala für die Fähigkeiten und Kenntnisse

Die beiden vorher genutzten Bewertungsskalen (für die Fähigkeiten und Kenntnisse) können auch hier mit leichten Änderungen eingesetzt werden, so daß man nicht mehrere Bewertungsbögen benötigt. Bei der Bewertung von Personen tauschen Sie einfach „ist erforderlich" gegen „der Mitarbeiter ist oder hat ..." aus. „Keine Bewertung" bedeutet in diesem Falle, daß der Mitarbeiter derzeit noch nicht über die entsprechenden Fähigkeiten und Kenntnisse verfügt. Unserer Meinung nach ist dies einfacher, als zwei verschiedene Bewertungsskalen zu benutzen, auch wenn es anfangs etwas kompliziert erscheinen mag. Sie werden sich sicher schnell daran gewöhnen.

Ausbildungs- und Entwicklungsbedarf herausfinden

Bisher ging es darum, den *gegenwärtigen* Fähigkeits- und Kenntnisstand eines Mitarbeiters einzuschätzen. Aber auch der Ausbildungs- und Entwicklungsbedarf ist anhand eines Bewertungsbogens leicht festzustellen (siehe Seite 99, 103). Aber was ist mit den Punkten, die Sie offengelassen haben, da der Mitarbeiter noch nicht über diese Fähigkeiten und Kenntnisse verfügt? Setzen Sie in das betreffende Kästchen einfach einen Kreis. Das bedeutet, daß diese Fähigkeiten und Kenntnisse *derzeit* noch nicht vorhanden sind, daß also *Weiterbildungsbedarf* dafür besteht.

Die Wahl

Nun haben Sie alle Informationen über die Anforderungen der Aufgabe, die Sie delegieren möchten, und die Fähigkeiten und Kenntnisse Ihrer Mitarbeiter zusammengetragen.

Wenn die Aufgabe möglichst schnell und effektiv erledigt werden muß, suchen Sie nach dem Mitarbeiter in Ihrer Abteilung, dessen Fähigkeiten und Kenntnisse den Anforderungen am nächsten kommen. Sollte der Mitarbeiter nicht zur Verfügung stehen, wählen Sie den nächsten usw.

Falls eine Aufgabe weniger dringend ist und etwas mehr Zeit zur Verfügung steht, können Sie die Gelegenheit nutzen, einen Mitarbeiter auszuwählen, der seine Fähigkeiten und Kenntnisse für diese Aufgabe noch entwickeln muß. Da keine Dringlichkeit besteht, nimmt dies zum einen den Druck von dem entsprechenden Mitarbeiter, und zum anderen bleibt Ihnen genügend Zeit, Ihren Mitarbeitern hilfreich zur Seite zu stehen. Wenn es Ihr Ziel ist, einen Mitarbeiter weiterzubilden und zu fördern, versuchen Sie, eine Aufgabe zu finden, die genau diese zu entwickelnden Fähigkeiten und Kenntnisse erfordert. Vergessen Sie aber nicht, daß man nie zuviel auf einmal versuchen sollte (erinnern Sie sich an den Elefanten?). Versuchen Sie, sich möglichst auf eine Sache zu beschränken, da sonst die Gefahr besteht, die betreffende Person zu überfordern.

AUFZEICHNEN DER INFORMATIONEN ÜBER AUFGABE UND PERSON

■ Beispiel eines ausgefüllten Formblattes

Ein Bild sagt mehr als tausend Worte. Deshalb soll ein Beispiel unsere hier vorgestellten Ideen verdeutlichen.

Der Hintergrund

Der Vorgesetzte hat vier Untergebene und muß die Leitung einer Abteilungssitzung zum Thema Verkaufsziele für den kommenden Monat an einen Mitarbeiter delegieren, da er zu dem gesetzten Termin nicht anwesend sein wird.

Seine unmittelbaren Untergebenen sind Herr Döring (sein Stellvertreter), Frau Schulte (eine erfahrene Vertriebsmitarbeiterin), Herr Lehmann (ein noch recht neuer Vertriebsmitarbeiter) und Frau Menge (die gerade erst ihr erstes Vertriebstraining hinter sich hat).

Abb. 3 Beispiel eines ausgefüllten Formblatts

Delegieren					
Aufgabe:	Leitung der monatlichen Verkaufssitzung am 25. Juli zur Festsetzung der Verkaufsziele nach Gebieten für den Monat August				
Datum:	23. Juni				
Fähigkeiten	*Anforderungen der Aufgabe*	*Hr. Döring (Stellvertreter)*	*Fr. Schulte (5 Jahre Vertrieb)*	*Hr. Lehmann (8 Monate Vertrieb)*	*Fr. Menge (Training gerade beendet)*
Zahlenverständnis	M	M	H	N	M
Verbale Kommunikation	H	H	H	M	M
Schriftliche Kommunikation	N	(N)	H	M	(N)
Informationsauswertung	H	M	(N)		
Verhandlungs-/ Überzeugungskraft	H	H	M	M	(N)
Personalplanung u. -kontrolle	M	M	(N)	H	M
Kreativität		H	M	N	H
Entscheidungsbereitschaft, Problemlösung	H	(M)	M	(N)	( )
Führungsqualitäten					
Andere organisieren	H	M	(N)		
Führung, Motivation	H	H	(N)		
Coaching, Beratung		(N)			
Delegieren		(N)			
Kenntnisse					
Bisherige Vertriebsergebnisse nach Gebiet	H	H	H		
Interne Vorgehensweise bei Sitzungen	M	(N)			

RICHTIG DELEGIEREN

Wenn Sie möchten, können Sie zur Übung nun den Ausbildungs- bzw. Entwicklungsbedarf und mögliche Aktionen für jede einzelne der vier Personen aus diesem Beispiel ausarbeiten:

_____

_____

_____

_____

_____

Dies ist ein hypothetisches Beispiel mit einigen Vorbehalten. Vergleichen Sie unsere detaillierte Analyse mit der Ihren, um zu sehen, ob Ihnen irgendwelche wichtigen Punkte entgangen sind. Machen Sie sich nichts daraus, wenn Ihre Aktionen sich von den unseren unterscheiden. Es gibt viele Möglichkeiten, in dieser Situation vorzugehen. Fragen Sie sich aber ehrlich, ob die von Ihnen vorgeschlagene Vorgehensweise wirklich zu den Bedürfnissen paßt. Es gibt beispielsweise keinen Grund, Frau Menge zu einer erneuten Vertriebsausbildung zu schicken, da sie nun sicherlich kompetent genug ist, um mit der Arbeit im Vertrieb anzufangen. Sie benötigt aber Hilfe, ihre noch geringen Fähigkeiten „im Feld" zu entwickeln.

Herr Döring

Herr Döring (der Stellvertreter) ist aus verschiedenen Gründen sicherlich am besten für die zu delegierende Aufgabe geeignet (siehe aber auch unsere Anmerkungen zu Frau Schulte).

Die meisten Erfordernisse beziehen sich sicherlich auf eine Entwicklung zur nächst höheren Stufe (er ist praktisch reif für eine Beförderung). Seine Fähigkeiten in schriftlicher Kommunikation sind nicht sonderlich hoch und werden auf der nächsten Stufe bestimmt mehr gefordert sein, so daß man ihn bitten könnte, einen Bericht über die Sitzung anzufertigen. Eine kurze Einführung, bevor er die Leitung der Sitzung übernimmt, sollte ihm helfen, seine Kenntnisse über die interne Vorgehensweise bei Sitzungen zu verbessern. Die Fähigkeit zur Entscheidungsfindung und Problemlösung bedürfen vor oder kurz nach der Beförderung noch einiger Verbesserung, und in der Einführung könnte auch geklärt werden, wie Herr Döring seine diesbezüglichen Fähigkeiten während der Sitzung entwickeln könnte.

Herr Döring hat keine Erfahrung oder Fähigkeit in bezug auf Delegieren und Beratung, was auf der nächsten Stufe auch wichtig sein wird. Um ihm hier weiterzuhelfen, muß er noch weitere Aufgaben übernehmen.

Frau Schulte

Frau Schulte ist eine sehr erfahrene Vertriebsmitarbeiterin. Ihre Kenntnisse sowohl in Personalplanung als auch Informationsauswertung sind niedrig. Eine Aufgabe mit verborgenen Schlüsselinformationen, die eine gewisse Planung verlangt, wäre bestimmt das Richtige für sie. Ihre Führungsqualitäten müssen noch entwickelt werden. Langfristig erwartet sie bestimmt eine Beförderung bzw. die Übernahme von mehr Verantwortung. Einfachere Führungsaufgaben kann man ihr schon jetzt anvertrauen. Sie könnten ihr helfen, sich in Organisation und Führungstätigkeiten einzufinden, etwa als Projektleiterin für ein zunächst einfaches Projekt.

Falls Herr Döring die Führung des Meetings nicht übernehmen kann, könnte man diese Aufgabe möglicherweise auch Frau Schulte anvertrauen, sofern ihre Fähigkeiten in bezug auf Führung und Organisation für eine Sitzung ausreichend sind. Möglicherweise ist sie zu diesem Zeitpunkt damit aber noch überfordert.

Herr Lehmann

Herr Lehmann ist ziemlich neu in der Abteilung. Der einzige Punkt, in dem er momentan Unterstützung benötigt, liegt im Bereich Entscheidungsfindung bzw. Problemlösung. Er muß sich wahrscheinlich mit einigen Grundregeln vertraut machen; dann sollte er die Möglichkeit der praktischen Anwendung bei relativ einfachen Aufgaben mit geringem Risiko bekommen (vielleicht unterstützt von Herrn Döring?).

Frau Menge

Frau Menge ist ganz neu in der Abteilung und hat gerade ihre Vertriebsausbildung hinter sich. Zu diesem Zeitpunkt würden wir es nicht in Erwägung ziehen, irgendwelche Aufgaben an sie zu delegieren. In Zukunft jedoch könnte ihr hoher Grad an Kreativität ein guter Beitrag sein. Unserer Meinung nach sollte man sich darauf konzentrieren, ihre Verhandlungs- bzw. Überzeugungskraft zu stärken (möglicherweise unterstützt von Frau Schulte?).

Außerdem sollten die Fähigkeiten zur Entscheidungsfindung und Problemlösung gefördert (die im Moment nicht existieren) und die schriftliche Kommunikation verbessert werden (auch hier könnte Herr Döring ihr eine einfache Entscheidung übertragen und um einen schriftlichen Bericht bitten).

Abb. 4 Blankoformblatt für Fähigkeiten und Kenntnisse

Delegieren					
Aufgabe:					
Datum:					
Fähigkeiten	Anforderungen der Aufgabe				
Zahlenverständnis					
Verbale Kommunikation					
Schriftliche Kommunikation					
Informationsauswertung					
Verhandlungs-/ Überzeugungskraft					
Personalplanung u. -kontrolle					
Kreativität					
Entscheidungsbereitschaft, Problemlösung					
Führungsqualitäten					
Andere organisieren					
Führung, Motivation					
Coaching, Beratung					
Delegieren					
Kenntnisse					
Vorgehensweise					
Technisch					
Finanziell					
Juristisch					

RICHTIG DELEGIEREN

■ Blankoversion des Formblattes

Die Blankoversion des Formblattes ist auf das Beispiel auf Seite 98 abgestimmt. Die wichtigsten Fähigkeiten sind bereits aufgeführt. Sie können das Blatt kopieren und die Daten per Hand eintragen. Dies ist sicherlich der einfachste Weg. Das einzige Problem besteht darin, daß sich mit der Zeit die Informationen über die Fähigkeiten und Kenntnisse der Mitarbeiter verändern, so daß das Formblatt geändert werden muß und mit der Zeit wahrscheinlich ziemlich unübersichtlich wird.

Sie können ein Formblatt aber auch mit einer Textverarbeitung am PC erstellen. Dies benötigt anfangs etwas mehr Zeit. Aber wenn die Basiseintragungen über die Bewertung Ihrer Mitarbeiter einmal aufgenommen sind, ist es einfach, die Einträge für andere Aufgaben zu erweitern und zu aktualisieren. So hat man dann immer wieder die neueste Version zur Verfügung, wenn neue Aufgaben zu delegieren sind. Außerdem sind die Eintragungen dann optimal auf Ihre Situation abgestimmt.

DIE ENTSCHEIDUNG, IN WELCHEM UMFANG MAN „LOSLASSEN" KANN

Sie haben nunmehr einen Mitarbeiter für die Aufgabe ausgesucht bzw. eine Aufgabe gefunden, mit der Sie einen Ihrer Mitarbeiter fördern können. Jetzt lautet die nächste Frage: „Wie weit wage ich ‚loszulassen'?" Dies hängt vor allem davon ab, wie groß die Lücke zwischen den Anforderungen der Aufgabe und den gegenwärtigen Fähigkeiten und Kenntnissen des betreffenden Mitarbeiters ist. Wenn Sie Ihrem Kind das Schwimmen beibringen, werfen Sie es ja auch nicht ins Wasser und hoffen, daß es schwimmt! Wenn das Kind das erste Mal im Wasser ist, muß man zusehen, daß es ihm Spaß macht und daß das Selbstvertrauen gefördert wird. Wenn dies dann der Fall ist und das Kind sich traut, die Füße vom Boden zu nehmen und einen Schwimmversuch zu unternehmen, brauchen Sie nach und nach immer weniger Hilfestellung zu leisten. Dann der große Durchbruch – das Kind kann schwimmen. Zunächst sind es ein paar Züge, und Sie passen auf und sind bereit, jederzeit einzugreifen. Nach und nach lassen Sie das Kind dann weiter weg schwimmen, und irgendwann brauchen Sie nicht mehr im Schwimmbecken zu bleiben.

Anfangs werfen Sie vom Beckenrand aber noch weiterhin ein Auge auf das Kind, falls doch noch Hilfe oder Ermutigung nötig ist. Einem Kind das Schwimmen beizubringen ist dem Delegieren sehr ähnlich.

Beim „Schwimmen" (Wie weit lassen Sie los?)

Erfahrung des (Nicht-)Schwimmers	Ihr Einsatz
keine	Laß sie Spaß haben, aber aufpassen!
wenig (Grundkenntnisse)	Bei wichtigen Dingen unterstützen.
einigermaßen erfahren	Selbst entscheiden lassen, welche Hilfe noch gebraucht wird. Wenn es besser geht, verlassen Sie das Schwimmbecken, passen Sie aber trotzdem noch auf!
perfekt (mindestens so gut wie Sie selbst oder sogar besser)	Jetzt können Sie den Schwimmer alleine lassen und sich davon erzählen lassen.

■ Die einzelnen „Ebenen" beim Delegieren

Ebene 1: keine Erfahrung

- Die Mitarbeiter haben noch keine Erfahrung mit der Aufgabe.
- Sie sind willens und in der Lage, die Grundlagen zu erlernen.
- Die Mitarbeiter können die Aufgabe nicht allein erledigen, permanente Unterstützung durch Sie ist nötig.
- Die Mitarbeiter erledigen die Aufgabe zusammen mit Ihnen und können Ihnen dabei einige Einzelarbeiten abnehmen.

Ebene 2: Grundkenntnisse vorhanden

- Die Mitarbeiter verfügen über geringe Erfahrung, besitzen aber Grundkenntnisse.
- Sie sind willens und in der Lage, mehr als die Grundlagen zu erlernen.
- Sie erledigen die wichtigen Dinge gemeinsam mit Ihnen, die übrigen – unter gewissen von Ihnen bestimmten Vorgaben – allein.

Ebene 3: relativ erfahren

- Die Mitarbeiter haben Erfahrung, können aber gelegentlich immer noch Ihre Unterstützung benötigen.
- Sie sind willens und in der Lage, die schwierigeren Aspekte einer Aufgabe zu erlernen.
- An diesem Punkt sollten Sie Ihre Mitarbeiter selbst entscheiden lassen, welche Hilfe sie von Ihnen noch benötigen. Die Mitarbeiter sollten auch selbst die Kontrollen festsetzen. Hier könnte es sich z. B. um eine vorherige Besprechung wichtiger Entscheidungen mit Ihnen handeln, bevor diese zum Tragen kommen.

Ebene 4: erfahren

- Die Mitarbeiter verfügen über ebensoviel Erfahrung wie Sie selbst (oder sogar mehr).
- Sie fühlen sich in der Lage, die gesamte Aufgabe und die Verantwortung für die Entscheidungen eigenständig zu übernehmen.

Jetzt können Sie „loslassen": Vereinbaren Sie klar das Gesamtziel (einschließlich eventueller Einschränkungen), stellen Sie sicher, daß die Mitarbeiter sich nach wie vor in der Lage fühlen, die Aufgabe zu erledigen, und dann *lassen Sie sie machen,* und verlangen Sie einen Ergebnisbericht, *wenn alles erledigt ist.*

Falls Sie den Eindruck haben, daß Delegieren in diesem Falle mit „Abschieben" zu vergleichen ist, irren Sie sich! Wenn Sie auch die Vollmacht für die tagtägliche Kontrolle und für unabhängige Entscheidungen an den Mitarbeiter abgegeben haben, bleibt doch die Gesamtkontrolle durch die Einschränkungen, die Sie bei den Zielen vorgegeben haben, z. B. „Erledigen Sie etwas innerhalb eines Budgets von 100 000 DM bis zu einem bestimmten Termin."

AN WEN KANN MAN DELEGIEREN? **KAPITEL 7**

Es scheint, daß nur wenige Menschen auf dieser 4. Ebene delegieren. Wenn Sie bereits dazugehören, gratulieren wir. Wie immer im Management bestehen Risiken, aber sie bleiben *kalkulierbar,* wenn Sie über Aufgabe und Person entscheiden. Wenn Sie auf dieser Ebene den richtigen Mitarbeiter gewählt haben, sind die Risiken minimal, Motivation und Entwicklung jedoch optimal.

Wenn Sie bereits Gelegenheit zum Delegieren haben, gibt es Aufgaben, die auf einer höheren Ebene delegiert werden könnten?

Oder gibt es umgekehrt Aufgaben, die an Sie delegiert sind und die Sie auf einer höheren Ebene erledigen könnten? Versuchen Sie mit Ihrem Vorgesetzten darüber zu sprechen.

_____
_____
_____
_____
_____
_____
_____

Mögliche Fallen bei der Auswahl eines Mitarbeiters für eine Aufgabe

Es gibt einige Fallen, in die auch erfahrene Manager unbewußt immer wieder hineintappen.

„Keine Erfahrung"

Wenn jemand eine bestimmte Aufgabe noch nie übernommen hat, so scheint es ein ungeschriebenes Managementgesetz zu geben, das besagt: „Keine Erfahrung = keine Fähigkeit". Eine solche Einstellung bedeutet, daß man eine sehr sinnvolle Möglichkeit der Unterstützung nicht einmal in Erwägung zieht.

RICHTIG DELEGIEREN

Vielleicht hat ein Mitarbeiter eine Arbeit noch nie erledigt, aber er kann es mit Ihrer Hilfe *lernen*. Wenn also Erfahrung fehlt, müssen Sie sich fragen, ob der Mitarbeiter willens und in der Lage ist zu lernen. Ist dies der Fall und steht genug Zeit zur Verfügung, so könnte dies die ideale Gelegenheit sein, einem Mitarbeiter zu helfen, mehr Erfahrung zu gewinnen und seine Fähigkeiten und Kenntnisse auf diesem Gebiet zu erweitern.

„Das wird eine Herausforderung sein"

Das sieht in etwa so aus: „Frau Becker wird sich freuen, diese Aufgabe zu übernehmen; sie wird sie als echte Herausforderung ansehen. Als ich noch auf ihrem Posten saß, hätte ich das toll gefunden." Haben Sie schon einmal an so etwas gedacht?

Betrachten wir einmal die Situation, die für viele Leute zuzutreffen scheint. Jeder versucht, seine Arbeit so gut wie möglich zu machen, und dann kommt jemand und sagt: „Sie haben vier Jahre lang sehr gute Arbeit als Programmierer (oder was auch immer) geleistet. Wir haben beschlossen, Sie ab nächsten Montag zum Gruppenleiter zu machen." (Lassen wir einmal die Frage beiseite, ob jemand dabei auch rechtzeitig an eine Fortbildung für diese neue Aufgabe gedacht hat.)

Viele Unternehmen scheinen noch ein anderes ungeschriebenes Gesetz zu haben, das da lautet: „Um befördert zu werden, mußt Du in Deiner gegenwärtigen Arbeit gut sein". Es scheint, daß erfolgreiche Leute es leicht haben, auch schneller erfolgreiche Manager zu werden. Jedermann weiß aber, daß die besten Verkaufsprofis beispielsweise nicht unbedingt die besten Vertriebsleiter werden. Würden Sie als Verkaufsdirektor aber *wirklich* einem schlechten Verkäufer die Leitung des Vertriebsteams anvertrauen, selbst wenn er über einige Führungsqualitäten verfügt?

Wenn man selbst befördert worden ist, weil man in der vorherigen Tätigkeit gut war, und nun eine Managementposition besitzt, besteht die Gefahr, bei der Auswahl der richtigen Person für eine zu delegierende Aufgabe von sich selbst auszugehen. Was Sie selbst und vielleicht weitere 10 % der Mitarbeiter als *Herausforderung* ansehen, wird vielleicht von den restlichen 90 % der Mitarbeiter als *unmöglich* betrachtet. Nehmen wir an, Sie haben in Ihrer früheren Tätigkeit einen Tag benötigt, um für Ihren früheren Chef eine Präsentation für den Vorstand zusammenzustellen. Nun halten Sie dies für eine vernünftige Zeitspanne für diese Aufgabe. Es ist jedoch sicherlich nur eine vernünftige „Herausforderung" für erfahrene Leute; weniger erfahrene Mitarbeiter werden womöglich drei Tage dafür benötigen und die Aufgabe somit als unmöglich ansehen.

Wie Sie wissen, besteht ein riesiger Unterschied zwischen Herausforderung und Unmöglichkeit. Wahrscheinlich sind Sie in der Vergangenheit auch schon einmal vor eine unmögliche (nicht herausfordernde) Aufgabe gestellt worden. Denken Sie daran, wie es Ihnen dabei ergangen ist. Wichtig ist nicht, wie man selbst es sieht, sondern wie die Mitarbeiter die Aufgabe sehen. Bedenken Sie die wahrscheinliche Reaktion, bevor Sie eine Aufgabe anbieten.

Ein weiterer Punkt, der zu berücksichtigen ist: Manche Mitarbeiter sehen sich nicht in der Lage, eine Aufgabe zu erledigen, weil es ihnen einfach an Selbstvertrauen fehlt. („Sie werden das schon schaffen" oder ähnliche Aussagen nützen da nichts.) Aber Sie können dieses Selbstvertrauen aufbauen, wenn Sie einige *echte Beweise* dafür haben, daß der betreffende Mitarbeiter in der Lage ist, die Aufgabe zu erledigen (z. B. eine andere erfolgreich abgeschlossene Arbeit, die ähnliche Fähigkeiten und Kenntnisse erfordert hat). Vielleicht ist den Mitarbeitern die Parallele gar nicht aufgefallen. Wenn man den Mitarbeitern zu beweisen vermag, daß sie etwas *können*, dann kann man sie auch für die Aufgabe auswählen. Aber man sollte sich davor hüten, jemanden zu „überfahren".

SEITWÄRTS UND NACH OBEN DELEGIEREN

Bisher haben wir uns auf die Auswahl des am besten geeigneten Mitarbeiters aus der *eigenen Abteilung* konzentriert, da dies der bei weitem typischste Fall ist. Man sollte aber nicht vergessen, daß man auch einen anderen Manager oder den eigenen Chef um die Übernahme einer Aufgabe bitten kann. Es hängt natürlich von der jeweiligen Situation ab, ob das überhaupt in Frage kommt, aber in den folgenden Fällen könnte ein Delegieren seitwärts oder nach oben empfehlenswert sein:

◆ Sie haben eine neue oder recht unerfahrene Abteilung und eine ziemlich schwierige Aufgabe zu delegieren, z. B. ein wichtiges Kundengespräch, das nicht verschoben werden kann, und niemand in Ihrer Abteilung hat jemals ein solches Gespräch geführt.

RICHTIG DELEGIEREN

◆ Zwei Angelegenheiten von höchster Priorität prallen aufeinander. Beispielsweise erfordert eine wirkliche Krise Ihren ganzen Einsatz, und niemand aus Ihrer Abteilung kann eine andere wichtige Aufgabe übernehmen, die keinen Aufschub duldet. Hier könnte ein Kollege aus dem Managementbereich aushelfen.

◆ Es ist einem Mitarbeiter nicht zuzumuten, eine Aufgabe in Ihrer Abwesenheit zu übernehmen, z. B. wenn der Vorstand auf einer sofortigen Kürzung Ihres Abteilungsbudgets um 50 % besteht. Wenn eine solch schwierige Aufgabe bis zu einem bestimmten Zeitpunkt und unter bestimmten Umständen erledigt werden muß und sich nicht verschieben läßt, dann bleibt Ihnen nur, Ihren Chef um Hilfe zu bitten. Bedenken Sie, daß Sie dafür aber einen äußerst triftigen Grund haben sollten.

Vergessen Sie nicht, daß Ihre Kollegen bestimmt genauso beschäftigt sind wie Sie, und stellen Sie sicher, daß Sie wirklich einen guten Grund haben, bevor Sie um Unterstützung bitten. Auf keinen Fall sollte man nur den „einfacheren Weg" wählen. Außerdem sollte man daran denken, daß die Kollegen (insbesondere Ihr Chef) sich fragen: „Was wird in der Abteilung eigentlich unternommen, um die eigenen Leute zu fördern, damit jemand in Zukunft die Aufgabe übernehmen kann?"

ZUSAMMENFASSUNG

■ Bewerten Sie die Fähigkeiten und Kenntnisse, die zur erfolgreichen Erledigung der delegierten Aufgabe erforderlich sind, nach ihrer Bedeutung.

■ Teilen Sie die Aufgabe in „Schlüsselfunktionen" ein, wenn dies bei der Analyse hilft.

■ Bewerten Sie die Fähigkeiten und Kenntnisse der Mitarbeiter in Ihrer Abteilung nach gegenwärtigem (und gewünschtem) Stand.

■ Benutzen Sie das Formblatt zur Aufzeichnung der Informationen.

■ Die einzelnen Ebenen beim Delegieren

Ebene 1: in Zusammenarbeit mit Ihnen, Unterstützung bei Detailfragen, ständige Überwachung

Ebene 2: wichtige Angelegenheiten in Zusammenarbeit mit Ihnen, der Rest allein mit von Ihnen gesetzten Kontrollen

Ebene 3: die Mitarbeiter entscheiden selbst, wo sie Hilfe brauchen, und definieren die Kontrollen; wichtige Entscheidungen werden noch gemeinsam abgestimmt

Ebene 4: die gesamte Aufgabe wird delegiert; Ziel (und Einschränkungen) vorher besprechen; loslassen und nach Erledigung der Aufgabe über Verlauf und Ergebnis informieren lassen

■ Zwei Fallen, die man vermeiden sollte:

Annahme, daß Unerfahrenheit auch Unfähigkeit bedeutet.

„Das wird eine Herausforderung für Sie sein" (Herausforderung oder Unmöglichkeit?).

KAPITEL 8

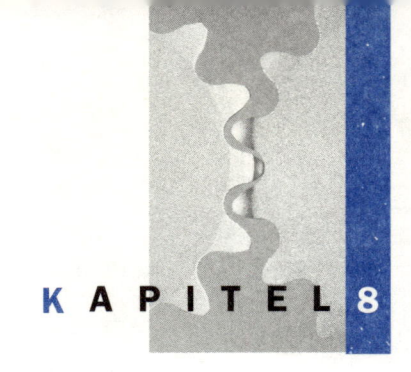

Wie führt man das Gespräch?

Wenn Sie bereits Erfahrung im Delegieren besitzen und dieses Buch nur noch selektiv lesen, ist dieses Kapitel sicherlich eines, dem Sie sich zuerst zugewandt haben. Deshalb ist eine kurze Zusammenfassung der wichtigsten Punkte aus den Kapiteln 3 bis 7 vielleicht hilfreich, damit Sie überprüfen können, was Sie bisher bereits beherrschen sollten. Wenn es noch Punkte gibt, die Sie sich gerne ansehen möchten, lesen Sie sich das entsprechende Kapitel durch, bevor Sie hier weiterarbeiten.

Wenn Sie das Buch ohnehin systematisch durcharbeiten, können Sie die folgende Zusammenfassung überspringen oder kurz als Wiederholung nutzen. Wenn Ihnen etwas unklar ist, lesen Sie noch einmal nach.

WICHTIGSTE PUNKTE AUS DEN KAPITELN 3 BIS 7

Folgende Punkte sollten bereits erarbeitet worden sein:

Allgemeine Punkte (Kapitel 3 bis 5)

- Delegieren Sie, oder weisen Sie Arbeit zu?
- Vorgesetzte brauchen eine positive Einstellung zum Delegieren.

- Andere Mitarbeiter in der Abteilung haben möglicherweise auf bestimmten Gebieten größere Fähigkeiten und Kenntnisse als Sie selbst. (Seien Sie dankbar dafür!)
- Es ist wichtig, echte Gründe, nicht zu delegieren, von falschen Ausreden (die oft aus Angst entstehen) zu unterscheiden.

Die Entscheidung, welche Aufgabe zu delegieren ist (Kapitel 6)

- Fragen Sie sich selbst: „Wozu bin ich da?"
- Welche Aufgaben würden beim Delegieren
  - Ihnen helfen, Ihre Zeit besser zu nutzen,
  - Ihnen helfen, Ihre Mitarbeiter zu fördern,
  - Ihnen helfen, Ihre Mitarbeiter zu motivieren,
  - „bessere" Entscheidungen ermöglichen?
- Setzen Sie ein ergebnisorientiertes Ziel, das klar, meßbar und realistisch ist.
- Wichtig nicht mit eilig verwechseln.
- Beim Delegieren immer Schritt für Schritt vorgehen.

Die Auswahl des am besten geeigneten Mitarbeiters (Kapitel 7)

- Analysieren Sie die Fähigkeiten und Kenntnisse, die für eine erfolgreiche Erledigung der Aufgabe erforderlich sind.
- Analysieren Sie die Fähigkeiten und Kenntnisse der Mitarbeiter Ihrer Abteilung.
- Treffen Sie Ihre Wahl je nach der Situation (eilig, Zeit für Entwicklung usw.).
- Entscheiden Sie sich für die richtige Ebene des Delegierens je nach Erfahrung und Möglichkeiten der Mitarbeiter.

RICHTIG DELEGIEREN

■ Überblick

In diesem Kapitel beschäftigen wir uns mit den Prinzipien der Vorbereitung und Führung des Delegierungsgesprächs. Dieses Gespräch ist höchstwahrscheinlich einer der wichtigsten Aspekte des ganzen Prozesses. Leider wird es gelegentlich nicht sehr ernst genommen. Manch ein Vorgesetzter glaubt sogar, dies in 30 Sekunden am Kaffeeautomaten erledigen zu können!

■ Ziele

Wenn Sie dieses Kapitel gelesen haben, sollten Sie

- ◆ wissen, wie man sich auf das Delegierungsgespräch vorbereitet,
- ◆ wissen, wie man dieses effektiv führt.

■ Inhalt

- ◆ Die Vorbereitung des Delegierungsgesprächs.
- ◆ Das Gespräch selbst: Analyse eines Delegierungsgesprächs.
- ◆ Zusammenfassung des Delegierungsgesprächs.
- ◆ Das Gespräch richtig eröffnen.
- ◆ Die Kernpunkte des Gesprächs.
- ◆ Ein effektiver Abschluß des Gesprächs.

DIE VORBEREITUNG DES DELEGIERUNGSGESPRÄCHS

> Ungeplante Gespräche verlaufen planlos!

Das trifft beim Delegieren ganz bestimmt zu. Leider bereiten sich einige Vorgesetzte überhaupt nicht vor. „Das muß bis heute abend fertig sein, Frau

Limbach hat gerade eine andere Sache erledigt, also soll sie nun hier weiterarbeiten." Wenn die Dinge daraufhin nicht so laufen, wie sie sollten, braucht man sich nicht zu wundern.

Was Sie bereits entschieden haben

Wenn Sie an dem Punkt sind, sich auf ein Delegierungsgespräch vorzubereiten, haben Sie über folgendes wahrscheinlich bereits entschieden:

- das Ziel (das gewünschte Ergebnis, das Sie erreichen wollen),
- die zu delegierende Aufgabe,
- den Mitarbeiter, an den Sie delegieren wollen,
- bis zu welcher Ebene Sie delegieren wollen.

(Wenn Sie zu einem oder mehreren dieser Punkte noch Zweifel haben, sollten Sie vielleicht Kapitel 6 und/oder 7 nochmals durchgehen.)

Überprüfung des Ziels

Vielleicht ist es schon einige Zeit her, seit Sie das erste Mal über das Ziel nachgedacht haben. Es lohnt sich also, dieses nochmals zu überprüfen, um sicherzustellen, ob es in der gegenwärtigen Situation immer noch paßt. Sollte dies nicht der Fall sein, muß es unbedingt geändert werden, denn es ist der Grundstein für alle weiteren Vorbereitungen. Prüfen Sie, ob das Ziel

- das *Ergebnis* (den Direktor überzeugen) klar zeigt und nicht die notwendige Aktion (eine Präsentation vor dem Direktor),
- *klar* ist, d. h. von dem Mitarbeiter, an den Sie die Aufgabe delegieren wollen, verstanden wird,
- *meßbar* ist (wenn möglich), ob es also Kriterien gibt, an denen Sie und der Mitarbeiter einen erfolgreichen Abschluß messen können,
- *realistisch* ist, d.h. innerhalb der gegebenen Zeit und auch innerhalb der Möglichkeiten des Mitarbeiters liegt,
- *terminiert* ist, also festgelegt ist, bis wann die Aufgabe erledigt sein sollte (vermeiden Sie die Aussage „sobald wie möglich"),
- *Einschränkungen* (d. h. Beschränkungen in der Handlungsvollmacht) deutlich macht (die Entscheidung, welcher Computer zu kaufen ist, bleibt beispielsweise offen, festgelegt ist aber das Preislimit).

■ Berücksichtigung der Hintergründe

Zum Hintergrund gehören Antworten auf die Fragen

- warum diese Aufgabe delegiert wird,
- warum man gerade diesen Mitarbeiter für die Aufgabe auswählt,
- welche Fähigkeiten und Kenntnisse zu einer erfolgreichen Erledigung der Aufgabe erforderlich sind,
- über welche Fähigkeiten und Kenntnisse der Mitarbeiter verfügt (Klärung eventueller Lücken).

Warum wird diese Aufgabe delegiert?

Stellen Sie sich die Frage, warum Sie gerade diese Aufgabe delegieren wollen. Es ist wichtig, daß Sie dem Mitarbeiter, an den Sie die Aufgabe delegieren, Ihre Gründe während des Gesprächs vermitteln, denn sonst besteht die Gefahr, daß Ihre Absichten anders interpretiert werden. Hier kann eine Situation entstehen, in der Sie der Meinung sind, daß die Aufgabe der Förderung bestimmter Fähigkeiten des Mitarbeiters dient (das aber nicht sagen), während er den Eindruck hat, daß Sie nur eine Ihnen lästige Aufgabe „abschieben". Nicht gerade eine sehr motivierende Atmosphäre!

Warum wählt man gerade diesen Mitarbeiter für die Aufgabe aus?

Wie Ihnen aus dem vorhergehenden Kapitel bekannt ist, kann es für die Auswahl eines Mitarbeiters die unterschiedlichsten Gründe geben. Es ist wichtig, auch hier eine klare Begründung zu geben, damit keine falschen Interpretationen aufkommen. Sonst entstehen nämlich bei dem Mitarbeiter nur zu leicht Mißverständnisse.

Wenn Sie z. B. einen Mitarbeiter wegen seiner guten Fähigkeiten, eine Sitzung zu leiten, auswählen, könnte er das so interpretieren, daß Sie ihn „auf Höheres vorbereiten", da er Karriere machen will. Das hat er Ihnen vielleicht nie erzählt, aber Vermutungen werden immer gerne angestellt.

Er erledigt die Aufgabe für Sie, wird danach aber nie wieder darum gebeten (weil Sie wieder da sind). Jetzt wird er sich fragen, ob er etwas falsch gemacht hat. Hat er seine Beförderungschancen verspielt usw.? Solche Mißverständnisse entstehen leider durch mangelnde Kommunikation auf beiden Seiten immer wieder. Das muß jedoch nicht passieren und sollte bei richtiger Vorbereitung auch nicht vorkommen!

Welche Fähigkeiten und Kenntnisse sind zu einer erfolgreichen Erledigung der Aufgabe erforderlich?

Nehmen Sie Ihr Formblatt für diese Aufgabe zur Hand und denken Sie an

◆ die benötigten Fähigkeiten und den Grad der Fertigkeiten,
◆ die notwendigen Kenntnisse und das Verständnis.

Wenn der Zeitpunkt, zu dem Sie das Formblatt ausgefüllt haben, schon eine Weile zurückliegt (das Datum sollte darauf stehen), überlegen Sie, ob sich inzwischen wichtige Änderungen ergeben haben, die gegebenenfalls andere Fähigkeiten und Kenntnisse erfordern. Wenn ja, nehmen Sie jetzt entsprechende Anpassungen vor. Sie werden diese Information zur Vorbereitung der nächsten Schritte benötigen; halten Sie das Blatt also auf dem neuesten Stand. Das folgende Beispiel zeigt, wie wichtig es ist, daß jegliche Änderungen festgehalten werden.

> Ein Manager in einem Bauunternehmen mittlerer Größe muß alle sechs Monate einen Lagerbericht anfertigen (um die Lagerbewegungen zu dokumentieren). Als der nächste Bericht fällig ist, bittet der Manager einen Mitarbeiter aus der Abteilung, den Bericht fertigzustellen und abzuliefern, da er selbst in Urlaub sein wird. Der Mitarbeiter hat diese Aufgabe schon öfter übernommen, so daß keine Probleme zu erwarten sind. So wird der Bericht fertiggestellt und abgeliefert. Daraufhin kommt eine Rückmeldung, daß der Bericht so nicht akzeptabel sei, da die Daten inzwischen über Terminal in ein Lagerkontrollsystem eingegeben werden müssen. Der Mitarbeiter hat vorher nie am Terminal gearbeitet. Er bittet einen Kollegen, der sich mit dem System auskennt, um Hilfe und gibt dann die Daten ein. Der ganze Aufwand einschließlich des nicht mehr gültigen Berichtes nimmt etwa zwei Tage in Anspruch. Bei richtiger Organisation hätte es vielleicht vier Stunden gedauert.
> Als der Manager zurückkommt, wird er auf die Änderung angesprochen. Mit entsetztem Gesicht gesteht er: *„Es tut mir leid, ich habe völlig vergessen, Sie darüber aufzuklären. Das System wurde kurz nach dem letzten Bericht geändert, und das ist jetzt schon eine Weile her. Außerdem hätte es wohl doch warten können, bis ich zurück bin."*

Hätte der Manager seine Aufzeichnungen zu den notwendigen Fähigkeiten und Kenntnissen für diese Aufgabe aktualisiert, wäre dies bestimmt nicht in Vergessenheit geraten. Und selbst wenn, hätte ihm ein Blick auf das Formular vor Weitergabe der Aufgabe gezeigt, daß Kenntnisse am Terminal erforderlich sind, und die Arbeit wäre gegebenenfalls an jemanden weitergegeben worden, der bereits über die nötigen Fähigkeiten verfügt.

Einmal abgesehen von der Aufzeichnung der Information über notwendige Fähigkeiten und Kenntnisse, was halten Sie von dem abschließenden Kommentar? Unsere Antwort darauf hätte gelautet: „Warum haben Sie mir die Arbeit dann überhaupt übertragen?" Der Mitarbeiter hatte Initiative gezeigt, weil er die Aufgabe für wichtig hielt, und alles, was er zu hören bekommt, ist: „Es hätte warten können".

„Danke für die Hilfe" oder eine ähnliche Formulierung wäre nett und angebracht gewesen. Wie würden Sie die nächste von diesem Manager an Sie delegierte Aufgabe einschätzen? „Es kann warten?"

Über welche Fähigkeiten und Kenntnisse verfügt der Mitarbeiter (Klärung eventueller Lücken)?

Überprüfen Sie Ihre Überlegungen zu den Fähigkeiten und Kenntnissen des Mitarbeiters, an den Sie zu delegieren gedenken. Wenn das Formblatt, in das Sie die Daten eintragen, schon vor längerer Zeit ausgefüllt worden ist, überlegen Sie, ob irgendwelche Bewertungen geändert werden sollten. Wenn Änderungen erforderlich sind, stellen Sie sicher, daß Mitarbeiter und Aufgabe immer noch zusammenpassen.

Wenn Sie delegieren, um jemanden zu fördern, kann es sich um eine relativ langfristige Planung handeln. Ein Jahr ist hier nicht ungewöhnlich. Möglicherweise entstehen dann Diskrepanzen zwischen den Eintragungen und den tatsächlichen Umständen, weil der Mitarbeiter seine Fähigkeiten und Kenntnisse auf anderem Wege bereits ausgebaut hat. Manchmal ergeben sich ungeplante Gelegenheiten, die man einfach nutzt. Die ursprüngliche Aufgabe kann damit möglicherweise überholt sein.

Bei normalem Vorgehen vergleichen Sie die Anforderungen der Aufgabe mit den Fähigkeiten und Kenntnissen des betreffenden Mitarbeiters, um etwaige Lücken in Ihren Aufzeichnungen aufzudecken. Diese Lücken können sich als *Stärken* erweisen, bei denen die Möglichkeiten der Person die Anforderungen überschreiten, oder aber als *Schwächen,* bei denen die Situation sich umgekehrt darstellt.

Während des Gesprächs werden diese Stärken und Schwächen angesprochen mit der Absicht

- die Stärken des Mitarbeiters zu betonen und deren Zusammenhang mit der Aufgabe aufzuzeigen,
- die Schwächen deutlich zu machen und zu erklären, wie die Aufgabe zu deren Behebung beitragen wird.

Es ist von entscheidender Bedeutung, daß man Diskrepanzen zwischen Anforderungen der Aufgabe und Möglichkeiten der Mitarbeiter klar erkennt.

Bis zu welchem Grad kann angemessen delegiert werden?

Grundsätzlich gibt es vier Ebenen der Kontrolle, die von der Erfahrung des für die Aufgabe ausgewählten Mitarbeiters abhängen. Hier eine kurze Zusammenfassung:

Ebene	Erfahrungsstand	Ihr Engagement
1.	keine Erfahrung	Die Aufgabe zusammen erledigen. Ständige Überwachung aller Einzelarbeiten, die der Mitarbeiter für Sie erledigt.
2.	Grundkenntnisse	Unterstützung bei wichtigen Dingen. Sie setzen die Kontrollpunkte.
3.	einigermaßen erfahren	Überlassen Sie es dem Mitarbeiter, welche Hilfe und Kontrollen er wünscht.
4.	völlig erfahren	Ziel (und Einschränkungen) abstimmen und dem Mitarbeiter die Aufgaben überlassen.

(Zu näheren Einzelheiten siehe Kapitel 7.)

Auch hier gilt wie bei den Fähigkeiten und Kenntnissen, daß überprüft werden muß, wie aktuell die Aufzeichnungen sind, damit sichergestellt ist, daß alles noch immer zusammenpaßt. Dies ist besonders wichtig, wenn Sie die Aufzeichnungen zu Fähigkeiten und Kenntnissen bereits aktualisiert haben. Wenn ein Mitarbeiter seine Fähigkeiten und Kenntnisse erweitert hat, ist vielleicht nur noch ein geringerer Grad der Kontrolle als ursprünglich angenommen erforderlich.

■ Welche Vollmachten werden benötigt?

Unter Vollmacht verstehen wir die Handlungsvollmacht, unabhängige Entscheidungen zu treffen. Auf Ebene 1 und 2 wird man wahrscheinlich noch keine Handlungsvollmacht delegieren. Auf Ebene 3 tut man dies womöglich für einige oder alle weniger wichtigen Entscheidungen, wobei man vielleicht übereinkommt, die wichtigsten Entscheidungen vor der Umsetzung noch kurz gemeinsam zu überprüfen.

Man muß klar definieren, welche Entscheidungen weniger wichtig und welche wichtig sind. Für die weniger wichtigen werden Sie vielleicht die Handlungsvollmacht schon delegieren, für die wichtigeren noch nicht. Aber wie das Leben so spielt, kann es Situationen geben, die nicht ganz so einfach sind. Angenommen, der Mitarbeiter, den Sie mit der Vorbereitung einer Präsentation für einen Großkunden betrauen wollen, hat bereits früher zwei oder drei solcher Präsentationen für Sie vorbereitet, wäre also von der Erfahrung her gesehen auf Ebene 3 angesiedelt. Auf dieser Ebene werden größere Entscheidungen normalerweise nochmals mit Ihnen besprochen. Nehmen wir aber in diesem Fall an, daß der Mitarbeiter über detaillierte Kenntnisse über diesen Großkunden verfügt und genau weiß, was bei ihm ankommt und was nicht. Normalerweise würde man die Entscheidung über die Form einer solchen Präsentation als wichtige Entscheidung ansehen; in diesem Falle jedoch verfügt der Mitarbeiter praktisch über mehr Erfahrung als Sie selbst, so daß man ihm die Handlungsvollmacht für diese spezielle „wichtige" Entscheidung überlassen kann.

Die höchste Ebene delegierter Handlungsvollmacht ist Ebene 4. Hier hat der Mitarbeiter das Recht, unabhängige Entscheidungen (innerhalb der von Ihnen gesetzten Einschränkungen) zu allen Aspekten der delegierten Aufgabe zu treffen, ohne mit Ihnen Rücksprache zu halten. Er muß Sie nur anschließend über den Ausgang informieren. Der Mitarbeiter agiert hier auf derselben Ebene wie Sie selbst und benötigt auch die entsprechende Handlungsvollmacht (und Sie müssen ihm vertrauen, daß er verantwortungsvoll damit umgeht). Wie das folgende Beispiel verdeutlicht, reicht eine einfache Aussage manchmal nicht.

> Dem Personalchef eines großen Unternehmens sind vier leitende Angestellte unmittelbar unterstellt. Er verfügt über ein sehr großes Budget, und alle wichtigen Ausgaben (über 30 000 DM) für Personal und Weiterbildung unterstehen seiner direkten Kontrolle. Als er im Urlaub ist, ergibt sich zufällig die Gelegenheit, einen dringend benötigten Ausrüstungsgegenstand (mit einem Rabatt von 30 %) einzukaufen. Obwohl einer der leitenden Angestellten als Vertreter ernannt ist, läßt das Finanzsystem, das jedem Angestellten Budgetlimits (für die Abteilungsbudgets) setzt, den Kauf nicht zu, denn das Finanzsystem war in diesem Fall nicht an die aktuelle Position des Vertreters angepaßt worden. Die günstige Gelegenheit kann also nicht wahrgenommen werden. Als der Personalchef zurückkehrt, bespricht man die Situation, um ähnliche Pannen in Zukunft zu vermeiden. Der Personalchef sieht sofort ein, daß ihm hier ein unbeabsichtigter Fehler unterlaufen ist, schreibt an den Finanzchef und bittet im Vertretungsfalle um Anpassung des Finanzbudgets seines jeweiligen Vertreters an das seine. Damit ist die Angelegenheit eindeutig.

Nicht nur die Handlungsvollmacht muß also mit der Aufgabe übereinstimmen. Gegebenenfalls müssen auch die betriebsinternen Vollmachten entsprechend angepaßt werden.

■ Klare Kontrollpunkte

Hier geht es um Fortschritts- oder Qualitätskontrollen vor weiteren wichtigen Schritten in der Aufgabenplanung. Sie können vor Problemen warnen, *solange noch Zeit bleibt, sie zu korrigieren.* Die Kontrollpunkte helfen,

- ◆ den Fortgang der Aufgabe zu überwachen (und – falls erforderlich – zu beeinflussen), um sicherzustellen, daß die einzelnen Stadien und gewünschten Ergebnisse in der richtigen Form und zur richtigen Zeit erreicht werden,
- ◆ wichtige Entscheidungen vor deren Umsetzung zu besprechen bzw. zu überprüfen (außer bei Ebene 4),
- ◆ dem Mitarbeiter im Verlauf der Arbeit zu bestätigen, daß alles zufriedenstellend verläuft.

RICHTIG DELEGIEREN

Entscheiden Sie, welche Kontrollpunkte unter Berücksichtigung der Aufgabe und der jeweiligen Möglichkeiten des Mitarbeiters angemessen sind.

Betrachten Sie zur Übung die nachfolgende Situation, und schreiben Sie auf, welche Kontrollpunkte Sie hier setzen würden.

Die Situation

Sie sind Ausbildungsleiter. Es ist August, und im September müssen Sie an einer fünftägigen Konferenz teilnehmen. Im September muß ein Ausbilder aus Ihrer Abteilung dem Personalchef eine Empfehlung vorlegen, welchen externen Berater Sie für die Entwicklung und Durchführung eines neuen Kurses im Bereich Verkaufstraining vorschlagen. Herr Richter, der Ausbilder, an den Sie die Aufgabe delegieren wollen und der etwas von Verkaufstraining versteht, ist ebenso wie andere Kollegen zu beschäftigt, um das Verkaufstraining in der gewünschten Zeit zu übernehmen. Sie haben bereits eine Liste von drei in Frage kommenden externen Beratern aufgestellt, und Herr Richter kennt sie alle. Herr Richter hat noch wenig Erfahrung in der Entscheidungsfindung (kennt aber die Grundlagen), verfügt aber über einige Erfahrung im Erstellen von Präsentationen (vier vorangegangene Präsentationen vor der Geschäftsleitung). Welche Kontrollpunkte würden Sie setzen?

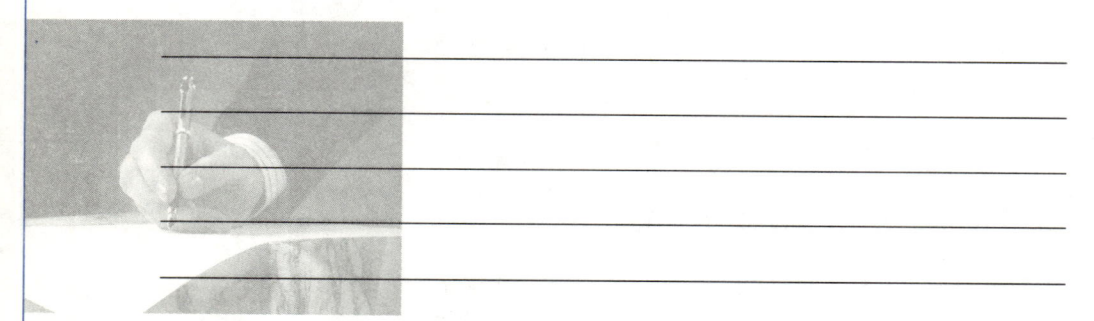

_____
_____
_____
_____
_____

Unser Vorschlag für Kontrollpunkte

1. *Genehmigen Sie die Entscheidungskriterien,* nachdem Herr Richter diese erarbeitet hat, aber vor einer detaillierten Analyse des Für und Wider eines jeden Beraters.

2. *Überprüfen Sie die Empfehlung, und geben Sie Ihre Zustimmung,* nachdem Herr Richter sich für eine Empfehlung entschieden hat, aber bevor er die Präsentation vorbereitet.

3. *Überprüfen Sie den Inhalt der Präsentation,* und zwar nach deren Vorbereitung, aber vor ihrer Durchführung. Wenn Herr Richter es wünscht, kann man vor Ihrer Konferenz noch einen „Probelauf" durchführen.

4. *Überprüfen Sie das Ergebnis.* Nach Ihrer Rückkehr von der Konferenz sollten Sie die Sitzung und das Ergebnis der Präsentation besprechen. Dies hat nicht unbedingt mehr mit Problemvermeidung zu tun, da die Sitzung ja schon stattgefunden hat, ist aber dennoch wichtig, weil es für zukünftige Präsentationen Möglichkeiten der Problemvermeidung aufzeigen kann.

Bitte vergessen Sie nicht, daß die Kontrollpunkte immer *vorher* bestimmt werden sollten, nicht im nachhinein. Sie sollen Schwierigkeiten *vermeiden,* nicht „das Kind aus dem Brunnen holen, wenn es schon hineingefallen ist".

In einem unserer diesjährigen Kurse mußte eine Arbeitsgruppe eine sehr komplexe Entscheidung treffen und diese dann den „Direktoren" ihrer imaginären Firma vorstellen. Listig delegierte die Gruppe diese Aufgabe an Frau Schuster (die den Raum gerade für ein paar Minuten verlassen hatte). Die Gruppe wollte sie bitten, die Präsentation vorzubereiten und durchzuführen. Als Frau Schuster zurückkam, teilte man ihr die überraschende Nachricht mit, aber sie nahm es gelassen. Dann sagte sie etwas, was in der Tat großen Einfluß auf die Präsentation hatte: *„Okay, ich werde zwar nie mehr zwischendurch zur Toilette gehen, aber ich brauche zwei Dinge von Euch. Erstens einen Probelauf mit Euch als ‚Direktoren', und Ihr müßt mir wirklich genauso schwere Fragen stellen. Zweitens haben wir nur 15 Minuten zur Verfügung, so daß ich Signale für die Zeitkontrolle brauche, insbesondere während der letzten fünf Minuten. Wenn uns die Zeit ausgeht, hat unsere Präsentation keine Chance."* Die Gruppe war beeindruckt, stimmte allem zu (hätten Sie das nicht getan?) und tat, worum Frau Schuster sie gebeten hatte.
Frau Schusters Präsentation war brillant; klar, überzeugend und zwei Minuten vor der gegebenen Zeit beendet. Sie ging mit einigen schwierigen Fragen von uns, die selbst die Gruppe nicht vorausgesehen hatte, sehr gut um. Unserer Meinung nach war dies hauptsächlich dem Selbstvertrauen zu verdanken, das Frau Schuster während ihres Probelaufs innerhalb der Gruppe gewonnen hatte.

Die Geschichte zeigt, wie sinnvoll der Einsatz von Kontrollpunkten beim Delegieren ist. Um die delegierte Aufgabe erfolgreich zu erledigen, entschied Frau Schuster, daß sie zwei Kontrollpunkte benötigte, einen vor und einen während der Präsentation. Sie hatte drei potentielle Gefahrenquellen entdeckt: die ungewohnte Situation, die schwierigen Fragen, die gestellt werden würden, und das Zeitlimit von 15 Minuten, innerhalb dessen die Sache auf den Punkt gebracht werden mußte. Ein Probelauf würde sie mit der Sache vertrauter machen, eine Übung für schwierige Fragen sein und sicherstellen, daß die Präsentation innerhalb von 15 Minuten abgeschlossen werden konnte. Dadurch wurde die Wahrscheinlichkeit von Schwierigkeiten vermindert. Für den Fall, daß sie zuviel reden oder durch Fragen zu sehr abgelenkt würde, hatte sie mit der Gruppe Zeitsignale vereinbart, die sie warnen sollten.

Wir und die Gruppe wissen, daß es sich um Frau Schusters erste Präsentation vor dem „Vorstand" handelte. Die Gruppe und Frau Schuster wurden anschließend dafür gelobt, daß sie den „Profi" aus ihrem Team gewählt hatten! Frau Schuster war über dieses Ergebnis, das sie den richtig gesetzten Kontrollpunkten und der Unterstützung der Gruppe verdankte, sehr zufrieden.

■ Ausreichend Zeit für die Entscheidung

Sich für die Entscheidung ausreichend Zeit zu lassen, ist eigentlich selbstverständlich. Trotzdem wird dieser Rat oft mißachtet. Teilweise liegt das am Zeitmangel, teilweise aber auch einfach an zu großem Optimismus.

Zeitmangel

Jeder wird zustimmen, daß man nie genug Zeit zu haben scheint. Aber delegieren ist wichtig, und wenn man es *richtig* machen will, nimmt es auch einige Zeit in Anspruch. Ein effektives Delegierungsgespräch sollte nicht weniger als 15 Minuten dauern; manch einer glaubt aber, es in fünf Minuten abhandeln zu können. Wir können nur immer wieder betonen, daß durch überstürztes Delegieren sowohl dem Vorgesetzten als auch dem betreffenden Mitarbeiter wesentlich mehr Probleme entstehen können. Auch hier gilt: „Was man tut, sollte man richtig tun!"

Prinzip Hoffnung

Zu großem Optimismus liegt die Einstellung zugrunde: „Hier wird es schon keine Probleme geben." Das mag stimmen, aber was ist, wenn der Mitarbeiter Bedenken hat, ob er die übertragene Arbeit schafft? Meistens liegen wir in unseren Zeiteinschätzungen richtig, aber es darf nichts dazwischenkommen. Beim Delegieren sind die Gefühle der Mitarbeiter mindestens ebenso wichtig wie die Besprechung der tatsächlichen Aufgabe, und es kann etwas Zeit kosten, damit richtig umzugehen.

Nehmen wir an, Sie setzten den knappsten Termin, und dann kommt heraus, daß Ihr Mitarbeiter entgegen allen Erwartungen echte Zweifel daran hat, ob er der Aufgabe gewachsen ist. Würden Sie dann sagen wollen: „Sehen Sie, Herr Richter, wir müssen später darüber reden. Ich habe im Moment keine Zeit, weil ich zu einer Besprechung muß."?

Bei der Vorbereitung auf ein Delegierungsgespräch gibt es eine Richtlinie, die sich als sehr nützlich erweisen kann:

> Überlegen Sie, wieviel Zeit das Gespräch in Anspruch nehmen wird, ... und verdoppeln Sie diese!

Wenn Sie sich danach richten und das Gespräch dann doch kürzer ist, um so besser.

■ Hilfe und Ermutigung bei der Vorbereitung auf das Delegierungsgespräch

Die meisten Vorgesetzten nehmen für sich in Anspruch, sich auf ein Gespräch vorbereiten zu können. Dabei sollte man nicht vergessen, auch dem Gesprächspartner (wenn nötig) eine Chance zur Vorbereitung zu geben und ihn dazu zu ermutigen.

Es gibt natürlich Situationen, in denen sich der Mitarbeiter nicht wirklich vorbereiten kann und die Vorbereitung auch unnötig ist. Manches ist einfach zu eilig, um den Mitarbeiter, an den man delegieren will, lange „vorzuwarnen". Auch hier muß man aufpassen. So kommt es beispielsweise immer wieder vor, daß der Vorgesetzte den Termin schon seit zwei Wochen kennt, aber erst am Tag zuvor an die Vorbereitung denkt. Hätte er vorher überlegt, wer in die Sache involviert ist, so wäre dem betreffenden Mitarbeiter genügend Zeit zur Vorbereitung geblieben. Möglicherweise braucht der Mitarbeiter aber auch keine oder nur wenig Vorbereitungszeit, weil

RICHTIG DELEGIEREN

- er sich entweder mit der betreffenden Aufgabe gut auskennt (Ebene 4) und eine ähnliche Arbeit vorher schon mehrmals und mit Erfolg erledigt hat,
- er die Aufgabe ohnehin gemeinsam mit Ihnen (Ebene 1) angehen wird, weil er eine solche Arbeit vorher noch nie übernommen hat und sich deshalb ohnehin nicht sonderlich vorbereiten kann.

Wann und warum sollte sich ein Mitarbeiter vorbereiten?

Ein Mitarbeiter sollte sich vorbereiten, wenn seine Vorbereitung zum Erreichen des von Ihnen gesetzten Ziels beitragen kann. Die Vorbereitung des Mitarbeiters kann von Nutzen sein, wenn

- der Mitarbeiter über etwas Erfahrung verfügt und einbezogen werden muß, um das nötige Engagement zu gewinnen,
- wenn es Ihr Hauptziel ist, jemandem aus der Abteilung bei der Entwicklung seiner Fähigkeiten und Kenntnisse zu helfen.

Beginnen wir mit dem „Einbeziehen". Es scheint eine starke Verbindung zwischen Einbeziehung und Engagement zu bestehen. Je mehr man jemanden in einen Plan einbezieht, desto mehr persönliches Engagement und Verantwortung wird man erhalten. Diese Einbeziehung kann schon in der Vorbereitungsphase erfolgen, indem man den betreffenden Mitarbeiter fragt, wie er die Aufgabe angehen würde, was dafür notwendig ist usw. Damit wird die Aufgabe von ihm und nicht von Ihnen geplant.

Nun zur „Weiterentwicklung". Ein Kollege und langjähriger Freund hat einmal gesagt:

> Als Trainer bin ich kein Sachexperte und kann den Leuten nichts beibringen, ich kann ihnen nur die Möglichkeit zum Lernen eröffnen.

Diese Möglichkeit zum Lernen ist genau das, was wir unter Weiterentwicklung verstehen. Der Mitarbeiter braucht nicht über sehr viel Erfahrung zu verfügen, was aber nicht heißt, daß er nicht ausarbeiten kann, was für eine erfolgreiche Erledigung der Aufgabe erforderlich ist. Ich habe noch nie einen Bus gefahren, kann mir aber ganz gut vorstellen, was ich tun oder lernen müßte, um ihn zu fahren. Ein Busfahrer könnte es mir wahrscheinlich genauer sagen. Aber wie lernt man besser: indem man sich zunächst selbst Gedanken macht und sich dann helfen läßt oder indem man sich gleich sagen läßt, was zu tun ist? Manche Menschen verlassen sich anscheinend ausschließlich auf die zweite Methode. Der Mitarbeiter sollte in der Vorbereitungsphase über Antworten auf mögliche Fragen nachdenken können.

Was sollte der Mitarbeiter vorbereiten?

Die Antwort auf diese Frage hängt im wesentlichen von der Aufgabe, dem Mitarbeiter und der Zielsetzung ab. Nachstehend eine Checkliste möglicher Fragen, die man in einem Anfangsgespräch kurz zu bedenken geben könnte:

MÖGLICHE FRAGEN, DIE DEM MITARBEITER BEI DER VORBEREITUNG HELFEN

- Was würden Sie hier als Ziel (Ergebnis) ansehen?
- Wie würden Sie vorgehen, um es zu erreichen?
- Wie sieht es mit Ihren derzeitigen Fähigkeiten und Kenntnissen auf diesem Gebiet aus?
- Gibt es irgendwelche Lücken, wo Sie Unterstützung brauchen? Wenn ja, welche?
- Welche Hilfe benötigen Sie von meiner oder anderer Seite?
- Werden zusätzliche Ressourcen benötigt? Wenn ja, welche?
- Welche Handlungsvollmacht benötigen Sie von mir?
- Welche möglichen Schwierigkeiten sehen Sie? Wie kann man diese vermeiden/minimieren?
- Bei welchen Etappen Ihres Planes sollten wir uns zusammensetzen?
- Was wird Ihnen diese Aufgabe Ihrer Meinung nach bringen?
- Welches Gefühl haben Sie, wenn Sie diese Aufgabe übernehmen?

RICHTIG DELEGIEREN

Da keine Checkliste jede Situation abdeckt, können Sie hier zusätzliche oder alternative Fragen aufschreiben:

_____
_____
_____
_____
_____
_____
_____

Welcher Art sollte die Unterstützung und Ermutigung sein?

Jeder braucht hin und wieder eine Aufmunterung. Dies gilt insbesondere beim Delegieren. Selbst sehr erfahrene Mitarbeiter haben manchmal die Befürchtung, daß etwas schiefgehen könnte. Wie bereits gesagt, ist es sehr wichtig, die Überzeugung zu vermitteln, daß der Mitarbeiter es schafft, denn wie sollte er sonst selbst davon überzeugt sein?

Diese Ermutigung ist ständig und nicht nur in der Vorbereitungsphase wichtig. Hier kommt es jedoch besonders auf Ermutigung an, damit ein positiver Start gewährleistet ist.

Welche Unterstützung sollte man während der Vorbereitung auf das Delegierungsgespräch anbieten? Die Antwort auf diese Frage hängt von dem Ziel, dem Termin und der Erfahrung und Fähigkeit des betreffenden Mitarbeiters ab. Es kann auch, wie auf Ebene 3, davon abhängen, wieviel Unterstützung der Mitarbeiter selbst wünscht.

Ein Beispiel soll die mögliche Unterstützung auf den verschiedenen Ebenen erläutern. Nehmen wir an, Sie müssen Ihren Monatsbericht innerhalb von fünf Arbeitstagen anfertigen. Nehmen wir weiter an, daß Sie vier Mitarbeiter haben, die Ihnen unmittelbar unterstellt sind. Sie befinden sich alle auf einem unterschiedlichen Erfahrungsniveau.

Frau Landmann vertritt Sie in Ihrer Abwesenheit, hat den Bericht bereits mehrfach für Sie angefertigt und hat keine Probleme damit. Seither haben Sie dem Monatsbericht jedoch noch eine Sparte für die langfristige Planung hinzugefügt, die Frau Landmann noch nicht kennt.

Frau Landmann ist schon auf Ebene 4 und braucht wahrscheinlich keine Vorbereitung und auch keine Unterstützung Ihrerseits für das Delegierungsgespräch. Das Gespräch kann in diesem Fall sofort geführt werden. Wichtig sind eine kurze Zusammenfassung und eine ausreichende Erläuterung der Neuerungen, die Frau Landmann noch nicht kennt.

Herr Jordan ist ein erfahrener Mitarbeiter und liefert Ihnen die Monatsberichte für seinen Bereich, ohne daß Sie daran noch etwas ändern müßten. Er hat den Bericht als Entwurf bereits einmal für Sie angefertigt, seinerzeit aber einen Punkt ganz ausgelassen, was Sie rechtzeitig korrigieren konnten. Danach hat er den endgültigen Bericht bereits einmal für Sie angefertigt, sich dabei aber zu sehr auf seinen eigenen Zuständigkeitsbereich konzentriert und die anderen Bereiche ein wenig vernachlässigt.

Herr Jordan ist auf Ebene 3, und etwas Vorbereitung wäre sinnvoll. Da er über genug Erfahrung verfügt, sollte er mit den vorbereitenden Fragen ohne Unterstützung klarkommen. Man sollte ihm aber anbieten, daß er jederzeit gern um Hilfe bitten kann. Es wäre interessant zu sehen, ob und was er aus den zwei vorangegangenen „Fehlern" gelernt hat.

Frau Kremer hat die aktuellen Zahlen für den Hauptteil des Berichts zusammengestellt und dann an Sie zur Einfügung in den Bericht weitergegeben. Sie kennt sich mit dem Berichtswesen der Firma gut aus und hat auch bereits zwei Kundenberichte angefertigt.

Frau Kremer ist auf Ebene 2 (kennt die Grundlagen), braucht aber noch eine Weile, bis sie zu Ebene 3 gelangen wird. Sie wird bestimmt Hilfe von Ihnen benötigen, um die „vorbereitenden" Fragen zu beantworten und um ihre gegenwärtige Erfahrung mit den Anforderungen der Aufgabe in Einklang zu bringen.

Herr Strobel hat noch keine Erfahrung mit Berichten und weiß auch nicht, in welcher Form in diesem Unternehmen die Berichte anzufertigen sind. Er schreibt jedoch klare, gut strukturierte Briefe und ist stark daran interessiert, Neues zu lernen.

Herr Strobel ist auf Ebene 1; er hat keine Erfahrung mit Berichten, aber den Willen zu lernen. Hier irgendeine Vorbereitung vor dem Delegierungsgespräch zu erwarten wäre ziemlich unfair. Sie sollten gleich in das Gespräch einsteigen und zunächst einmal die Firmenstrategie, das Format und den Inhalt eines Berichts usw. erklären.

RICHTIG DELEGIEREN

DAS GESPRÄCH SELBST: ANALYSE EINES DELEGIERUNGSGESPRÄCHS

Bisher haben wir uns mit der Vorbereitung des Gesprächs befaßt. Jetzt geht es darum, wie das Delegierungsgespräch geführt werden soll. Bestimmt haben Sie ein solches Gespräch schon einmal erlebt, sei es auf der delegierenden oder auf der empfangenden Seite. Bevor wir uns ansehen, wie ein effektives Gespräch zu führen ist, wollen Sie vielleicht Ihre Kenntnisse auf diesem Gebiet einschätzen.

Im folgenden wird eine Situation beschrieben und ein (fiktives) Delegierungsgespräch aufgezeichnet. Lesen Sie es durch, und schreiben Sie danach auf, was Ihrer Meinung nach falsch gemacht wurde.

■ Die Situation

Herr Müller ist Verkaufsleiter bei einem Bekleidungshersteller, er ist Vorgesetzter von zehn Vertriebsleuten. An diesem Morgen hat er eine Anfrage für die Lieferung von Kinderbekleidung an alle Niederlassungen einer großen Kaufhauskette erhalten. Wenn der Auftrag erteilt wird, würde die Kaufhauskette zu den sechs Topkunden zählen. Normalerweise würde Herr Müller eine Anfrage in dieser Größenordnung selbst bearbeiten, aber er hat ein Problem. Heute ist Dienstag, und bereits morgen fliegt er mit dem Verkaufsdirektor geschäftlich für zwei Wochen in die USA. Die Einkäuferin der Kaufhauskette, Christa Roth, wird bis Dienstag kommender Woche nicht im Büro sein und möchte das Angebot am darauffolgenden Mittwoch besprechen, so daß der Auftrag dann Ende der Woche vergeben werden könnte. In der Anfrage heißt es, daß man Qualitätsbekleidung in modernen Designs zu vernünftigen Preisen und beständiger Lieferung über das ganze Jahr sucht. Herr Müller ist überzeugt, diesen Auftrag an Land ziehen zu können, und beabsichtigt, die Aufgabe an *Frau Arend* zu delegieren. Frau Arend ist eine erfahrene Vertriebsbeauftragte in Herrn Müllers Abteilung und wäre auch für diesen Kunden verantwortlich, wenn man den Auftrag bekäme. Sie verfügt über eine fünfjährige Verkaufserfahrung und hat schon früher Anfragen bearbeitet, jedoch nicht in diesem Umfang, da so große Anfragen normalerweise von Herrn Müller persönlich bearbeitet werden.

Das Delegierungsgespräch zwischen Herrn Müller (dem Verkaufsleiter) und Frau Arend (der erfahrenen Vertriebsbeauftragten)

Herr Müller: „Hallo Frau Arend, kommen Sie herein, und setzen Sie sich. Ich habe eine schöne Herausforderung für Sie bereit."

Frau Arend: „Guten Morgen, Herr Müller. Ich komme gerade von der Firma XYZ zurück. Es ist mir gelungen, einen Anschlußauftrag für weitere 15 000 Hemden zu bekommen …"

Herr Müller: „Tut mir leid, dafür habe ich jetzt keine Zeit. Ich muß Ihnen erklären, was ich von Ihnen möchte, und dann muß ich meine Flugtickets für die USA abholen. Also, Sie kennen die Kaufhauskette B & A? Nun, die haben uns soeben eine Anfrage über Kinderkleidung in einer Größenordnung von 100 000 DM pro Monat geschickt, und ich möchte, daß Sie diese Anfrage bearbeiten und sich mit der Einkäuferin, Frau Roth, treffen. Das wird ein guter Schritt für Ihre Weiterentwicklung sein. Was halten Sie also davon?"

Frau Arend: Betroffenes Schweigen. „Nun ja, das ist ein riesiger Auftrag, aber ich bin mir nicht sicher, ob ich das schaffe. Ich habe noch nie …"

Herr Müller: „Natürlich schaffen Sie das. Wir müssen den Auftrag einfach bekommen, also werde ich Ihnen erklären, was zu tun ist."

Frau Arend: „Aber Herr Müller, ich habe noch nie eine so große Anfrage bearbeitet, und was das Treffen angeht …"

Herr Müller: „Wie oft soll ich das noch sagen, Sie schaffen das in Gottes Namen. Hören Sie auf zu jammern. Außerdem ist sowieso sonst niemand da, der sich darum kümmern könnte, also müssen Sie ran! Der Verkaufsdirektor und ich werden beide in den USA sein. Also los jetzt! Sie müssen das Angebot bis heute abend zusammenstellen, mir vorlegen und dann nächsten Mittwoch die Einkäuferin besuchen!"

Frau Arend: „Und was ist mit dem geplanten Besuch bei XYZ nächsten Mittwoch? Wie Sie wissen, sind das auch wichtige Kunden. Man kann Leute nicht einfach so durcheinanderbringen. Ich kann nicht einfach …"

RICHTIG DELEGIEREN

Herr Müller: „Frau Arend, allmählich gehen Sie mir wirklich auf die Nerven. Wir sprechen hier von einem Riesengeschäft, nicht nur von dem kleinen Auftrag, den wir von XYZ bekommen. Sie müssen Prioritäten setzen, Mädchen."

Frau Arend: „Der XYZ-Auftrag, den ich gerade hereingeholt habe, ist 200 000 DM wert, und es wird noch mehr folgen. Nennen Sie das wenig, Herr Müller?"

Herr Müller: „Na also, Frau Arend, damit haben Sie mir ja bewiesen, daß Sie mit großen Aufträgen umzugehen wissen, dann sind Sie ja genau die Richtige. Sie müssen einfach nur den Besuch bei XYZ verschieben. Das sollte bei Ihrem Verkaufstalent doch kein Problem sein. Sprechen wir jetzt also über das Angebot. Ich habe für Sie eine Aufstellung basierend auf der Anfrage erstellt. Sie sprechen also mit den Leuten aus der Produktion über Lieferzeiten und Kosten und übertragen die Zahlen. Das verstehen Sie doch, oder?"

Frau Arend: „Ich denke schon, aber was ist mit ..."

Herr Müller: „Nun zu dem Gespräch mit der Einkäuferin. Betonen Sie unsere Qualität und die Einhaltung der Lieferfristen. Erwähnen Sie die anderen großen Firmen, die wir beliefern. Ach ja, und denken Sie daran, ein Bestellformular mitzunehmen. Was immer Sie tun, bringen Sie Frau Roth dazu, den Auftrag zu unterschreiben, bevor Sie das Büro verlassen. Und immer schön lächeln!"

Frau Arend: „Und wenn sie über Rabatte verhandeln möchte? Bis wohin kann ich denn gehen?"

Herr Müller: „Wenn Frau Roth mit dem Preis nicht einverstanden ist, dann sollten Sie mich besser in den USA anrufen, falls Sie mich über das Hotel erreichen können. Die Sekretärin des Verkaufsdirektors hat bestimmt einen Reiseplan."

Frau Arend: „Aber erwartet Frau Roth nicht Sie persönlich zu dem Gespräch, Herr Müller? Schließlich hat sie die Anfrage ja direkt an Sie gerichtet."

Herr Müller: „Rufen Sie sie doch einfach am Dienstag an, und sagen Sie, ich sei verreist. Das kann ich ja schlecht selber tun. Also bereiten Sie das Angebot bis heute abend vor, und ich werde Ihnen mein Okay geben, bevor ich abreise."

Frau Arend: „Danke, Herr Müller!"

Was war bei dem Delegierungsgespräch zwischen Herrn Müller und Frau Arend falsch?

Was Herr Müller unserer Meinung nach bei dem Gespräch falsch gemacht hat

Offen gesagt so ziemlich alles! (Fairerweise muß man zugeben, daß er ein meßbares Ziel gesetzt hat: „Bringen Sie die Einkäuferin dazu, den Auftrag zu unterschreiben.")

Herrn Müllers gesamter Stil

Der Befehlston honoriert kaum Frau Arends Fähigkeiten und Kenntnisse, die sie ja bereits auf Ebene 3 gebracht haben. Herr Müller könnte und sollte Frau Arend sehr viel mehr einbeziehen. Seine Fragen sind sehr direktiv und zielen darauf, die Antworten zu bekommen, die er haben möchte. Für seinen Befehlston, seine Mißachtung ihrer Einwände und seinen Sarkasmus gibt es überhaupt keine Rechtfertigung.

Einführung

Eingangs hätte er Frau Arend beruhigen sollen, bevor er die „Bombe platzen ließ". Eine Begrüßung mit „Ich habe eine Herausforderung für Sie" bringt selbst den Standfestesten etwas durcheinander. Diese Art von „Druck" könnte Frau Arend den Eindruck vermitteln, daß es sich eher um etwas Unmögliches als um eine Herausforderung handelt. Herr Müller übt in der Tat während des gesamten Gespräches immer wieder Druck aus, z. B. durch Aussagen wie: „Es ist von entscheidender Bedeutung", „Es muß sofort gemacht werden", „Ich habe keine Zeit dafür", „Sie müssen das übernehmen" usw. Er interessiert sich dabei nicht im geringsten für Frau Arends gute Neuigkeiten über den XYZ-Auftrag und hörte ihr noch nicht einmal zu. Hätte er dies getan, so wäre gleich eine ganz andere Atmosphäre entstanden, und er hätte ihren Erfolg gleich gut nutzen können, als Motivation, gerechtfertigtes Lob, Vertrauen und einen Beweis für ihre Fähigkeiten.

Hintergrund

Herr Müller erklärt den Hintergrund (die Anfrage) und was Frau Arend tun soll. Die Aussage, daß es für ihre Weiterentwicklung gut sei, ist nicht sehr hilfreich. Es gibt keinerlei Erklärung, *warum* es für sie gut sein sollte. Diese Aufgabe *wäre* wahrscheinlich eine gute Entwicklungsherausforderung, wenn Frau

Arend im Vertrieb nach Aufstiegschancen suchte. Im Verlauf des Gespräches muß Frau Arend aber den Eindruck bekommen, daß sie nur deshalb um Übernahme der Aufgabe gebeten worden ist, weil Herr Müller und der Verkaufsdirektor verreisen wollen.

Hauptteil

Frau Arend bringt ihre verständliche Besorgnis zum Ausdruck, ob sie der Aufgabe gewachsen sei. Anstatt darauf einzugehen, erwidert Herr Müller nur: „Natürlich können Sie es", als ob dies die Antwort auf alles wäre. Außerdem meint er wohl, wenn er Frau Arend sage, was zu tun sei, genüge dies. Sie *weiß* ja vermutlich schon, was zu tun ist, ist sich aber unsicher, ob sie es richtig machen wird. Herr Müller versucht noch nicht einmal zu erklären, *warum* er überzeugt ist, daß sie es schafft. Sie ist also nach wie vor unsicher, und Herr Müller wirft ihr vor zu „jammern", wirklich eine große Hilfe!

Dann offenbart er den *wahren* Grund: „Es ist sowieso sonst niemand da." Anschließend wiederholt er, was zu tun ist, ohne nach Frau Arends Ansichten zu fragen.

Jetzt gerät Frau Arend in die Zwickmühle der Prioritäten (das Treffen mit XYZ am Mittwoch). Herr Müller wischt dieses Argument sarkastisch beiseite, und als Frau Arend auf die Bedeutung von XYZ hinweist, gibt er ihr dieses Argument prompt zurück, anstatt sie für ihre gute Arbeit mit diesem Kunden zu loben. In Frau Arends Augen wird die Frage der Prioritäten nicht zufriedenstellend gelöst.

Herr Müller hat das „Angebot zusammengestellt" (vielleicht um auf irgendeine Weise behilflich zu sein), aber dadurch, daß er sie wie einen Lehrling behandelt, wird ihr Selbstvertrauen auch nicht gerade gestärkt. Er zeigt keinerlei Wertschätzung für ihre Erfahrung und ihre Fähigkeiten. Was den Besuch beim Kunden angeht, so weiß Frau Arend natürlich durch ihre „kleineren" Kunden, was hier zu tun ist. Ihre Bedenken liegen nicht darin, wie man verkauft, sondern ob sie eine Anfrage dieses Umfangs (große Summen, hohe Rabatte usw.) abwickeln kann. Anstatt ihr hier Entscheidungsvollmachten (innerhalb gewisser Grenzen) zu erteilen, damit sie während des Kundenbesuches gleich entscheiden kann, sagt Herr Müller: „Rufen Sie mich an, wenn Sie mich finden". Wenn Sie Frau Arend wären und der Kunde spräche die Rabatte an, was für ein Gefühl hätten Sie dann, wenn sie nicht einmal wüßten, ob Sie Herrn Müller überhaupt erreichen können und den Auftrag vielleicht verlieren? Frau Arend hat Erfahrung im Vertrieb und hätte lediglich einige

RICHTIG DELEGIEREN

Richtlinien und Limits im Bereich der Handlungsvollmacht benötigt, z. B.: „Falls der Rabatt zur Sprache kommt, können wir bis zu 15 % für einen Jahresauftrag gewähren. Versuchen Sie innerhalb dieses Rahmens das Beste daraus zu machen. Für den Fall, daß Frau Roth noch mehr verlangt und Sie nicht weiterkommen, habe ich mit dem Geschäftsführer vereinbart, daß Sie ihn anrufen können. Dann brauchen Sie nicht zu versuchen, mich irgendwo in Amerika aufzutreiben. Wäre Ihnen das recht?"

Frau Arend weiß vermutlich über Christa Roth (und vermutlich B & A) recht gut Bescheid. Darauf geht Herr Müller überhaupt nicht ein. Erinnern Sie sich an seine rhetorische Frage: „Sie kennen doch die Kaufhauskette B & A?" Wenn er hier einmal für einen Moment die Luft angehalten hätte, hätte er vermutlich schon erfahren, wieviel Frau Arend bereits weiß.

Als sie die Tatsache anspricht, daß Frau Roth vermutlich nicht sie, sondern Herrn Müller zu dem Besuch erwartet, sagt Herr Müller wieder nur, was zu tun ist, anstatt nach ihrer Meinung zu fragen. Frau Arend wäre es vielleicht lieber gewesen, wenn er vorher kurz einen erklärenden Brief an Frau Roth geschrieben hätte.

Abschluß

Wieder ein bitterer Nachgeschmack für Frau Arend. Wirklich gut gemacht, Herr Müller!

Zusammenfassung

Frau Arend hätte wahrscheinlich (trotz Herrn Müllers Aussagen) das Beste aus der Aufgabe gemacht, hätte dabei aber bestimmt das Gefühl gehabt, daß diese Aufgabe einfach auf sie abgeladen worden war. Schade, denn es hätte auch ganz anders laufen können. Das Hauptproblem liegt in der „Rabatt"-Frage. Wenn sie aufgeworfen wird (und das wird sie bestimmt), besteht die Gefahr, daß Frau Arend den Auftrag verliert, und das weiß sie! Wenn Herr Müller aus den USA zurückkehrt, erwarten ihn möglicherweise zwei böse Überraschungen. B & A hat sich für die Konkurrenz entschieden ... und Frau Arend vielleicht auch!

ZUSAMMENFASSUNG DES DELEGIERUNGSGESPRÄCHS

Die Menschen sind verschieden, und jeder wird ein solches Gespräch anders führen, und so soll es auch sein. Die eigene Persönlichkeit, der Managementstil, die Anforderungen der Aufgabe, der Mitarbeiter, an den delegiert werden soll, dessen Vorbereitung – alles spielt eine Rolle, und es wäre schwierig, hier die einzig richtige Vorgehensweise angeben zu wollen. Es gibt sie nicht! Wir versuchen, den Einfluß all dieser Faktoren zu analysieren.

■ Ihre Persönlichkeit/Ihr Managementstil

Wenn Sie von Natur aus energisch sind, sind Sie es sicher gewohnt, die Ziele und Aufgaben klar zu erläutern. Bestimmt können Sie auch gut die Kontrollpunkte setzen. Das ist bei Ebene 1 wichtig, aber vielleicht müssen Sie Ihren gewohnten Stil ein wenig ändern, wenn Sie an Mitarbeiter aus den anderen Ebenen delegieren. Hier sind Fragen wichtiger als Anweisungen. Dieses „Umdenken" ist insbesondere erforderlich, wenn Sie in der Vorbereitungsphase erkennen, daß eine Einbeziehung wichtig für das Engagement des Mitarbeiters ist. Und Einbeziehung bedeutet auch Fragen.

Oder Sie denken im Gegenteil sehr demokratisch und beziehen andere gern ein. Vielleicht stellen Sie ja hervorragende Fragen, aber wird ein unerfahrener Mitarbeiter darauf antworten können? In diesem Fall müssen Sie also mehr Anweisungen geben als üblich. Vielleicht lassen Sie die Mitarbeiter auch gerne die eigenen Kontrollpunkte setzen. Aber auch hier mag ein unerfahrener Mitarbeiter nicht wissen, wie er dabei vorgehen soll, und Sie müssen gegebenenfalls Vorschläge machen.

■ Die Anforderungen der Aufgabe und die Person des Mitarbeiters

Wenn es sich um eine bekannte Aufgabe handelt und der Mitarbeiter sich bereits auf Ebene 4 bewegt, ist nur ein sehr kurzes Gespräch erforderlich; man braucht keine Zeit darauf zu verwenden, Selbstvertrauen aufzubauen, das ohnehin schon existiert. Ist die Aufgabe jedoch unbekannt und verfügt der Mitarbeiter über keine Erfahrung (Ebene 1), dann wird das Gespräch ziemlich erklärungsorientiert sein und länger dauern, denn es ist wichtig, daß der Mitarbeiter versteht, was genau zu tun ist. Soll die Aufgabe eine Herausforderung für einen Mitarbeiter sein, dem es etwas an Selbstvertrauen mangelt, dann muß sich das Gespräch auf diese Gefühle konzentrieren. Dies braucht Zeit. Außerdem muß das Selbstvertrauen durch Sachargumente aufgebaut werden.

■ Vorbereitung durch den Mitarbeiter

Wenn dem Mitarbeiter, an den Sie zu delegieren gedenken, genügend Zeit geblieben ist, um sich vorzubereiten, dann müssen Sie sich in dem Gespräch seine Ideen anhören und darauf aufbauen. Der Grundstein dafür ist bereits in einem kurzen Vorgespräch gelegt worden. Falls es keinen Bedarf oder keine Zeit zu einer Vorbereitung gegeben hat, dann sollte man die nachfolgenden Richtlinien beachten.

Es geht darum, das Gespräch so konstruktiv wie möglich zu gestalten. Diese Richtlinien sind selbstverständlich flexibel zu handhaben, denn sonst könnte man ja nicht auf die individuellen Unterschiede eingehen, die wir bereits angesprochen haben.

Wir werden die Richtlinien im folgenden im einzelnen besprechen. Nochmals: *Vergessen Sie dabei nicht, daß diese Richtlinien nicht auf jede Situation gleich anzuwenden sind. Dies kann man gar nicht oft genug betonen. Nehmen Sie sie als Anhaltspunkte. Nur Sie selbst können entscheiden, was wann zutrifft.*

DAS GESPRÄCH RICHTIG ERÖFFNEN

Diese Phase ist kritisch, denn sie bestimmt die Atmosphäre des Gesprächs. Es geht darum, für eine entspannte Atmosphäre zu sorgen und das Ziel des Gesprächs deutlich zu machen. Es lohnt sich also, sich mit der passenden Gesprächseröffnung genauer zu befassen.

Eine entspannte Atmosphäre

Die Atmosphäre ist wichtig, damit man Ihnen auch wirklich zuhört und sich nicht über irgendwelche anderen Dinge Gedanken machen muß.

Sind Sie auf Ihrem Weg zur Arbeit schon einmal an allen wohlbekannten Ampeln vorbeigekommen und haben sich anschließend gefragt, ob sie eigentlich rot oder grün waren? Dann haben Sie bestimmt an etwas ganz anderes gedacht und haben sich nicht auf das Autofahren konzentriert. Genau das ist es, was wir meinen! (Im Unterbewußtsein haben Sie bestimmt wahrgenommen, daß die Ampeln grün waren, aber es ist nicht empfehlenswert, sich darauf zu verlassen. Die Polizei tut es bestimmt auch nicht!)

Wie man ein solches Gespräch entspannt eröffnet, hängt natürlich auch davon ab, ob der Mitarbeiter „vorgewarnt" war, d. h., ob Sie ihn bereits um eine Vorbereitung gebeten haben oder nicht. Wenn Sie den Mitarbeiter bereits darauf angesprochen haben und um eine Vorbereitung gebeten haben, dann weiß er ja bereits, worum es geht, wenn er in Ihr Büro kommt, fühlt sich vielleicht nur noch etwas unsicher. Lassen Sie ihm dann etwas Zeit zur Entspannung. Sie können fragen, wie die Vorbereitung verlaufen ist, und sich die Erkenntnisse schildern lassen. Lösungen brauchen Sie zu diesem Zeitpunkt nicht anzubieten. Wenn ein Punkt besser später besprochen werden sollte, sagen Sie dies, und erklären Sie auch, warum. Stellen Sie sicher, daß der Mitarbeiter mit dieser Verschiebung einverstanden ist. In der Regel ist das kein Problem, wenn der Mitarbeiter weiß, daß man auf dieses Thema wieder zurückkommen wird. Während des gesamten Gesprächs sollten Sie immer wieder eine Verbindung zu den Vorbereitungen des Mitarbeiters herstellen.

Hat es keine „Vorwarnung" gegeben, wenn also eine dringende Aufgabe aufgetreten ist, die Sie sofort mit einem Mitarbeiter, an den Sie delegieren wollen, besprechen müssen, dann ist es noch sehr viel wichtiger, eine entspannte Atmosphäre zu schaffen. Eine Möglichkeit besteht darin, den Mitarbeiter in seinem Büro zu besuchen und ihn beispielsweise zu fragen: „Herr Kraft, könnten Sie auf einen Sprung in mein Büro kommen?"

Jetzt begegnet Ihnen vielleicht das gefürchtete „Ins-Büro-vom-Chef-Syndrom". Was mag Herrn Krafts erster Gedanke sein? Wahrscheinlich so etwas wie: „Was ist los? Habe ich etwas falsch gemacht?" Wenn Herr Kraft dann unter den Blicken der Kollegen in Ihr Büro geht, mag in ihm das Gefühl aufkommen, daß er zum „Galgen" schreitet. Sie möchten ein langes Gespräch an seinem Schreibtisch vermeiden, aber sobald er Ihr Büro betritt, können Sie ihn von seiner Hauptsorge befreien: „Herr Kraft, ich brauche Ihre Hilfe bei

RICHTIG DELEGIEREN

einer neuen Aufgabe, die sich gerade ergeben hat. Doch bevor wir darauf zu sprechen kommen, wie läuft es bei Ihnen?" ... Aber warum soll man etwas anderes fragen, lenkt das nicht nur ab? Für einen Moment schon, aber es ist wichtig. Der Mitarbeiter trifft Sie möglicherweise nicht so oft und hat ein paar Neuigkeiten, über die er kurz sprechen möchte. Das kostet nur etwas mehr Zeit, ist aber für den Mitarbeiter wichtig und entspannt die Atmosphäre für das eigentliche Gespräch. Wenn Sie wissen, daß ein angesprochenes Thema ohnehin später in dem Gespräch zu diskutieren ist, dann erklären Sie das, und stellen Sie sicher, daß der Mitarbeiter damit einverstanden ist.

Wenn zu Beginn ein anderes, aber wichtiges Thema aufkommt

Das kann vorkommen. Das einzige, was Sie jetzt tun können, ist die Priorität (in bezug auf Bedeutung und Dringlichkeit) der zu delegierenden Aufgabe oder des neu aufgekommenen Themas herauszufinden. Vielleicht haben Sie ja genug Zeit zur Verfügung, um beide Themen zu besprechen. Es kann aber auch passieren, daß Sie das Delegierungsgespräch vorübergehend verschieben oder die Aufgabe an jemand anderen übertragen müssen bzw. jemanden finden müssen, der sich um das gerade aufgekommene Thema kümmert.

Nachdem eine entspannte Atmosphäre hergestellt ist, sollten als nächstes der Hintergrund und die Absicht des Gesprächs erläutert werden.

■ Hintergrund und Absicht des Gesprächs

Wenn Sie jemanden um Vorbereitung auf dieses Gespräch gebeten haben, sind Hintergründe und Absichten ja bereits im Vorgespräch geklärt worden, und Sie fassen vielleicht nur noch einmal kurz zusammen, worum es geht. Handelt es sich um das erste Treffen, dann sollten Sie unbedingt folgende vier Punkte berücksichtigen:

◆ Erklären Sie die Hintergründe.
◆ Warum wird die Aufgabe delegiert?
◆ Warum haben Sie gerade diesen Mitarbeiter dafür ausgewählt?
◆ Nennen Sie die Absicht des Gesprächs.

Auf all diese Punkte sollten Sie sich natürlich bereits selbst ausreichend vorbereitet haben.

Erklären Sie die Hintergründe

Erläutern Sie, um welche Aufgabe es sich handelt, wie es dazu gekommen ist, was dazugehört und warum es wichtig ist. Es ist wichtig, daß Sie selbst eine gewisse Begeisterung für die Sache aufbringen, denn wenn Sie sich nicht dafür interessieren, warum sollte es dann der Mitarbeiter? Es gibt natürlich verschiedene Arten der „Begeisterung". Manch einer neigt hier zu Enthusiasmus. Wenn das Ihrem Charakter entspricht, ist das in Ordnung. Sind Sie jedoch ein etwas stillerer, reservierter Typ, dann würde jede Art von Übertreibung auffallen. Sie können trotzdem Begeisterung zeigen, indem Sie erklären, warum Sie die Aufgabe für wichtig halten.

Warum wird die Aufgabe delegiert?

Geben Sie eine Begründung, warum die Aufgabe delegiert wird, z. B. zur Weiterentwicklung, weil Sie Hilfe brauchen, weil Sie es diesmal nicht selbst erledigen können usw. Seien Sie ehrlich! Wenn es sich um eine langweilige Routineaufgabe handelt, bei der Sie einfach Hilfe brauchen, um rechtzeitig fertig zu werden, dann sagen Sie dies auch! Es gibt nichts Schlimmeres, als wenn einem gesagt wird: „Das ist gut für Ihre Weiterentwicklung", wenn dies überhaupt nicht zutrifft.

Warum haben Sie gerade diesen Mitarbeiter dafür ausgewählt?

Wenn Sie das nicht erklären, wird sich der Mitarbeiter seine eigene Interpretation ausdenken, die nicht immer stimmen muß. Möglicherweise ist es hier auch sinnvoll zu besprechen, welchen Vorteil diese Aufgabe bringen könnte, daß die Aufgabe beispielsweise Gelegenheit zur Verbesserung der Präsentationsfähigkeiten gibt.

Nennen Sie die Absicht des Gesprächs

Sagen Sie zuerst, was Sie in dem Gespräch erreichen wollen; das Ziel für die Aufgabe an sich kommt später. Das könnte in etwa so aussehen: „Wir sollten in unserem heutigen Gespräch einen Plan für die Präsentation am 15. Juni erstellen und abstimmen, ob Sie einverstanden sind, diese zu übernehmen. Ich stehe Ihnen, falls nötig, natürlich zur Unterstützung zur Verfügung."

Bevor man zum Hauptteil des Gesprächs überleitet, sollte man kurz noch einmal alle wichtigen Punkte zusammenfassen, um sicherzugehen, daß dem Mitarbeiter nichts unklar ist, bzw. um Fragen zu klären.

Die Kernpunkte des Gesprächs

Die folgenden Richtlinien haben keine bestimmte Rangfolge. Sie sind für verschiedene Situationen wichtig. Wir haben weiter hinten in diesem Kapitel zur Hilfestellung eine grobe Struktur für das Gespräch zusammengefaßt.

■ Sicherstellen, daß die Aufgabe machbar ist

Fragen Sie den Mitarbeiter nach seiner Arbeitsauslastung und deren Einfluß auf die zu delegierende Aufgabe. Wenn er an diesem Tag eine wichtige Besprechung hat, hat es nicht viel Sinn, das Gespräch fortzuführen (es sei denn, er kann einen Vertreter damit beauftragen). Das sollte zwar schon in der Vorbereitungsphase geklärt worden sein, aber es gibt immer auch unvorhergesehene Zwischenfälle.

Wenn die Aufgabe relativ schwierig ist, müssen Sie möglicherweise gemeinsam einen Plan erstellen und abstimmen, wieviel Zeit sie in Anspruch nehmen wird, bevor Sie die Auswirkung auf die derzeitige Arbeitsauslastung des Mitarbeiters und damit die Machbarkeit beurteilen können.

Wenn die Aufgabe machbar ist, die Arbeit des Mitarbeiters dafür jedoch reorganisiert werden muß, bitten Sie um Vorschläge, wie dies am besten möglich ist. Aber auf keinen Fall sollten Sie diese Arbeit selbst übernehmen. Sonst kann es passieren, daß Sie dann mehr Arbeit haben, als Sie delegieren. Das heißt natürlich nicht, daß Sie nicht behilflich sein sollten. Fragen Sie sich aber, ob Ihre Hilfe hier wirklich erforderlich ist, bevor Sie zustimmen. Fragen Sie Ihren Mitarbeiter, ob es einen anderen Kollegen in der Abteilung gibt, der ihn unterstützen könnte. Ihre Mithilfe könnte z. B. bei einem „Probelauf" für eine Präsentation gerechtfertigt sein. Möglicherweise sind Sie der einzige mit genügend Erfahrung auf diesem Gebiet, oder der Mitarbeiter hat einfach Vertrauen in Ihr Urteil.

Nochmalige Prüfung der Fähigkeiten und Kenntnisse

Während der Vorbereitung haben Sie geklärt, welche Anforderungen die Aufgabe stellt und über welche Fähigkeiten und Kenntnisse der Mitarbeiter verfügt. Lücken sollten schon entdeckt worden sein. Um einen positiven Einstieg zu erreichen, fragen Sie zunächst nach den Stärken des Mitarbeiters. Fragen Sie dann nach den Anforderungen der Aufgabe (falls dies beantwortet werden kann) und zum Schluß, ob der Mitarbeiter irgendwelche Lücken oder Schwächen sieht.

Stellen Sie sicher, daß der Mitarbeiter sich seiner Stärken bewußt ist und weiß, wie er sie bei dieser speziellen Aufgabe einsetzen kann. Fragen Sie, was in bezug auf Lücken oder Schwächen getan werden kann. Motivierung von Ihrer Seite kann sinnvoll sein, und zwar gleich zu Beginn, wenn ein guter Anfang gefunden werden soll, oder während der Aufgabe, wenn die bereits besprochene „Schritt-für-Schritt"-Methode für das Lernen in einzelnen Phasen angewandt wird.

Falls es irgendwelche wichtigen Stärken oder Schwächen gibt, die dem Mitarbeiter nicht aufgefallen sind, liegt es bei Ihnen, diese anzusprechen, wenn sie für das Gesamtergebnis von Bedeutung sein könnten. Versuchen Sie möglichst immer Beispiele für Ihre Aussagen anzuführen.

Die Verantwortlichkeiten deutlich machen

Während eines kurzen Vorgesprächs, in dem Sie um Vorbereitung gebeten haben, bzw. zu Beginn des Gesprächs haben Sie die Aufgabe grob umrissen. An einem gewissen Punkt müssen auch besondere Verantwortlichkeiten besprochen und abgestimmt werden. Hier werden Sie wahrscheinlich auch das Ziel für die Aufgabe setzen (klar, meßbar und realistisch, innerhalb einer Frist und – falls nötig – mit Einschränkungen).

Vertrauen in Ihre Mitarbeiter

Vertrauen in Ihre Mitarbeiter zu zeigen ist während des gesamten Gesprächs sehr wichtig. Eigentlich ist das eine Selbstverständlichkeit, aber manchmal hört es sich doch recht unsicher an: „Herr Fischer, Sie sind ein prima Kerl. Sie werden das schon irgendwie hinkriegen." Wenn *Sie* nicht überzeugt sind, daß er die Aufgabe bewältigen wird, wie soll *er* es dann glauben? Vertrauen zeigen, das ist leicht gesagt, aber wie geht man dabei vor?

Wie bereits erwähnt, besteht ein großer Unterschied zwischen Lob und Schmeichelei. Um aufrichtiges Vertrauen in die Fähigkeiten eines Mitarbeiters zu zeigen, muß man belegen, warum man davon überzeugt ist. Möglicherweise hat der Mitarbeiter eine solche Aufgabe vorher noch nie erledigt, aber Sie haben bei sich schon beschlossen, daß er dazu fähig ist. Fragen Sie sich nach den Gründen für Ihre Meinung und teilen Sie dem Mitarbeiter Ihre Beweggründe mit.

Nehmen wir beispielsweise an, Sie bitten jemanden aus Ihrer Abteilung, Sie während einer zweiwöchigen Abwesenheit zu vertreten, und der Mitarbeiter ist unsicher, ob er dem gewachsen ist. Nehmen wir weiter an, der Mitarbeiter ist bereits einmal für drei Tage für Sie eingesprungen und hat seine Sache damals gut gemacht. Darauf können Sie sich beziehen. Erwähnen Sie, was er seinerzeit zu tun hatte, loben Sie ihn für das, was er gut gemacht hat, und machen Sie ihm dann klar, daß das, was während der nächsten zwei Wochen auf ihn zukommen wird, sich von den drei Tagen wahrscheinlich nicht wesentlich unterscheidet.

■ Gute Fragen sind wichtig

Das trifft selbst bei Ebene 1 zu, wenn man einen Mitarbeiter an eine völlig ungewohnte Aufgabe heranführt. Obwohl man dabei vielleicht nicht so viele Fragen stellen wird wie bei fortgeschritteneren Mitarbeitern, muß man dennoch sicher sein, daß die Erklärungen auch wirklich verstanden werden. Außerdem ist ein Mangel an Erfahrung ja nicht automatisch ein Mangel an Fähigkeiten.

Schreiben Sie auf, was Ihrer Meinung nach die *wichtigsten Fragen* beim Delegieren sein sollten und was deren *Zweck* ist:

Art der Fragen   *Zweck*

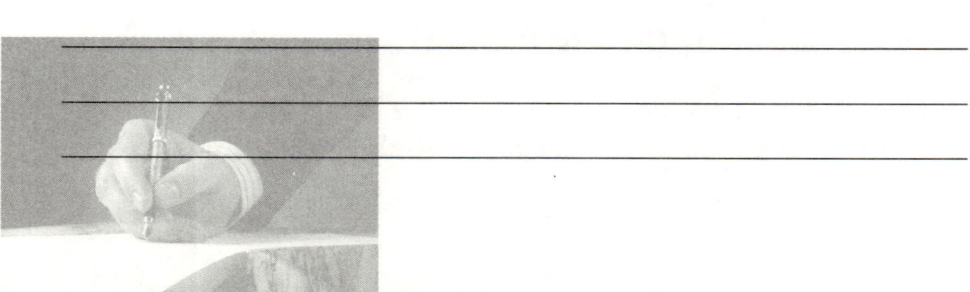

Nützliche Fragen, ihre Definition, Beispiele und der Zweck

Es gibt verschiedene Arten von Fragen. Wir haben hier die Fragetypen zusammengestellt, die beim Delegieren am nützlichsten sind, nämlich

- offene Fragen,
- forschende Fragen,
- klärende Fragen,
- geschlossene Fragen.

Einige weitere Frageformen werden ab Seite 208 behandelt.

Offene Fragen

Definition
   Fragen, die normalerweise *allgemeine* Informationen zusammentragen sollen. Sie beginnen üblicherweise mit „was", „wo", „wann", „wer", „wie" oder „warum". Eine andere sinnvolle Gesprächseröffnung lautet: „Können Sie mir sagen, wie es mit … steht", denn so kann der Mitarbeiter mit seinen eigenen Worten antworten.

Beispiele
   „Was halten Sie davon, dies zu übernehmen?" oder „Können Sie mir sagen, wann Sie das letzte Mal ein Angebot erstellt haben?" oder „Wer könnte Ihre derzeitige Arbeit übernehmen?"

Zweck
   Offene Fragen zu stellen entspricht dem Auswerfen eines Fischernetzes. Man weiß nie, welche und wie viele Fische man fangen wird. Offene Fragen erforschen das Allgemeinbild und sieben Informationen heraus. Es kann natürlich nötig sein, danach weitere „forschende" Fragen zu stellen, um die genauen Einzelheiten zu erfahren.

Forschende Fragen

Definition
   Fragen, die spezifische Informationen zusammentragen.
Beispiele
   „Was genau ist Ihrer Meinung nach die Zielsetzung?", „Was werden Sie tun, wenn Herr Schneider wie üblich zu spät zu der Sitzung kommt?" oder „Warum glauben Sie, daß Sie diese Präsentation nicht schaffen werden?"
Zweck
   Hier soll ein bestimmter „Fisch" gefangen werden. Sie erhalten konkrete Informationen über Fakten und Meinungen.

Klärende Fragen

Definition
   Sie sollen sicherstellen, daß das Gesagte auch verstanden wurde.
Beispiele
   „Also, übernehmen Sie die Leitung der Sitzung am 15. April?" „Sie scheinen weniger Schwierigkeiten mit dem Inhalt als mit der Form zu haben. Sehe ich das richtig?"
Zweck
   Wir wissen alle, daß das Gesagte möglicherweise nicht immer so verstanden wird, wie man dies beabsichtigt. Haben Sie nicht auch schon jemanden gebeten, etwas für Sie zu erledigen, und haben dann festgestellt, daß etwas ganz anderes dabei herausgekommen ist? Genau deswegen ist eine Klarstellung so wichtig! Natürlich sind solche Fragen etwas problematisch und werden nicht so gern gestellt, weil man fürchtet, „dämlich" dazustehen. Aber wenn man nicht übertreibt, werden diese Fragen eher als interessiert angesehen.
Eine Klarstellung ist wichtig, wenn

- man nicht sicher ist, ob man genau verstanden hat, was der andere gesagt hat oder empfindet,
- man nicht sicher ist, ob man selbst verstanden worden ist,
- man die Meinung des Gesprächspartners ablehnen will. Hier kann vor einer Ablehnung eine Klärung sinnvoll sein, da man möglicherweise etwas falsch interpretiert hat und für die Ablehnung in Wirklichkeit überhaupt kein Grund besteht.

Geschlossene Fragen

Ein Wort der Warnung: Derartige Fragen sind manchmal unerläßlich, sollten aber *nicht zu oft* angewandt werden!
Definition
   Diese Fragen erwarten eine Bestätigung oder Verneinung und führen normalerweise zu einem „Ja" oder einem „Nein".
Beispiele
   „Können Sie das bis Freitag erledigen?" oder „Kennen Sie sich mit den Monatsberichten aus?"
Zweck
   Ideal in eindeutigen Fällen, wo ein „Ja" oder „Nein" ausreicht. Leider benutzen manche Vorgesetzte diese Art der Fragestellung zu oft und erfahren dadurch nur sehr wenig darüber, wie der Mitarbeiter denkt oder fühlt. Auf die Frage „Können Sie das für mich erledigen?" wird wohl kaum jemand mit „Nein" antworten. Wenn man erfahren möchte, wie jemand über etwas denkt, sollte man solche Fragen vermeiden.

Die Wichtigkeit von Zusammenfassungen

Wir haben klärende Fragen und deren Bedeutung für das Gespräch betrachtet. Zusammenfassungen haben eine ähnliche Bedeutung, denn sie sind auch so etwas wie eine letzte „Klärung" des Themas. Die klärenden Fragen konzentrieren sich jeweils auf einen Punkt, während die Zusammenfassung sich auf das Verständnis aller Aspekte bezieht.

Dazu ein Beispiel. Eine klärende Frage heißt: „Sagten Sie, der Vertragsentwurf wird bis Freitag fertig sein?" Die Zusammenfassung lautet: „Fassen wir einmal kurz zusammen. Wir haben vereinbart, daß Sie den Vertragsentwurf bis Freitag vorbereiten; wir werden uns am Montag, den 15., um 10 Uhr nochmals kurz zusammensetzen und den Vertrag besprechen, und Sie fertigen die endgültige Version dann bis Mittwoch an. Sind wir uns da einig?"

Wann sollte man zusammenfassen? Im Grunde genommen immer dann, wenn es für beide Seiten eine Hilfe ist, also nicht nur am Ende des Gesprächs. Es ist sinnvoll, jeweils am Ende eines bestimmten Gedankengangs zusammenzufassen, um sicherzustellen, daß alles verstanden wurde, bevor man fortfährt. Wenn irgendwelche Mißverständnisse bestehen, sind sie zu diesem Zeitpunkt viel einfacher zu klären.

■ Mitarbeiter in das Gespräch einbeziehen

Eine Einbeziehung hängt natürlich größtenteils von der Erfahrung (oder der Vorstellungskraft) eines Mitarbeiters ab. Je mehr der Mitarbeiter über die delegierte Aufgabe weiß, desto mehr sollte er sie selbst bestimmen können. Dies bedeutet aber nicht, daß jemand, der noch keine Erfahrung hat, nicht einbezogen werden kann. Er kann sich vielleicht „vorstellen", worum es geht. Man sollte ihn deshalb so weit wie möglich in die Vorbereitung des Planes einbeziehen.

Einbeziehung auf Ebene 1

Auch jemand, der überhaupt keine Erfahrung mit der Aufgabe hat, kann in der Lage sein, die *groben* Schritte vorzuschlagen, auf die man dann aufbauen kann. Auf diese Weise stammt der Plan von dem Mitarbeiter und nicht vom Vorgesetzten, obwohl das meiste gemeinsam erledigt wird. Da es dem Mitarbeiter noch an Erfahrung mangelt, muß man die Aufgabe zunächst erklären. Mögliche Probleme, die der Mitarbeiter hier auf sich zukommen sieht, können zu diesem Zeitpunkt am besten aufgeklärt werden. Nehmen wir beispielsweise an, Sie bitten den Mitarbeiter, für Sie bestimmte Daten zu sammeln und in eine Kalkulationstabelle im Computer einzutragen. Im Einführungsgespräch müssen Sie gegebenenfalls erklären, woher diese Daten stammen, und vielleicht müssen Sie auch einige neue, noch nicht bekannte Eingabebefehle erläutern. Zu viele Punkte gleich zu Beginn abzuhandeln kann weitaus verwirrender sein, als Schritt für Schritt vorzugehen (denken Sie an die „mundgerechten" Stücke des Elefanten).

Einbeziehung auf Ebene 2

Die Grundlagen sind dem Mitarbeiter schon bekannt, so daß er einen deutlichen Beitrag zu der Planung leisten kann. Möglicherweise kann er auch einige wichtige Kontrollpunkte festlegen, kennt aber eventuell noch nicht alle wichtigen Punkte. Auf dieser Ebene sollte der Mitarbeiter schon potentielle Schwierigkeiten und Lösungsansätze benennen können. Möglicherweise wird noch Ihre Unterstützung bzw. Anleitung bei einigen weniger geläufigen Aspekten der Aufgabe vonnöten sein. Auf dieser Ebene ist die Wahrscheinlichkeit kleinerer Fehler relativ hoch (größere Fehler sollten durch Ihre Anleitung und Kontrolle vermieden werden). Wenn der Mitarbeiter jedoch etwas vorschlägt, was Ihrer Erfahrung nach zu einem kleineren Fehler führen wird, wägen Sie ab, ob Sie diesen vermeiden wollen oder ob Sie den Mitarbeiter gewähren und aus seinem Fehler lernen lassen sollten.

Auf dieser und auf der nächsten Ebene besteht für den Vorgesetzten leicht die Gefahr, sich zuviel einzumischen. Da sich nämlich der Lösungsansatz eines Mitarbeiters möglicherweise von der eigenen Vorgehensweise unterscheidet, besteht die Versuchung zu sagen: „Ich an Ihrer Stelle würde es so machen …" Versuchen Sie lieber herauszufinden, ob auch der Ansatz des Mitarbeiters funktionieren kann, ohne daß sich größere Probleme ergeben. Wenn dies der Fall ist, dann lassen Sie den Mitarbeiter auf seine Art vorgehen, auch wenn dies anfangs vielleicht nicht so effizient ist wie Ihre Vorgehensweise. In jedem Fall motivieren eigene Ideen stärker als Anweisungen.

Vor einigen Jahren wollte einer unserer Nachbarn seine Gartenhütte von einer Seite des Gartens auf die andere transportieren. Seine Idee war, fünf oder sechs kräftige Nachbarn mit reichlich Bier zu „motivieren", damit sie ihm helfen, die nicht allzu große Hütte zu tragen. Sein zehnjähriger Sohn jedoch, der noch nie im Leben eine Gartenhütte transportiert hatte, entdeckte in einer Ecke des Gartens ein paar alte, stabile Pfähle. Unschuldig sagte er zu seinem Vater: „Warum hebst Du nicht eine Ecke der Hütte hoch, ich lege einen Pfahl darunter, und wir rollen die Hütte ein Stück, legen wieder einen Pfahl darunter, rollen weiter …?" Ich werde ihm nie verzeihen, daß er mich um ein schönes Bier gebracht hat. Aber da sieht man wieder einmal …

Einbeziehung auf Ebene 3

Hier verfügt der Mitarbeiter schon über relativ viel Erfahrung und Fähigkeiten, und der Großteil der Vorbereitung kann schon von ihm kommen. Er soll die Vorgehensweise vorschlagen, die Kontrollen festsetzen und äußern, welche Hilfe er von Ihnen benötigt. Dies wird sich hauptsächlich auf die schwierigeren Aspekte der Aufgabe beziehen, mit denen er noch nicht so vertraut ist. Ermutigen Sie den Mitarbeiter dazu, potentielle Schwierigkeiten anzusprechen, und schlagen Sie Lösungsmöglichkeiten dafür vor. Hier kann und soll der Mitarbeiter also durchaus um Hilfe bitten, damit er sicher sein kann, nichts Wesentliches übersehen zu haben.

Bei Ebene 3 sollte man die Sache dem Mitarbeiter überlassen und aufpassen, daß man nicht in die „Wenn-ich-Sie-wäre"-Falle tappt. Korrigieren Sie die Planung des Mitarbeiters wirklich nur, wenn sie einen *wesentlichen Fehler* beinhaltet.

Einbeziehung auf Ebene 4

Die Mitarbeiter sind erfahren und sind sich sicher, die Aufgabe zu beherrschen. Eine detaillierte gemeinsame Planung ist nicht erforderlich, wenn sich seit dem letzten Mal nichts Wesentliches geändert hat. Das Gespräch konzentriert sich darauf, das Ziel (einschließlich möglicher Einschränkungen) deutlich zu machen, kurz die Machbarkeit in der zur Verfügung stehenden Zeit abzuschätzen und sicherzustellen, daß der Mitarbeiter nach wie vor keine Bedenken hat, den Termin für den abschließenden Bericht über das Ergebnis abzustimmen. Dann müssen Sie einfach „loslassen"!

■ Gemeinsame Planung

Die gemeinsame Planung ist aus verschiedenen Gründen, die wir im folgenden behandeln, einer der Schlüsselfaktoren für ein Delegierungsgespräch. Das Ziel sollte bereits besprochen und klargestellt sein. Ist dies noch nicht der Fall, dann holen Sie dies zunächst noch nach, bevor Sie gemeinsam einen Plan erstellen.

Wozu einen Plan?

Eine vernünftige Planung ist wichtig, damit das gewünschte Ergebnis termingerecht und in der richtigen Form erzielt werden kann. Der Plan bildet die Grundlage für die Kontrollen, indem die einzelnen Schritte und ihre Ausführung in dem entsprechenden Zeitrahmen festgesetzt werden. Man könnte die Planung als eine Art Landkarte bezeichnen, auf der der Weg zum Ziel eingetragen ist.

Inhalt des Plans

Er sollte drei Elemente benennen: die erforderlichen Schlüsselaufgaben, die Person, die jeweils verantwortlich ist, und die Termine für die Erledigung dieser Aufgaben.

Schlüsselaufgaben

Bei den Schlüsselaufgaben handelt es sich um die wichtigen Aufgaben, die zur Erreichung des Zieles zu erledigen sind. Es geht dabei nicht um jeden Aspekt einer Aufgabe, sondern nur um die wichtigen. Die Schlüsselaufgaben zur Vorbereitung und Führung einer Kundenpräsentation könnten beispielsweise wie folgt aussehen:

- das Ziel (einschließlich eventueller Einschränkungen) klären,
- das Thema prüfen (Inhalt, Publikum usw.),
- die Präsentation im Entwurf vorbereiten (einschließlich erforderlicher visueller Hilfsmittel),
- „Probelauf" vor dem eigenen Vorgesetzten und der Abteilung,
- die Präsentation fertigstellen (mit möglichen Änderungen nach dem Probedurchgang),
- Präsentation für den Kunden,
- Besprechung des Ergebnisses mit dem Vorgesetzten.

Die verantwortliche Person

Hier handelt es sich üblicherweise um den Mitarbeiter, dem Sie die Aufgabe übertragen haben. Aber auch der Vorgesetzte kann Verantwortung für einen bestimmten Teil der Aufgabe übernehmen, und zwar vor allem dann, wenn der Mitarbeiter noch Hilfe benötigt.

Die Termine für die Erledigung der Aufgaben

Dies sind die Termine, zu denen die jeweiligen Schlüsselaufgaben erledigt sein müssen, wenn der Termin für das Gesamtziel eingehalten werden soll. Die Termine müssen realistisch sein.

> **Z**um Plan gehören die Fragen „Was?", „Wer?" und „Bis wann?".
> - Was sind die Schlüsselaufgaben?
> - Wer ist für die jeweilige Schlüsselaufgabe verantwortlich?
> - Bis wann muß jede Schlüsselaufgabe erledigt sein?

Potentielle Schwierigkeiten besprechen

Wenn man vermeiden will, daß etwas total danebengeht, muß man potentielle Schwierigkeiten besprechen. Bei diesem Gespräch sollen größere potentielle Schwierigkeiten vorhergesehen und Gegenmaßnahmen zur Vermeidung (oder Verminderung ihrer Wahrscheinlichkeit) ausgearbeitet werden. Außerdem sollte überlegt werden, was man tun kann, wenn trotz der Vorsichtsmaßnahmen Probleme auftreten.

Wie bereits erwähnt, müssen entweder Sie selbst oder der Mitarbeiter, an den Sie delegieren (sofern er dazu in der Lage ist), diese potentiellen Schwierigkeiten klären.

Die notwendige Handlungsvollmacht erteilen

Die notwendige Handlungsvollmacht zu erteilen ist unabdingbar, denn Verantwortung ohne Vollmacht zu delegieren ist unfair und kann eine Herausforderung in eine absolut unmögliche Aufgabe verwandeln. Gehen Sie die einzelnen Schritte des gemeinsamen Planes durch, und stellen Sie fest, wo Handlungsvollmacht erforderlich ist. Dann besprechen Sie die Grenzen dieser Handlungsvollmacht und die Form, in der sie bekanntgemacht wird. Ein Anruf oder eine kurze Aktennotiz Ihrerseits kann genügen. Nehmen wir an, Sie gehen für zwei Wochen in Urlaub. Eine Notiz an Ihre Abteilung mit Kopie an Ihren Vorgesetzten, in der Sie festhalten, daß Frau Lorenz Sie während Ihrer Abwesenheit mit allen Handlungsvollmachten (oder wie immer Sie es formulieren möchten) vertritt, kann Frau Lorenz die Sache wesentlich erleichtern. Sie vertrauen ihr als Stellvertreterin, warum also nicht auch in bezug auf die Handlungsvollmacht?

Sie denken bestimmt, daß jeder vernünftige Manager sowieso so handelt. Das ist aber leider nicht der Fall, einige wollen keine Handlungsvollmacht erteilen oder denken einfach nicht daran. Dazu ein Beispiel:

> Herr Franz vertritt einen Vertriebsleiter (einen von dreien), der in Urlaub ist. Der Verkaufsdirektor beruft eine Sitzung ein, an der Herr Franz und die zwei anderen Vertriebsleiter teilnehmen. Das Ziel ist eine zehnprozentige Steigerung des gesamten Vertriebsumsatzes durch eine Revision der

Verkaufsziele in jedem Gebiet. Aufgrund der Beschaffenheit der drei Vertriebsgebiete ist es nicht sinnvoll, die 10 % gleichmäßig auf alle Gebiete zu verteilen. Genau das Gebiet, das Herr Franz vertritt, soll berechtigterweise eine größere Steigerung, etwa im Bereich von 25 % erbringen. Hier aber zögert Herr Franz; nicht etwa, weil er damit nicht übereinstimmt, sondern weil er nicht die Befugnis zu solchen Entscheidungen hat. Er erklärt dies. Man versteht ihn auch, benötigt aber dennoch seine Stellungnahme. Er will natürlich keine „Zusage" machen, mit der sein eigener Vorgesetzter womöglich nicht einverstanden ist. Der Direktor hätte die Erhöhung auch ganz einfach anordnen können, verschiebt aber nun widerwillig die Entscheidung bis zur Rückkehr des dritten Vertriebsleiters, obwohl durch die Verzögerung die Zahlen nochmals nach oben korrigiert werden müssen.

Fragen Sie sich einmal, wie sich Herr Franz in dieser Sitzung vorgekommen sein muß – zu wissen, daß eine Entscheidung getroffen werden muß, aber nicht die Befugnis dazu besitzen. Was würden Sie als Verkaufsdirektor dem Vertriebsleiter bei seiner Rückkehr aus dem Urlaub erzählen?

Kontrollen besprechen und vereinbaren

Ganz wichtig beim Delegieren ist es, die Kontrolle zu behalten. Deshalb ist dieser Aspekt bei dem Delegierungsgespräch entscheidend. Wir haben bereits in den vorangegangenen Kapiteln die Bedeutung effektiver Kontrollen hervorgehoben. In diesem Teil des Gesprächs müssen notwendige Kontrollen besprochen und fest vereinbart werden. Das Problem besteht darin, daß Kontrollen des Vorgesetzten oft als „Einmischung" angesehen werden können. Erinnern Sie sich an Long John Silvers Papagei (Seite 38)?

Wir wollen hier aber noch nicht zu sehr ins Detail gehen; das Thema „Kontrolle ohne Einmischung" verdient ein eigenes Kapitel. Wenn Sie das Gefühl haben, noch mehr über Kontrolle im allgemeinen erfahren zu müssen, dann können Sie jetzt kurz zu Kapitel 10 (Seite 188) springen, bevor Sie hier weiterlesen. Wenn Ihnen jedoch klar ist, was Kontrolle und ihr effektiver Einsatz bedeuten, dann können Sie gleich hier weiterlesen.

Man sollte versuchen, die Mitarbeiter bei der Definition der Kontrollpunkte zur Erreichung des Zieles mit einzubeziehen, sofern das ihre Erfahrung erlaubt. Wenn der Mitarbeiter, an den man delegiert, Erfahrung mit der Aufgabe hat, dann weiß er bestimmt auch, wo Kontrollen erforderlich sind. Außerdem verpflichtet ein selbst gesetztes Kontrollsystem sicher mehr als ein von einer anderen Person bestimmtes. So werden auch ständige Kontrollen des Vorgesetzten überflüssig, die leicht als Einmischung angesehen werden könnten.

■ Eine Rettungsleine

Auch wenn man sich nicht zu sehr einmischen will, sollte man sich doch auch nicht zu sehr zurückziehen. Es gibt Kontrollpunkte, aber was liegt dazwischen? Die meisten Mitarbeiter fühlen sich sicherer, wenn sie wissen, daß immer eine „Rettungsleine" vorhanden ist, an die sie sich halten können, falls etwas schiefläuft. Selbst sehr erfahrene Menschen besprechen manchmal gern ihre Überlegungen mit ihrem Vorgesetzten, und sei es nur zur Beruhigung.

Die typische „Rettungsleine" sieht in etwa so aus: „Ich weiß, daß Sie das schaffen, aber wenn Sie über irgend etwas sprechen möchten, kommen Sie einfach bei mir vorbei. Es liegt ganz bei Ihnen." So kann der Mitarbeiter entscheiden, ob und wann er mit Ihnen Rücksprache halten möchte, und er muß nicht lange überlegen, ob er Sie um Hilfe bitten sollte oder nicht.

EIN EFFEKTIVER ABSCHLUSS DES GESPRÄCHS

Alle für die Planung der Aufgabe wichtigen Punkte sollten nunmehr abgehandelt sein. Es bleiben aber noch vier wichtige Dinge zu tun:

- ◆ Zusammenfassung der wichtigsten Aktionen und Vereinbarungen,
- ◆ Überprüfung der Gefühle des Mitarbeiters,
- ◆ Vereinbarung einer Nachbesprechung,
- ◆ Beendigung des Gesprächs.

Zusammenfassung der wichtigsten Aktionen und Vereinbarungen

Sie werden bereits während der einzelnen Stadien des Gesprächs zusammengefaßt haben. Die endgültige Zusammenfassung erstreckt sich auf die wichtigsten Aktionen, die Personen und die wichtigsten Termine. Außerdem werden Vereinbarungen festgehalten, z. B. Einschränkungen der Handlungsvollmacht, Form der Kontrollen, Termin für das nächste Treffen usw. Diese Zusammenfassung ist wichtig und soll den Weg für den nächsten, etwas komplizierteren Schritt ebnen.

Überprüfung der Gefühle des Mitarbeiters

Manche Vorgesetzte sprechen grundsätzlich nie über irgendwelche *Gefühle*, denn Sie glauben, es genüge, wenn der Mitarbeiter weiß, wie er eine Aufgabe zu erledigen hat. Nur weil man weiß, *wie* etwas geht, heißt das aber noch lange nicht, daß man es auch tun *möchte* oder ein gutes Gefühl dabei hat. Stellen Sie sich vor, jemand erklärt Ihnen genau, wie man mit einem Atemgerät taucht, und führt Sie dann zu einem Schwimmbecken, wo das Gerät schon auf Sie wartet. Welches *Gefühl* hätten Sie dabei?

Während des gesamten Gesprächs sollte der Vorgesetzte immer wieder abschätzen, wie der Mitarbeiter zu der Aufgabe steht, und auf seine Bemerkungen eingehen. Falls dies nicht schon während des Gesprächs getan wurde, ist es nun um so wichtiger. Eigentlich ist das ganz einfach. Beispielsweise können Sie fragen: „Nun, Herr Schuster, jetzt haben wir darüber gesprochen, worum es geht, wenn Sie mich nächste Woche vertreten. Was haben Sie denn nun für ein Gefühl bei der Sache?"

Etwas Nervosität ist durchaus normal. Der Mitarbeiter wird ohnehin erst wirklich zufrieden sein, wenn er die Aufgabe erfolgreich hinter sich gebracht hat. Meist genügt ein wenig seelische und moralische Unterstützung. Aber was ist im schlimmsten Falle zu tun? Angenommen, der Mitarbeiter ist trotz aller vorher genannten Maßnahmen überhaupt nicht glücklich darüber, daß er die Aufgabe übernehmen soll. Dann muß man sich zunächst fragen, ob man überhaupt die richtige Person für diesen Job gewählt hat.

Das überaus wichtige Thema der Motivation und echten Engagements wird im nächsten Kapitel behandelt.

Vereinbarung einer Nachbesprechung

Nach unserer Meinung ist es sowohl für den Vorgesetzten als auch für den Mitarbeiter immer von Nutzen, sich nach Abschluß einer Aufgabe zusammenzusetzen und zu besprechen, wie die Sache gelaufen ist. Hier können Stärken nochmals hervorgehoben und Verbesserungsmöglichkeiten besprochen werden. Angenommen, der Mitarbeiter hält während Ihrer Abwesenheit eine Präsentation. Bei der Nachbesprechung werden Sie hören, welche Erfahrungen er gemacht hat, aus denen er und Sie lernen können. Wenn die Sache erfolgreich abgeschlossen wurde, haben Sie bei dieser Gelegenheit außerdem die Möglichkeit, sich dafür zu bedanken.

Einzelheiten der Gesprächsführung bei einer solchen Nachbesprechung werden ab Seite 200 ausführlich behandelt.

Beendigung des Gesprächs

Ein guter Abschluß des Gesprächs ist wichtig. Erinnern Sie noch einmal an die „Rettungsleine", und bedanken Sie sich für die Unterstützung.

Im folgenden finden Sie eine Zusammenfassung der zu beachtenden Hauptpunkte bei der Vorbereitung des Gesprächs und während des Delegierungsgesprächs. Sie können sie als Checkliste benutzen. Denken Sie aber daran, daß nicht unbedingt alle Faktoren immer zutreffen müssen.

ZUSAMMENFASSUNG

Vorbereitung des Delegierungsgesprächs

- Beachten Sie, daß das Ziel klar, (wenn möglich) meßbar und realistisch sein sollte und das Ergebnis, den Termin und jegliche Einschränkungen aufzeigen muß.

- Beachten Sie die Hintergründe: Aufgabe, Person, eventuelle Kenntnislücken.

- Unterscheiden Sie die verschiedenen Ebenen:
  - Ebene 1: keine Erfahrung,
  - Ebene 2: Grundkenntnisse,

- Ebene 3: ausreichende Erfahrung,
- Ebene 4: sehr erfahren.

■ Entscheiden Sie über die erforderliche Handlungsvollmacht.

■ Stellen Sie die Kontrollpunkte heraus (falls sie vergessen wurden).

■ Ermutigen und unterstützen Sie den Mitarbeiter bei der Vorbereitung.

■ Planen Sie genügend Zeit für das Gespräch ein.

Richtlinien für das Delegierungsgespräch

Einleitung

■ Sorgen Sie für eine entspannte Atmosphäre.

■ Erklären Sie beim ersten Gespräch die Hintergründe: warum die Sache gemacht werden muß, warum dieser Mitarbeiter gewählt wurde, den Zweck des Gesprächs.

Hauptthema

■ Klären Sie, ob die Aufgabe machbar ist, d.h. Prüfung der Arbeitsauslastung.

■ Klären Sie Fähigkeiten, Kenntnisse und Lücken.

■ Stellen Sie die Verantwortlichkeiten klar, bzw. helfen Sie dabei.

■ Zeigen Sie Vertrauen (Lob, keine Schmeicheleien).

■ Fragen Sie effektiv – offen, forschend, klärend.

■ Fassen Sie zusammen, was für Sie beide nützlich ist.

■ Beziehen Sie den Mitarbeiter weitestgehend und je nach Erfahrung ein, und entscheiden Sie, ob Sie kleinere Fehler zulassen oder vermeiden.

■ Fertigen Sie den Plan, möglichst weitgehend auf den Vorstellungen des Mitarbeiters basierend, gemeinsam an.

■ Besprechen Sie potentielle Schwierigkeiten und den möglichen Umgang damit.

■ Erteilen Sie die angemessene Handlungsvollmacht.

RICHTIG DELEGIEREN

- Besprechen und vereinbaren Sie Kontrollen.
- Bieten Sie eine „Rettungsleine" an.

Effektiver Abschluß

- Fassen Sie die wichtigsten Aktionen und Vereinbarungen noch einmal zusammen.
- Klären Sie, welches Gefühl der Mitarbeiter bei der Sache hat.
- Vereinbaren Sie eine Nachbesprechung.
- Erinnern Sie zum Abschluß an die „Rettungsleine", und bedanken Sie sich.

KAPITEL 9

Wie erhält man echtes Engagement?

■ Überblick

Es ist sehr schwer zu beurteilen, ob man von dem Mitarbeiter, an den man eine Aufgabe delegiert, *echtes* Engagement erhält. Irgendwann im Leben haben wir alle schon einmal zu etwas „Ja" gesagt, ohne wirklich dahinterzustehen. In diesem Kapitel geht es darum, den Mitarbeiter so zu unterstützen, daß er eine Aufgabe wirklich übernehmen möchte und es nicht nur deshalb tut, *weil er keine andere Wahl hat!*

Realistisch gesehen, ist dies nicht bei jeder Aufgabe und bei jedem Mitarbeiter, an den man delegiert, zu erreichen. Gelegentlich muß man auch für langweilige, alltägliche Arbeiten um Hilfe bitten, bei denen begeistertes Engagement kaum zu erwarten ist. In diesem Kapitel geht es aber um Situationen, in denen man Engagement wirklich erzielen kann.

■ Ziele

Wenn Sie dieses Kapitel gelesen haben, sollten Sie

◆ wissen, wie echtes Engagement aussieht und wie man es erreicht,
◆ wissen, was für Sie selbst motivierend ist und wie Sie die wichtigsten Motivationsfaktoren für die Mitarbeiter Ihrer Abteilung erkennen,
◆ wissen, was zu tun ist, wenn man kein echtes Engagement erhält.

RICHTIG DELEGIEREN

▉ Inhalt

◆ Was ist echtes Engagement?
◆ Wo benötigt man echtes Engagement, wo genügt Akzeptanz?
◆ Wie erreicht man dieses echte Engagement?
◆ Was tun, wenn man trotz allem kein echtes Engagement erreicht?

WAS IST ECHTES ENGAGEMENT?

Unter Engagement kann man eine Art Versprechen verstehen. Ein Versprechen kann freiwillig gegeben werden oder aber mehr oder weniger „erzwungen" worden sein. Um den Unterschied aufzuzeigen, wollen wir, ohne schon auf das Delegieren einzugehen, einmal Wohltätigkeitsspenden als Beispiel nehmen. Sie sehen im Fernsehen eine Wohltätigkeitsveranstaltung, bei der Spenden für Hilfsleistungen gesammelt werden sollen. Sie finden dies sinnvoll und möchten gerne einen Beitrag leisten. Also leisten Sie per Kreditkarte eine Spende. Hier haben Sie echtes Engagement gezeigt, niemand hat Sie dazu gezwungen, und Sie haben freiwillig gespendet.

Als Gegenbeispiel nehmen wir einen Bekannten, der Sie vor anderen Freunden oder Kollegen fragt, ob Sie ihm eine Spende für ein Projekt geben würden, hinter dem Sie nicht wirklich stehen. Es ist eher unwahrscheinlich, daß Sie in dieser Situation „Nein" sagen werden, oder? Sie geben also ein Versprechen, das aber mehr oder weniger erzwungen ist. Jeder kann in solche Situationen kommen, und normalerweise machen wir uns nicht viel daraus, denn der gewisse Zwang ist ja nicht sehr schlimm, und letztendlich dient es ja „einem guten Zweck". Hier muß man sich aber fragen: „Hätte ich mich für dieses Projekt auch freiwillig engagiert, etwa auf eine schriftliche Bitte um eine Spende reagiert?" Wenn dies nicht wirklich der Fall ist, dann wurde das Versprechen dazu also in irgendeiner Form erzwungen. Sie wollten eigentlich nicht spenden, fühlten sich aber dazu „verpflichtet".

Die Gefühle, die bei diesen beiden unterschiedlichen Situationen entstehen, können sehr verschieden sein. Das gleiche trifft auch beim Delegieren zu. Um die beiden oben genannten Beispiele von Engagement zu unterscheiden, sprechen wir in dem einen Fall von *echtem Engagement*, im anderen Fall dagegen von *Akzeptanz*.

■ Der Unterschied zwischen echtem Engagement und Akzeptanz

Unter Engagement verstehen wir die freiwillige Zustimmung des Mitarbeiters, die Aufgabe bestmöglich zu erledigen. Unter echtem Engagement versteht man noch eine Steigerung hierzu: Der Mitarbeiter will die Aufgabe wirklich übernehmen und zeigt Begeisterung. In diesem Zusammenhang könnte man auch sagen, der Mitarbeiter ist „motiviert". Unter Motivation verstehen wir, „jemanden zu ermutigen, freiwillig und mit Begeisterung sein Bestes zu geben". Wenn dieser Punkt erreicht ist, würde man sagen, der Mitarbeiter ist „motiviert". Vielleicht ist Ihnen der Ausdruck „motiviert und engagiert" lieber als „echtes Engagement". Unseres Erachtens gibt es unzählige Situationen, in denen die erfolgreiche Durchführung einer Aufgabe stark von dem Willen und der Begeisterung der betreffenden Person abhängt.

Unter einfacher „Akzeptanz" verstehen wir die etwas widerwillige Zustimmung, eine Aufgabe zu erledigen. Der Mitarbeiter meint, die Aufgabe übernehmen zu *müssen,* ist aber wenig begeistert davon.

WO BENÖTIGT MAN ECHTES ENGAGEMENT, WO GENÜGT AKZEPTANZ?

Diese Entscheidung ist oft nicht leicht und selten eindeutig. Im folgenden finden Sie eine Reihe von Situationsbeispielen. Lesen Sie diese durch, und entscheiden Sie selbst, ob hier echtes Engagement oder einfach nur Akzeptanz von seiten des Mitarbeiters gefragt ist. Überlegen Sie auch die Gründe. Im Anschluß daran können Sie Ihre Meinung aufschreiben.

Situation 1

Eine Vorgesetzte hat bei einem Mitarbeiter in ihrer Abteilung Entwicklungspotential entdeckt. Sie weiß, daß der Betreffende weiterkommen möchte, aber auch zu Hause Verpflichtungen hat (sich um den alten Vater kümmert). Die

RICHTIG DELEGIEREN

Vorgesetzte beabsichtigt, die Vorbereitung eines Entwicklungsplanes an den Mitarbeiter zu delegieren. Neben anderen Dingen wird dieser Plan auch passende Trainingsmethoden zur Entwicklung der erforderlichen Fähigkeiten und Kenntnisse aufzeigen. Es stehen verschiedene Möglichkeiten zur Verfügung, z. B. Kurzlehrgänge, arbeitsbegleitende Fortbildung und hochschulähnliche Lehrgänge, bei denen noch zusätzliche, eigenständige Arbeit gefragt ist.

Situation 2

Der Stallmeister eines Gestüts bereitet eine wichtige Vorführung für das kommende Wochenende vor. Die Besitzerin des Gestüts hat soeben angerufen, um ihm mitzuteilen, daß sie kurzfristig ein Team bei einem Rennen angemeldet hat, da sich dies durch einen Rückzieher von anderer Seite angeboten hat. Normalerweise würde der Stallmeister das Paradegeschirr für das Rennteam vorbereiten, er muß sich jedoch in den nächsten zwei Tagen vor der Show mit dem Training der Pferde beschäftigen. Folglich muß er das Herrichten der Geschirre, die schmutzig sind und bis zu dem Rennen makellos sein müssen, weiterdelegieren. Das Problem besteht darin, daß das einzige Stallmädchen derzeit schon für die anderen einspringt, die beim Aufbau der Arena mithelfen. Sie fühlt sich ohnehin schon ziemlich alleingelassen und wird von der zusätzlichen Arbeit nicht gerade begeistert sein.

Situation 3

Der Geschäftsführer einer lokalen karitativen Einrichtung muß die Aufgabe delegieren, die Gemeindevertreter von der Notwendigkeit zu überzeugen, für eine Wohltätigkeitsveranstaltung das städtische Schwimmbad für einen Tag kostenlos zur Verfügung zu stellen. Der Geschäftsführer ist an dem Abend, für den die Gemeindesitzung anberaumt wurde, aus wichtigen Gründen verhindert. Bei dem letzten Mitarbeitergespräch, das etwa vierzehn Tage zurückliegt, hatte einer seiner Mitarbeiter den Wunsch geäußert, hin und wieder einmal mit einer richtigen Herausforderung konfrontiert zu werden. Dieser Mitarbeiter hat eine Menge kreativer Ideen, aber noch wenig Erfahrung, diese „an den Mann zu bringen". Außerdem werden einige der Gemeindevertreter schwer zu überzeugen sein.

Situation 4

Der Geschäftsführer eines großen Kaufhauses wurde gerade vom Vorstand gebeten, die Quartalszahlen vorzubereiten und bei der nächsten Aktionärsversammlung vorzulegen. Diese Versammlung besteht aus sieben Personen, vier Aktionären und drei Vorstandsmitgliedern, die ebenfalls Aktionäre sind. Der Geschäftsführer erklärt, daß er an dem Tag der Aktionärsversammlung als Gastredner (und Ehrengast) bei einer Handelskonferenz sprechen wird und deshalb nicht persönlich an der Versammlung teilnehmen kann. Der Vorstand sieht das zwar ein, kann aber die Versammlung nicht verschieben, so daß ein Stellvertreter geschickt werden muß. Die Stellvertreterin, die hier normalerweise einspringen würde, befindet sich gerade in Mutterschaftsurlaub und wird bis zum Zeitpunkt der Versammlung nicht zurück sein. Der Geschäftsführer wird zwar die Zeit haben, alle Zahlen vorzubereiten, aber deren Präsentation vor der Aktionärsversammlung muß an einen Mitarbeiter aus der Abteilung delegiert werden. Der von dem Geschäftsführer dafür ausgewählte Mitarbeiter kennt sich mit der Form dieser Zahlen aus und hat bereits einige weniger offizielle interne Präsentationen durchgeführt. Es ist aber bekannt, daß es ihm bei Präsentationen vor einem formelleren Publikum noch etwas an Selbstvertrauen fehlt. Einen anderen Mitarbeiter, der die Aufgabe übernehmen könnte, gibt es nicht in der Abteilung.

Entscheiden Sie, ob in diesen Situationen Engagement oder Akzeptanz gefragt ist. Geben Sie auch die Gründe an.

RICHTIG DELEGIEREN

■ Unsere Sicht dieser Situationen

Vielleicht haben Sie auch bereits überlegt, wie man in der jeweiligen Situation vorgehen könnte. Deshalb finden Sie auch hierzu einige Vorschläge.

Situation 1

Hier ist echtes Engagement gefragt, und der Mitarbeiter ist ja schon auf dem besten Wege dahin. Er will weiterkommen. Echtes Engagement ist für den Ausbildungsplan unerläßlich, wenn dieser effektiv sein soll, insbesondere auch deshalb, weil er Einfluß sowohl auf das Arbeits- als auch auf das Privatleben nehmen wird. Wenn man dem Mitarbeiter die Wahl der Ausbildungsmethoden überläßt, kann er die wählen, die für ihn am geeignetsten sind, seinen Lernmethoden entsprechen und sich mit seinen anderen Verpflichtungen vereinbaren lassen. Der Mitarbeiter muß persönlich Verantwortung für den Plan übernehmen, mit widerwilliger Akzeptanz wird es nicht funktionieren.

Wenn die Vorschläge des Mitarbeiters mit dem Ausbildungsbedarf übereinstimmen und realistisch sind, würden wir sie unverändert akzeptieren.

Situation 2

Realistisch gesehen, ist hier nur Akzeptanz gefragt. Es handelt sich um eine Routinearbeit, und das Stallmädchen fühlt sich vermutlich sowieso schon wie „Aschenputtel", so daß wahrscheinlich keine Möglichkeit besteht, hier Begeisterung zu wecken.

Der Stallmeister muß nur erklären, warum die Angelegenheit bis zu der Vorführung erledigt sein muß und warum sie die Arbeit übernehmen muß. Da sie noch genug andere Arbeit hat, wird sie nicht begeistert sein, aber es bleibt keine andere Wahl. Wenn sie ihre Sache gut macht, würden wir versuchen, sie beim nächsten Mal bestimmt mit zur Vorführung zu nehmen, würden dies aber zu diesem Zeitpunkt noch nicht erwähnen für den Fall, daß doch noch etwas Unvorhergesehenes dazwischenkommt. Wenn es dann soweit ist, würden wir ihr die Entscheidung mitteilen und auch begründen.

Situation 3

Hier ist wieder echtes Engagement gefragt. Einfache Akzeptanz reicht nicht. Der Mitarbeiter bittet um eine Herausforderung. Diese Aufgabe ist eine

Herausforderung. Die Frage ist jedoch, ob es eine *realistische* Herausforderung ist. Der Mitarbeiter hat zwar Erfahrung, aber vielleicht mangelt es ihm etwas an Selbstvertrauen, was diese spezielle Situation anbelangt. Für einen erfolgreichen Auftritt vor dem Gemeinderat ist unserer Meinung nach echtes Engagement unerläßlich. Der Mitarbeiter muß davon überzeugt sein, daß er die Aufgabe bewältigen kann, und er muß es wollen.

Hier könnte auch die Kreativität des Mitarbeiters ins Spiel gebracht werden, indem er überlegt, wie er der Sache Nachdruck verleihen kann. Auch wenn er über einige Erfahrung verfügt, wäre hier ein „Probelauf" mit Fragen sinnvoll, um das Selbstvertrauen zu steigern und dem Mitarbeiter zu beweisen, daß er mit dieser Herausforderung fertig wird.

Situation 4

Hier handelt es sich um eine schwierige Angelegenheit – Engagement „hart an der Grenze". Der Mitarbeiter kennt den Aufbau der Zahlen und hat bereits Präsentationen erstellt. Vielleicht sind Sie der Meinung, „Akzeptanz" sollte ausreichen, da die Präsentation an diesem Termin stattfinden muß und der Mitarbeiter sowieso der einzige ist, der einigermaßen damit umgehen kann. Es gibt keine andere Wahl. Außerdem legt der Mitarbeiter lediglich die Zahlen vor, und man wird ihm nicht die Fragen stellen, die eventuell an seinen Vorgesetzten gerichtet würden.

Da der Mitarbeiter aber von seiner Fähigkeit, offizielle Präsentationen durchzuführen, wenig überzeugt ist, erscheint hier „echtes Engagement" wünschenswert. Es wird niemandem nützen, wenn er „auseinandergenommen wird"! Obwohl es hier ja nur um eine recht kleine Gruppe geht, handelt es sich doch um ziemlich hochrangige Personen. Und wie das Leben so spielt, könnten sie einige recht schwierige Fragen aufwerfen und Antworten darauf erwarten! Wenn der Mitarbeiter die Aufgabe nur widerwillig akzeptiert hat, wird sich dies wahrscheinlich spätestens hier zeigen. „Es tut mir leid, das weiß ich nicht. Schließlich bin ich hier ja nur eingesprungen."

Der Vorgesetzte muß also sehr behutsam vorgehen. Zunächst muß er Akzeptanz erreichen. Danach sollte er aber versuchen, soviel Engagement wie möglich zu erzielen, indem er auf die Kenntnisse der Zahlen und auf vorherige Präsentationen als Beweis für die Fähigkeiten des Mitarbeiters hinweist. Der Vorgesetzte sollte dem Mitarbeiter helfen, sein Selbstvertrauen zu stärken, und ihn fragen, wie er ihn unterstützen kann. Falls der Mitarbeiter es wünscht, kann der Geschäftsführer den Vorstand auch bitten, Fragen in bezug auf das gegen-

RICHTIG DELEGIEREN

wärtige Management bis zu seiner Rückkehr zurückzustellen. Das ist für den Mitarbeiter wahrscheinlich eine große Entlastung.

Bei der Entscheidung, ob echtes Engagement gefordert ist oder ob Akzeptanz genügt, spielen einige Schlüsselfaktoren eine wichtige Rolle.

Echtes Engagement des Mitarbeiters ist gefragt, wenn

- die Aufgabe als Herausforderung angesehen wird, z. B. Entscheidungen an Ihrer Stelle zu treffen sind,
- die Aufgabe der Weiterentwicklung dient (innerhalb der Arbeit oder für eine Beförderung) und sie dem Mitarbeiter ermöglicht, seine Fähigkeiten und Kenntnisse zu erweitern,
- Sie die Aufgabe delegieren, um den Mitarbeiter zu motivieren, etwa um ihm eine interessantere Arbeit zu geben,
- der tatsächliche Wille für den Erfolg wichtig ist, wenn z. B. Freizeit geopfert wird, um die Aufgabe zu erledigen.

Akzeptanz genügt, wenn

- es sich um eine einfache Aufgabe für den Mitarbeiter handelt, die als langweilig oder alltäglich angesehen wird, wenn Sie z. B. den Text für einen Bericht schreiben und den Mitarbeiter bitten, einige Zahlen für Sie zusammenzustellen, damit Sie rechtzeitig fertig werden,
- sowieso keine andere Wahl bleibt und der betreffende Mitarbeiter die Aufgabe übernehmen muß, obwohl er normalerweise nicht damit beauftragt würde (aber erwarten Sie dann nicht die gleiche Leistung wie von jemandem mit echtem Engagement). Solche Situationen können sich oft in Krisenfällen ergeben. Angenommen, Sie brauchen dringend einige Daten aus dem Computer, können sie aber nicht selbst ermitteln, weil Sie anderweitig beschäftigt sind. Der einzige für diese Aufgabe zur Verfügung stehende Mitarbeiter hat vielleicht am wenigsten Erfahrung mit dem Computer und wird wesentlich länger brauchen, um die benötigten Daten zu besorgen.

Generell ist es ganz wichtig, darauf zu achten, daß der Mitarbeiter überhaupt in der Lage ist, die Aufgabe zu erledigen, da er sie sonst als „unmöglich" ansieht.

Beim Delegieren gibt es zahlreiche Situationen, bei denen der Wille und die Begeisterung für eine erfolgreiche Erledigung der Aufgabe unabdingbar sind. Wie erfolgreich wird ein Stellvertreter sein, wenn er nicht gewillt ist, die Stellvertreterrolle zu übernehmen und sich dafür zu engagieren? Manche Manager scheinen jedoch *grundsätzlich* echtes Engagement erzielen zu wollen, weil sie meinen, daß man so mit Menschen richtig umgeht. Das ist zwar lobenswert, aber nicht realistisch (ähnlich realistisch wie die Erwartung, ein Achtzehnjähriger sollte täglich um 22 Uhr zu Hause sein). Wie Sie sehen, kann man echtes Engagement nicht in jedem Fall erreichen!

> **S**treben Sie nicht nach echtem Engagement, wenn alles, was Sie – realistisch gesehen – erwarten (und benötigen), einfache Akzeptanz ist!

Wie bereits erwähnt, gibt es zahlreiche Situationen, in denen echtes Engagement absolut unverzichtbar ist, und wir wollen uns nun ansehen, wie man dies erreicht.

WIE ERREICHT MAN DIESES ECHTE ENGAGEMENT?

Bevor wir fortfahren, schreiben Sie bitte aus Ihrer eigenen Erfahrung auf, was Ihnen hierzu einfällt – sei es von der delegierenden oder der empfangenden Seite aus.

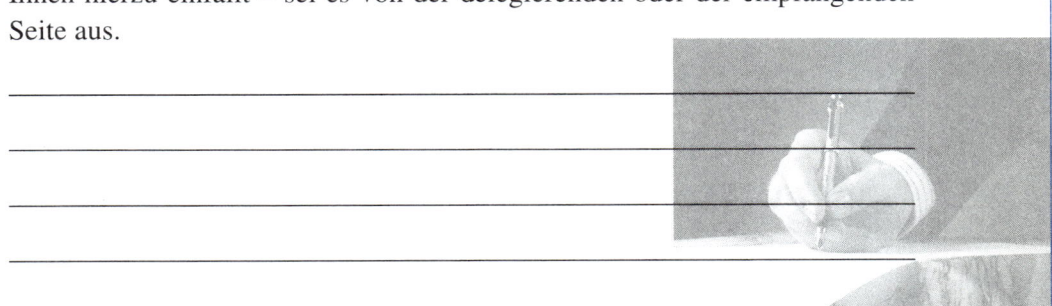

_____

_____

_____

_____

_____

Wir haben echtes Engagement als freiwillige Zustimmung des Mitarbeiters, die Aufgabe bestmöglichst zu erledigen, definiert. Bei echtem Engagement entsteht der Eindruck, daß der Mitarbeiter die Aufgaben wirklich lösen will und begeistert davon ist. Er ist also motiviert. Unserer Meinung nach gibt es

RICHTIG DELEGIEREN

fünf Richtlinien, die man befolgen sollte, um echtes Engagement (Motivation) zu erzielen:

- realistische Erwartungen haben,
- die Mitarbeiter in den gesamten Prozeß einbeziehen,
- zeigen, daß kleinere Fehler akzeptiert werden,
- erläutern, welche Vorteile die Übernahme dieser Aufgabe dem Mitarbeiter bringt,
- beim Delegieren, um die Motivation zu steigern, vorher feststellen, was den Mitarbeiter *wirklich* motiviert.

Realistische Erwartungen haben

Nehmen wir an, die Aufgabe und der Mitarbeiter, an den delegiert werden soll, stehen fest. Dabei haben Sie festgestellt, daß Lücken bei Fähigkeiten oder Kenntnissen in gewisser Weise problemlos zu handhaben sind. Ihre Erwartungen sind realistisch, weil Sie der Meinung sind, daß der Mitarbeiter entweder lernen kann, die Aufgabe erfolgreich zu bewältigen, oder bereits dazu in der Lage ist. Das Problem besteht darin, daß der Mitarbeiter möglicherweise nicht davon überzeugt ist.

Wie bereits gesagt, kann man dem Mitarbeiter während des Gesprächs das Zutrauen in seine Fähigkeiten vermitteln, indem man ihm Beispiele gibt. Man sollte aber nicht vergessen, daß man als Vorgesetzter womöglich eine Aufgabe als Herausforderung ansieht, während sie dem Mitarbeiter als unmöglich erscheint. In diesem Fall kann man kein Engagement erwarten. Wenn Sie dem Mitarbeiter aus früherer Erfahrung seine Fähigkeiten „belegen" können, ist das gut, aber es werden natürlich nicht immer solch klare Beweise zur Verfügung stehen. Gelegentlich muß man sich einfach auf sein Urteil verlassen oder „aus dem Bauch heraus" entscheiden. Dabei kann man eventuell auch danebenliegen. Heißt das also, Ihre Erwartungen könnten unrealistisch sein? Möglicherweise ja, aber das muß nicht der Fall sein. Um dies zu klären, muß man mit dem Mitarbeiter sprechen und ihm deutlich machen, warum man das Gefühl hat, daß er eine Aufgabe bewältigen wird. Auch mögliche Bedenken müssen besprochen werden.

> Als ich Mitte Zwanzig war, leitete ich eine von zwei Sektionen in einer Abteilung eines großen Maschinenbauunternehmens. Mein Chef fuhr zu

einem zweiwöchigen Seminar und brauchte einen Stellvertreter. Die Wahl zwischen einem der beiden Sektionsleiter lag nahe. Ich arbeitete erst wesentlich kürzer in diesem Bereich als mein Kollege, der jedoch zu diesem Zeitpunkt außerordentlich beschäftigt war. Mit seiner Zustimmung fragte deshalb mein Chef mich, ob ich die Vertretung für ihn übernehmen könne. Ich nehme an, daß ich damals ganz anständige Arbeit leistete, war jedoch noch nie für meinen Chef eingesprungen. Er hatte also keine Beispiele, um mir zu beweisen, daß ich dazu fähig war. Was er jedoch tat, war sehr klug. Zu Beginn des Gesprächs hatte ich angedeutet, daß ich mir nicht sicher sei, ob seine Erwartungen in mich realistisch seien. Er sprach von verschiedenen Anforderungen, die auftreten könnten (einschließlich eines Problems, bei dem eine unangenehme Entscheidung zu treffen war), und fragte mich, wie ich damit umgehen würde. Ich möchte nicht behaupten, daß ich auf alle Fragen die richtige Antwort hatte, aber er baute mein Selbstvertrauen so auf, daß ich den Eindruck gewann, ich könnte es schaffen, obwohl ich so etwas vorher noch nie gemacht hatte. Mit anderen Worten, ich war jetzt überzeugt, daß seine Erwartungen doch realistisch waren (und meine Antworten hatten ihm dies vielleicht auch nochmals bestätigt). Obwohl man einige Dinge sicher hätte besser machen können, sagte er mir bei einer Nachbesprechung: *"Na also, Sie haben die Firma nicht in den Bankrott getrieben. Es besteht also kein Grund, daß Sie beim nächsten Mal nicht wieder die Vertretung für mich übernehmen. Ich danke Ihnen."*

■ Die Mitarbeiter in den gesamten Prozeß einbeziehen

Zwischen Einbeziehung und Engagement besteht eine starke Verbindung; je mehr man einen Mitarbeiter in den Prozeß einbezieht, desto stärker fühlt er sich für das Ergebnis mitverantwortlich.

Über das Einbeziehen und die Bedeutung effektiver Fragen haben wir bereits gesprochen (siehe Seite 144, 148). Derartige Fragen ermutigen, sie prüfen und klären die Ansichten des Mitarbeiters und führen ihn zu dem Ziel, das Sie sich für das Gespräch gesetzt haben. Wenn Sie wirklich auf den Mitarbeiter hören und seine Anregungen aufgreifen, wird er sich für den Plan auch persönlich engagieren.

Es ist ganz wichtig, die Vorschläge des Mitarbeiters auch zu nutzen. Manche Vorgesetzte fragen zwar nach der Meinung des Mitarbeiters, ignorieren diese aber anschließend!

Pseudo-Demokratie vermeiden

Pseudo-Demokratie bedeutet, daß zwar nach Vorschlägen gefragt wird, daß auch vernünftige Vorschläge gemacht werden, daß dann aber etwas völlig anderes gemacht wird, da die Entscheidung ohnehin schon vorher feststand. „Frau Becker, was meinen Sie, wie man an diese Sache herangehen sollte?" „Nun, meiner Meinung nach müssen wir das in einem persönlichen Gespräch mit dem Kunden klären, Herr Schuster." „Das ist eine prima Idee, aber ich habe mich schon dafür entschieden, es schriftlich zu machen." (Wenn Ihnen so etwas schon einmal passiert ist, wissen Sie genau, was für ein Gefühl das ist!)

Es gibt noch eine weitere Situation, die ziemlich nach Pseudo-Demokratie aussieht. Manchmal wird „Einbeziehung" mit „zu Rate ziehen" verwechselt. Der Vorgesetzte glaubt, einen Mitarbeiter einzubeziehen, fragt aber statt dessen nach seinem Rat: „Ich werde einmal hören, was er meint, und dann entscheiden, was wir am besten tun" (um Rat fragen). Der Mitarbeiter sieht dies jedoch anders: „Er fragt nach meiner Meinung, also hält er sich auch daran. Warum würde er sonst fragen?" (Einbeziehung).

Wenn Sie versuchen, Engagement durch Einbeziehung zu erlangen, müssen Sie auch bereit sein, die Ideen des Mitarbeiters aufzugreifen, vorausgesetzt natürlich, daß diese zu verwirklichen sind. Wenn ein Vorschlag grundsätzlich gut ist, aber in irgendeinem Punkt vielleicht Probleme verursachen könnte, dann sollten Sie erklären, daß Ihnen die Gesamtidee gefällt, Sie jedoch in einem Punkt Bedenken haben, und fragen, wie man dieses Problem lösen könnte. Falls dem Mitarbeiter keine Lösung einfällt, fragt er vielleicht nach Ihren Ideen. Er ist also immer noch voll einbezogen, bezieht aber auch Sie mit ein, weil er selbst keine Lösung findet. Auch wenn es sich dann nicht mehr ausschließlich um die Idee des Mitarbeiters handelt, wird er wahrscheinlich immer noch engagiert sein, da man ihm die Chance zu einer eigenen Lösung gegeben hat.

Immer Einbeziehung, um Engagement zu erzielen?

Nicht immer ist Einbeziehung erforderlich, um Engagement zu erreichen. Die freiwillige und begeisterte Zustimmung, eine Aufgabe zu übernehmen, kann auch direkt vom Mitarbeiter ausgehen. Nehmen wir an, Sie haben einen Stellvertreter, der schon oft in Vorstandssitzungen erfolgreich für Sie eingesprungen ist, d. h., er ist auf Ebene 4 einzuordnen. Sie müssen ihn wieder um Vertretung bitten. Ist hier wirklich noch viel Einbeziehung erforderlich, um Engagement zu erzielen? Der Stellvertreter kennt sich aus und weiß, daß er in der Lage ist, mit der Situation umzugehen. Sie erklären also nur kurz, was zu tun ist und warum, stellen sicher, daß die Aufgabe lösbar ist und daß er einverstanden ist, und dann überlassen Sie alles weitere ihm. Das dauert höchstens fünf Minuten. Alles andere hat hier schon längst stattgefunden, und das Engagement ist bereits vorhanden.

Auch in der folgenden Situation ist Einbeziehung nicht erforderlich, um Engagement zu erzielen: Der Mitarbeiter besitzt wenig oder gar keine Kenntnis über die Aufgabe und erwartet, daß Sie ihm erklären, was zu tun ist. Er ist damit zufrieden, die Aufgabe auf *Ihre* Weise anzugehen, weil er darauf vertraut, daß Sie es am besten wissen. Falls Sie in diesem Falle fragen, wie der Mitarbeiter die Sache anpacken würde, kann er möglicherweise keine brauchbaren Angaben machen. Mit wachsender Erfahrung ändert sich dies selbstverständlich. Dann sollte der Mitarbeiter auch mehr einbezogen werden, weil er jetzt eigene Ansichten entwickelt hat.

Priorität für die gewünschten Ergebnisse

Es kann passieren, daß man bei dem Versuch, das Engagement der Mitarbeiter zu erreichen, indem man sie einbezieht, das tatsächliche Gesamtziel aus dem Auge verliert. Dies wird im folgenden Beispiel deutlich:

> Vor kurzem ist im Regionalbüro eines öffentlichen Versorgungsunternehmens ein überarbeitetes Computerprogramm für die Erstellung von Cash-Flow-Berichten installiert worden. Bei der Überarbeitung war nur das Format der Berichte in eine übersichtlichere Form gebracht worden. Um die Mittagszeit ruft die Finanzabteilung bei dem zuständigen EDV-Leiter an und erklärt, daß es mit dem neuen Programm Probleme gebe, da die Berichte falsch ausgedruckt würden (Hoch- anstatt Querformat, so daß sich die Zahlen total verschieben). Dieses Problem muß schnell behoben werden, da der Vorstand um 16 Uhr die Zahlen benötigt. Normalerweise hätte sich der EDV-Leiter selbst darum gekümmert, aber da er andere dringende Verpflichtungen hat, muß er die Aufgabe delegieren. Einer seiner Programmierer ist sehr gut im Beheben solcher Störungen, und so

erklärt er ihm das Problem. Der Programmierer hat einige Bedenken, weil er sich mit dem überarbeiteten Programm nicht genau auskennt, und das Gespräch wird sehr technisch. Durch das Einbeziehen des Mitarbeiters kommen diverse neue Ideen zur Sprache, und es entsteht ein recht komplexer Plan, hinter dem der Programmierer voll und ganz steht.

Kurz nach 16 Uhr ruft der Leiter der Finanzabteilung den EDV-Leiter an und fragt nach den Berichten. *„Die sollten doch schon längst fertig sein."* Wie vom Donner gerührt überfällt den EDV-Leiter eine schlimme Befürchtung. Mit einem bestimmten Verdacht eilt er zu dem Programmierer. Der sieht sehr zufrieden mit sich aus; er hat das Problem entdeckt sowie sechs weitere kleine Fehler, die nichts damit zu tun haben, und er hat deshalb beschlossen, *das Programm noch einmal neu zu schreiben!*

Er hat einen Riesenspaß dabei, ist aber noch lange nicht fertig damit, und das ursprüngliche Problem ist nach wie vor nicht gelöst.

Sie werden den Eindruck haben, daß hier sehr viel schiefgegangen ist (Ziel, Kontrollen usw.); dieser Meinung sind wir auch. Der Hauptgrund dafür liegt darin, daß die beiden sich so in eine Diskussion der Details vertieft haben, daß das Ergebnis (die Berichte vor 16 Uhr durch Behebung des Fehlers korrekt auszudrucken) völlig aus den Augen verloren wurde. Dieses falsche Vorgehen wäre eigentlich leicht zu vermeiden gewesen: den Fehler feststellen, die Berichte ausdrucken und dann erst den Rest des Programms durchgehen. Aber so etwas passiert leider immer wieder. Der EDV-Leiter hatte den Programmierer einbezogen, um dessen Bedenken zu zerstreuen, und der daraus resultierende Plan fand auch das volle Engagement des Mitarbeiters. Nur zielte das Engagement in diesem Fall auf die falsche Sache (zumindest zu diesem Zeitpunkt). *Das Thema wurde verfehlt!* Mit anderen Worten, der Mitarbeiter ist sehr engagiert, willig und begeistert für eine Sache, die völlig an dem gewünschten Ergebnis vorbeigeht.

■ Zeigen, daß kleinere Fehler akzeptiert werden

Auch der Umgang mit kleineren Fehlern wurde bereits in einem vorhergehenden Kapitel behandelt, soll hier aber nochmals aufgenommen werden, da es ein wichtiger Faktor ist, wenn man echtes Engagement erzielen möchte.

Unter einem kleineren Fehler verstehen wir einen Fehler, der das angestrebte Ergebnis nicht negativ beeinflußt. Es wäre z. B. ein kleinerer Fehler, in einer Präsentation fünf Minuten für unnötige Details zu vergeuden. Ein großer Fehler wäre es, nicht überzeugend auf die Zuhörer zu wirken, denn dies wirkt sich auf das Ergebnis aus.

Niemand geht freudestrahlend zu seinem Henker, was einige Manager jedoch anscheinend erwarten. Man kann kein Engagement von jemandem erwarten, der die Erfahrung gemacht hat, nach Beendigung einer Arbeit nur getadelt zu werden. Leider heißt es oft, kleinere Fehler seien kein Problem, aber wenn es dann soweit ist, werden sie dennoch *nicht* akzeptiert. Man sollte zu seinem Wort stehen. Gehen Sie eine Angelegenheit so an, wie es Ihrem Stil entspricht, aber vergessen Sie nie, daß kleinere Fehler wahrscheinlich vorkommen, wenn jemand etwas Neues probiert. Das passiert jedoch und ist in Ordnung. „Ich erwarte keine Perfektion. Versuchen Sie Ihr Bestes, und lassen Sie mich wissen, wenn es Probleme gibt. Danach setzen wir uns zusammen und sprechen darüber, was man hätte verbessern können und was beim nächsten Mal zu berücksichtigen ist."

Entscheidungen der Mitarbeiter unterstützen

99 % der Mitarbeiter, an die eine Aufgabe einschließlich unabhängiger Handlungsvollmacht delegiert wurde, sind der Meinung, daß der Vorgesetzte hinter den Entscheidungen stehen muß, die sie treffen.

Eine weitere Art, kleinere Fehler zu akzeptieren, besteht darin, die Entscheidungen eines Mitarbeiters zu unterstützen, auch wenn man selbst etwas vielleicht anders gehandhabt hätte. Wenn man jemandem Handlungsvollmacht erteilt, so vertraut man auf sein Urteil, was nicht ausschließt, daß trotzdem kleinere Fehler vorkommen können. Angenommen, der Mitarbeiter muß unter vier Möglichkeiten entscheiden, von denen zwei naheliegen und funktionieren, während die beiden anderen wesentlich umständlicher sind. Der Mitarbeiter entscheidet sich für Nummer 1, während Sie Nummer 2 für besser gehalten hätten. Dies ist ein kleinerer Fehler, und Sie sollten die Wahl des Mitarbeiters unterstützen, auch wenn Sie die Angelegenheit später vielleicht nochmals diskutieren sollten, um für die Zukunft noch weitere Verbesserungen zu erreichen.

> Herr Fischer vertritt seinen Chef, der für zwei Wochen geschäftlich in die USA reisen muß. Kurz vor seiner Abreise verschickt der Direktor ein Rund-

RICHTIG DELEGIEREN

schreiben mit folgendem Wortlaut: *„Herr Fischer wird mich während meiner Abwesenheit in den nächsten zwei Wochen vertreten. Ich bitte um Kenntnisnahme, daß ich ihm für diese Zeit die Vollmacht erteilt habe, Entscheidungen in meinem Namen zu treffen."*
In dieser Zeit versagt eine wichtige Maschine ihren Dienst. Die darauf laufende Produktion ist für einen Kunden sehr dringend. Auch die anderen beiden Maschinen sind mit dringenden Arbeiten ausgelastet. Zusätzliche Produktionskosten für einen Auftrag dieser Größenordnung müssen genehmigt werden. Herr Fischer kennt die Einstellung seines Chefs, daß Lieferzusagen eingehalten werden müssen, und arrangiert schnellstens eine Weiterbearbeitung durch einen Subunternehmer, so daß der Auftrag pünktlich fertiggestellt werden kann. Nach seiner Rückkehr stimmt der Chef Herrn Fischers Entscheidung völlig zu und zeichnet die Rechnung des Subunternehmers ab. Danach findet eine Unterredung unter vier Augen statt, in der besprochen wird, welche Alternativen sich außer dem Subunternehmer angeboten hätten.
„Ehrlich gesagt keine. Die anderen Maschinen waren voll ausgelastet, und dieser Auftrag war sehr dringend", erklärt Herr Fischer.
„Hätte man vielleicht die Produktion an dem dazwischen liegenden Wochenende mit der einen oder beiden funktionierenden Maschinen erstellen können?"
„Stimmt. Das wäre wahrscheinlich billiger gewesen als ein Subunternehmer, und wir hätten den Termin auch einhalten können", muß ein etwas beschämter Herr Fischer eingestehen.
„Ist schon in Ordnung. Wichtig ist, daß Sie etwas unternommen haben, und daß der Kunde seine Ware rechtzeitig bekommen hat. Und in Zukunft bedenken Sie alle Alternativen, die sich Ihnen bieten."
Welches Gefühl hätten Sie, wenn Sie den Direktor beim nächsten Mal wieder vertreten müßten?

■ Erläutern, welche Vorteile die Übernahme dieser Aufgabe dem Mitarbeiter bringt

Beim Delegieren wird der Vorgesetzte meist daran denken, welche Vorteile dies für die Abteilung bringt. Es darf jedoch nicht vergessen werden, welche *Vorteile es für den Mitarbeiter bedeutet,* der die Aufgabe übernehmen soll. Das ist natürlich nicht immer möglich, da nicht alle delegierten Aufgaben dem Mitarbeiter nutzen können, außer daß er sich vielleicht nützlich macht. Nehmen wir z. B. die Situation, daß Sie jemanden benötigen, der 20 Seiten mit Zahlen für Sie zusammenstellt, um Ihnen Zeit zu sparen. Eine solche Arbeit wird wahrscheinlich als ziemlich langweilig angesehen und bringt dem Mitarbeiter wahrscheinlich keine Vorteile. Bitte versuchen Sie hier auch keine zu finden. So etwas fällt sofort auf.

Vorteile deutlich machen

Die Vorteile für den Mitarbeiter sind manchmal, aber keineswegs immer eindeutig. Eine Erläuterung der Vorteile für die Abteilung oder das Unternehmen ist wichtig. Wir sprechen in diesem Kapitel über Engagement. Je mehr Vorteile ein Mitarbeiter für sich selbst bei einer Aufgabe erkennen kann, desto mehr wird er sich dafür engagieren und sie nicht nur einfach akzeptieren, weil sie getan werden muß. Machen Sie sich deshalb die Mühe, auch die Vorteile für den Mitarbeiter deutlich zu machen.

Es gibt kluge Kinder, die ein ganz natürliches Gefühl dafür haben: „Papi, Du könntest mir dieses Kleid doch schon jetzt (September) als Weihnachtsgeschenk kaufen." (Haben Sie die großen Augen bemerkt, mit denen Ihre Tochter Sie dabei ansieht?) Sie kaufen also das Kleid. Ihre Tochter hat Ihnen die Idee ganz geschickt als Vorteil für Sie verkauft (keine Ausgaben mehr zu Weihnachten, wenn sowieso so viel ausgegeben wird) und hat damit Ihr Engagement erzielt (oder nur Ihre Akzeptanz)?

Und was passiert an Weihnachten? Sie wissen es schon, nicht wahr? Eltern können hier nun einmal gar nicht anders handeln.

Bei der Vorbereitung auf das Delegierungsgespräch haben Sie sich über die Vorteile für den Mitarbeiter bestimmt schon Gedanken gemacht, z. B. Vorteil für die Weiterentwicklung, interessantere Aufgaben durch mehr Fähigkeiten usw. Leider sprechen viele Vorgesetzte diese Vorteile aber nicht an, weil sie davon ausgehen, daß die Vorteile klar oder ohnehin schon bekannt seien. Dies ist aber keineswegs immer der Fall.

Engagement und Einbeziehung hängen eng zusammen, und es ist wichtig, den Mitarbeiter zu fragen, welche Vorteile er für sich sieht, bzw. ihm diese aufzuzeigen, falls sie ihm nicht klar sind. Es wird Sie vielleicht überraschen, wie sehr sich die Auffassung des Mitarbeiters von Ihrer unterscheiden kann. Die Vorteile anzusprechen ist besonders wichtig, wenn man Engagement für eine Aufgabe sucht, die dem Mitarbeiter zur Weiterentwicklung dienen soll, damit dieser genau versteht, inwiefern die Aufgabe ihm helfen wird. Wenn ein Vorgespräch darüber geführt worden ist, welcher Entwicklungsbedarf bei dem Mitarbeiter besteht, sollte hier nicht mehr allzu viel zu erklären sein.

■ Beim Delegieren, um die Motivation zu steigern, vorher feststellen, was den Mitarbeiter wirklich motiviert

Beim Delegieren einer Aufgabe aus Gründen der Motivation ist echtes Engagement unabdingbar, wenn das gewünschte Ergebnis erzielt werden soll. Dazu muß man zunächst herausfinden, was einen Mitarbeiter tatsächlich motiviert, und die Aufgabe danach auswählen.

Das Thema „Motivation" ist äußerst komplex und könnte leicht ein eigenes Buch füllen. Hier kann nur ein Ausschnitt behandelt werden. Zunächst versuchen wir, Motivation zu definieren, überlegen dann, wie man herausfindet, was einen Mitarbeiter motiviert und wie man dies mit der Aufgabe in Verbindung bringen kann, um Engagement zu erzielen.

Was motiviert Sie? Bitte schreiben Sie auf, was Ihnen hierzu einfällt.

_____

_____

_____

_____

_____

Jetzt stellen Sie sich einen Kollegen vor, und schreiben Sie auf, was ihn möglicherweise motiviert.

_____

_____

_____

WIE ERHÄLT MAN ECHTES ENGAGEMENT? **KAPITEL 9**

Nun schreiben Sie bitte Ihre Definition von Motivation auf.

_____
_____
_____
_____
_____
_____
_____

Was ist Motivation

Finden Sie es auch schwierig, dies zu definieren? Seltsamerweise ist Motivation ein Wort, das wir regelmäßig benutzen, aber nur schwer definieren können. Eine allgemein übliche Definition in Wörterbüchern lautet: „etwas, was zum Handeln anspornt". Das Problem dieser Definition im Falle des Delegierens besteht darin, daß ein Anreiz sowohl positiv als auch negativ sein kann. Angst ist z. B. ein negativer Ansporn. Wenn sie groß genug ist, wird sie sicher auch zum Handeln zwingen! Bleibt jedoch die Frage, ob Angst der richtige Anreiz für eine delegierte Aufgabe ist. Wir sind nicht dieser Meinung.

Beinhaltet Ihre Definition Ausdrücke wie „freiwillig", „ermutigen" oder „helfen"? Dann sehen Sie Motivation im positiven Sinne wie wir auch.

> **Unsere Definition von Motivation**
>
> Jemanden dazu ermutigen, im Rahmen seiner Fähigkeiten sein Bestes zu geben.

Die Verbindung zwischen Engagement und Motivation

Engagement und Motivation sind nicht leicht gegeneinander abzugrenzen. Unter Motivation verstehen wir, einen Mitarbeiter so zu *ermutigen,* daß er für

RICHTIG DELEGIEREN

eine Aufgabe sein Bestes gibt. Engagement ist die freiwillige *Zustimmung* eines Mitarbeiters, die Aufgabe im Rahmen seiner Fähigkeiten bestmöglich zu erledigen. Wenn man also von einem Mitarbeiter, an den man eine Aufgabe delegiert, echtes Engagement (Zustimmung) erwartet, dann muß er motiviert (ermutigt) werden. Es versteht sich von selbst, daß die Motivation auch während der gesamten Aufgabe aufrechterhalten werden sollte.

Was motiviert einen Mitarbeiter?

Man kann kaum etwas Schlimmeres tun, als jemanden zu fragen, was ihn motiviert. (Mit Absicht haben wir diese Frage aber trotzdem gestellt.) Diese Frage mag zwar einfach erscheinen, ist jedoch äußerst komplex und schwer zu beantworten. Daher neigen viele dazu, einfache, naheliegende Antworten zu geben, z. B. Geld, ein besserer Firmenwagen, Beförderung usw. Die Frage „Was bringt Sie richtig in Gang?" wäre wahrscheinlich noch schwerer zu beantworten. Sie kommt aber dem, was man herausfinden möchte, am nähesten.

Versuchen wir es einmal mit einer etwas anderen Frage: Was macht Ihnen Spaß bei der Arbeit und warum? Bringen Sie dann diese Gründe in eine Rangfolge (viel Spaß, mittel, wenig). Inwieweit werden Sie dadurch angespornt, Ihr Bestes zu geben?

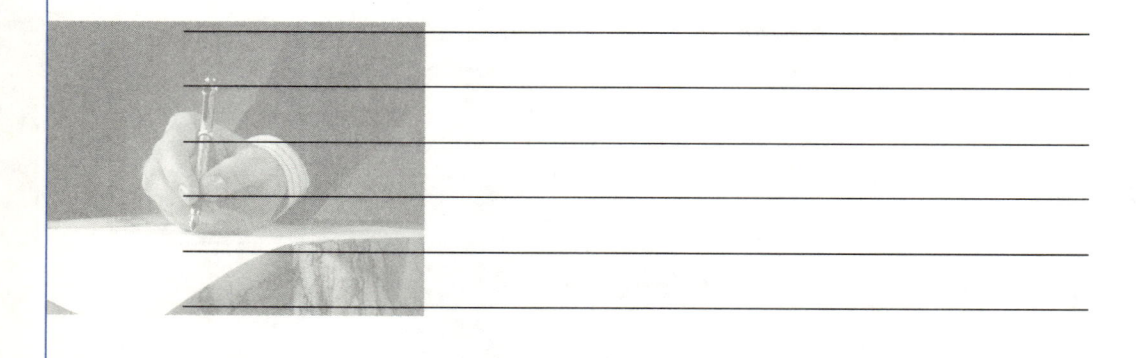

_____

_____

_____

_____

_____

_____

_____

Sind Ihnen dabei auch Schlüsselbegriffe aufgefallen? Beispielsweise daß alles, was Ihnen wirklich Spaß macht, mit Herausforderung und Erfolgserlebnis zu tun hat?

Fanden Sie diese Frage leichter zu beantworten als die Frage „Was motiviert Sie?" Welche Frage bringt genauere Kenntnis über das, was Sie wirklich motiviert? Die Antworten auf die letzte Frage scheinen nützlichere Informationen zu liefern, was bei der Arbeit *wirklich* motiviert. Spaß und Motivation hängen offensichtlich zusammen. Damit entsteht eine Situation wie mit dem „Huhn und dem Ei". Man weiß nicht, was zuerst da ist. Ist man motiviert, weil man Spaß an einer Arbeit hat, oder hat man Spaß an einer Arbeit, weil man motiviert ist? Ziehen Sie Ihre eigenen Schlüsse.

Im folgenden finden Sie eine Liste motivierender Faktoren. Die Zusammenstellung basiert auf eigenen und fremden Erfahrungen und wurde im Laufe der Jahre immer wieder ergänzt. Folgende Faktoren wirken sich positiv auf die Motivation aus:

- erreichen, was man sich vorgenommen hat,
- Herausforderungen,
- klare, realistische Ziele,
- interessante Arbeit,
- objektive Reaktionen auf die Leistung,
- Gelegenheit zur Beförderung bzw. zum Weiterkommen,
- Gelegenheit, Fähigkeiten und Kenntnisse zu erweitern,
- Anerkennung durch andere,
- Verantwortung (und Vertrauen).

Vergleichen Sie diese Auflistung mit dem, was Sie vorher auf die Frage „Was macht Ihnen Spaß bei der Arbeit und warum?" aufgeschrieben haben. Der Wortlaut mag unterschiedlich sein, aber deckt sich diese Liste nicht zum größten Teil damit? Wenn dies der Fall ist, können Sie die Zusammenstellung auch als Checkliste verwenden, um die Faktoren herauszufinden, mit denen Sie die Mitarbeiter Ihrer Abteilung motivieren könnten. Das genaue Vorgehen erklären wir später.

Wenn es größere Unterschiede zwischen Ihrer Liste und der obigen gibt, dann überlegen Sie, welche Änderungen oder Zusätze erforderlich sind, um die Liste für Ihre Zwecke einzusetzen.

Wir hatten Sie gebeten, die Faktoren aufzuschreiben, die sich Ihrer Meinung nach motivierend auf einen bestimmten Kollegen auswirken. Unterscheiden sich diese wesentlich von denen auf Ihrer persönlichen Liste? Einige Faktoren scheinen auf alle zuzutreffen, ihre jeweilige Bedeutung für den einzelnen kann aber sehr unterschiedlich sein. Beispielsweise kann Verantwortung bei einer Person der wichtigste Faktor sein, bei einer anderen aber erst an dritter Stelle stehen. Sind Sie sicher, daß die Faktoren, die Sie für den Kollegen gewählt haben, auch zutreffen? Die Antwort hängt natürlich davon ab, wie genau man die betreffende Person kennt. Trotzdem bleibt immer eine gewisse Unsicherheit. „Wie kann man es genau wissen, wenn man nicht danach fragt?" Und das ist genau der Punkt. Manche Vorgesetzte glauben zu wissen, was einem Mitarbeiter Spaß macht, anstatt zu versuchen, dies wirklich herauszufinden.

Der Vorgesetzte denkt: „Herr Schäfer geht nächstes Jahr in Rente. Er wird an der zusätzlichen Verantwortung für dieses neue Projekt nicht interessiert sein."
Herr Schäfer jedoch denkt: „Hoffentlich bekomme ich dieses neue Projekt. Ich habe schon so ziemlich alles gemacht, aber das wäre noch einmal eine Herausforderung, die ich gern übernähme."

> **U**m herauszufinden, was jemanden motiviert, sollte man keine Vermutungen anstellen, sondern fragen: „Welche Arbeit macht Ihnen Spaß und warum?"

Wenn Sie Ihren Mitarbeitern diese Frage stellen, halten Sie die Ergebnisse auf Ihrer eigenen Liste der motivierenden Faktoren fest. Listen Sie die einzelnen Faktoren links untereinander auf, und erstellen Sie rechts daneben für jeden Mitarbeiter eine Spalte. Wie bereits erwähnt, können die Präferenzen von Person zu Person verschieden sein. Im Laufe des Gesprächs finden Sie dies heraus.

„Was macht Ihnen Spaß und warum?"
„Die Ausarbeitung des Projektes im letzten Monat hat mir Spaß gemacht. Es war ganz neu, und niemand hatte vorher jemals so etwas versucht." (Herausforderung)
„Was sonst noch?"
„Ja, ich war mir nicht sicher, ob ich es schaffen würde, aber ich fühlte mich ganz toll, als ich es geschafft hatte (Erfolgserlebnis), *und ich fand es sehr nett, daß Sie meinen Namen auf die Vorderseite des Berichtes gesetzt haben."* (Anerkennung)
„Welches dieser Dinge war für Sie am wichtigsten?"
„Nun ... wahrscheinlich das Gefühl, daß ich eine Woche vor dem Termin mit allem fertig war." (Das Erfolgserlebnis ist für diesen Mitarbeiter sicherlich an erster Stelle einzuordnen.)

Nach dem Gespräch können Sie die einzelnen Faktoren auf Ihrer Liste entsprechend einordnen. Dabei ist zu beachten, daß die einzelnen Faktoren für eine bestimmte Person ziemlich konstant bleiben können, daß sich deren Bedeutung über Monate oder Jahre hinweg aber auch verändern kann. Beispielsweise kann es für einen Mitarbeiter, der erst über sechs Monate an Erfahrung verfügt, sehr wichtig sein, ein Erfolgserlebnis zu haben; nach zwei Jahren jedoch kann die Herausforderung am wichtigsten werden. Das Erfolgserlebnis ist damit nicht unbedeutend geworden, hat aber nun einen anderen Stellenwert. Wenn Sie also eine Liste führen, dann sollten Sie diese etwa jährlich überprüfen.

Die Frage der Motivation ist wichtig für Mitarbeiter, an die man delegieren will, aber auch für alle anderen Mitarbeiter der Abteilung. Um die Motivation der gesamten Abteilung herauszufinden, können Sie ebenfalls die Fragen von der Checkliste stellen.

Die Verbindung der motivierenden Faktoren mit der zu delegierenden Aufgabe

Wenn man diese Faktoren bestimmt hat, ist es unbedingt erforderlich, sie auch mit dem betreffenden Mitarbeiter abzustimmen: „Wie ich Sie verstanden habe, ist ein Erfolgserlebnis wichtig für Sie. Stimmt das?" Eine Fehlinterpretation und damit vielleicht auch die falsche Wahl einer Aufgabe können eher demotivierend wirken.

Ist dies geklärt, kann man nach den Fähigkeiten und Kenntnissen des Mitarbeiters aus den eigenen Aufgaben solche heraussuchen, die

- im Rahmen der Fähigkeiten des Mitarbeiters liegen,
- dem Mitarbeiter motivierende Faktoren bieten.

Bei dem Delegierungsgespräch sollten Sie auf die motivierenden Faktoren zurückkommen, über die Sie ja schon gesprochen haben, und kurz erläutern, warum Sie den Mitarbeiter für diese Aufgabe ausgewählt haben.

„Als wir neulich miteinander sprachen, erwähnten Sie, daß es im Moment keine Herausforderungen gibt, und daß Sie auf eine Gelegenheit warten, sich in Ihrem Job weiterzuentwickeln. Deshalb möchte ich Sie bitten, eine Arbeit für mich zu erledigen, was hoffentlich für uns beide von Nutzen sein wird. Interne Präsentationen erledigen Sie ja bestens, und ich denke, Sie können jetzt auch Kundenpräsentationen übernehmen. Es ist nicht

einfach, aber ich bin sicher, daß Sie Ihre Fähigkeiten auf diesem Gebiet hervorragend einsetzen können."

Wie erreicht man Engagement in dieser Situation?

Engagement bedeutet freiwillige und zustimmende Übernahme einer Aufgabe. Stellen Sie während des Gesprächs sicher, daß der Mitarbeiter die Aufgabe als Herausforderung und nicht als Unmöglichkeit ansieht. Außerdem ist Ihr Ziel die Motivation, reine Akzeptanz genügt also nicht. Beobachten Sie die Reaktionen während des Gesprächs, und machen Sie dem Mitarbeiter die Vorteile deutlich, die ihm die Aufgabe bringen wird. Stellen Sie „offene" Fragen: „Was meinen Sie, welche Herausforderung diese Aufgabe an Sie stellt? In welcher Form hilft Ihnen Ihrer Meinung nach diese Aufgabe bei Ihrer Entwicklung in Richtung Management?"

Indem Sie dem Mitarbeiter helfen, die Verbindung zwischen der Aufgabe und den für ihn wichtigen Faktoren herzustellen, erzeugen Sie Motivation. Ist dies nicht der Fall, dann wurde irgendwo etwas vergessen oder mißverstanden.

Am Ende des Gesprächs sollten Sie nochmals nachfragen, welches Gefühl der Mitarbeiter bei der Sache hat. Dabei sollten Sie vor allem darauf achten, ob echtes Engagement entstanden ist. Vergessen Sie nicht, daß widerwillige Akzeptanz nicht genügt.

WAS TUN, WENN MAN TROTZ ALLEM KEIN ECHTES ENGAGEMENT ERREICHT?

Nehmen wir an, am Ende des Gesprächs erhalten Sie eine Antwort wie: „Tut mir leid, Chef, aber ich bin gar nicht glücklich damit. Ehrlich gesagt, möchte ich das nicht machen" oder: „Ich nehme an, ich muß es machen, wenn Sie darauf bestehen."

Man könnte antworten: „Das ist Ihr Problem, mein Lieber. Sie werden es trotzdem tun!" Aber damit ist wahrscheinlich nicht viel Engagement zu erreichen. An diesem Punkt gibt es grundsätzlich drei Möglichkeiten, nämlich

- zu akzeptieren, daß man das nötige Engagement nicht bekommen wird, und deshalb an diesem Punkt aufzuhören,
- festzustellen, daß Engagement in diesem Fall unrealistisch oder unnötig ist, und daß etwas mehr als Akzeptanz auch ausreicht,
- herauszufinden, was schiefgelaufen ist, nochmals von vorne anzufangen und erneut zu versuchen, das nötige Engagement zu erzielen.

Akzeptieren, daß man das nötige Engagement nicht bekommen wird

Fehlendes Engagement zu akzeptieren ist ein für beide Seiten schwieriger Schritt. Man hat das Gefühl, daß es einem nicht gelungen ist, das nötige Engagement zu erzielen, und der Mitarbeiter, an den man delegieren wollte, hat den Eindruck, daß er seinen Vorgesetzten im Stich läßt.

Bevor Sie an diesem Punkt alles auf sich beruhen lassen, müssen Sie wirklich sicher sein, daß es ohne echtes Engagement nicht geht, wenn die Aufgabe erfolgreich erledigt werden soll, und daß Sie dieses Engagement auf keinen Fall bekommen. Möglicherweise haben Sie die Situation nur falsch eingeschätzt. Wenn Sie jetzt merken, daß auch Akzeptanz genügt, brauchen Sie hier nicht aufzuhören (siehe auch den folgenden Abschnitt). Vielleicht haben Sie das Gespräch auch nicht so geführt, wie Sie gehofft hatten. Wenn Sie immer noch den Eindruck haben, Engagement erzielen zu können, dann wird noch weitere Arbeit erforderlich sein (Hinweise dazu im letzten Abschnitt).

Nehmen wir den schlimmsten Fall an. Engagement ist absolut notwendig, und es gibt keine Möglichkeit, es zu bekommen, so daß Sie an diesem Punkt ein Ende setzen müssen. Das ist immer noch besser, als jemanden dazu zu zwingen, etwas zu tun, was von vornherein zum Scheitern verurteilt ist, und wofür Sie die Verantwortung tragen. Dabei kann jeder nur verlieren!

Die Frage ist nur, wie man die Angelegenheit beendet, ohne auf beiden Seiten zu großen Schaden anzurichten. Jeder ist in solch einer Situation betroffen. Sie haben eine solche Reaktion nicht erwartet, und der Mitarbeiter fragt sich, welche Auswirkungen das für ihn haben wird.

Versuchen Sie, möglichst gemeinsam zu der Entscheidung zu kommen, daß es besser ist, an diesem Punkt aufzuhören. Vielleicht sind Sie der Meinung, der Mitarbeiter sollte die Entscheidung allein treffen. Verständlich, aber überlegen Sie einmal, welches Gefühl er dann haben wird. Es ist dann zwar seine eigene

RICHTIG DELEGIEREN

Entscheidung, aber er wird sich Vorwürfe deswegen machen, obwohl er an der Situation gar keine Schuld hat, sondern Sie möglicherweise seine Fähigkeiten falsch eingeschätzt haben. Wenn dies der Fall ist, dann sollte man es auch eindeutig sagen.

> „Ich dachte, es wäre eine Herausforderung für Sie, aber ich habe mich geirrt. Ich verlange momentan doch noch zuviel von Ihnen. Das ist mein Fehler, nicht Ihrer. In ein paar Monaten, wenn Sie etwas mehr Erfahrung gewonnen haben, werden wir das bei Gelegenheit nachholen. Was halten Sie davon?"

Versuchen Sie, sich in die Situation des Mitarbeiters zu versetzen. Welchen Eindruck würde eine solche Aussage auf Sie machen? Unser Beispiel zeigt aber noch einen anderen ganz wichtigen Punkt auf: *Man muß deutlich machen, daß diese bestimmte Situation an zukünftigen Gelegenheiten nichts ändern wird,* denn in einer solchen Situation wird sich jeder fragen, welche Auswirkungen seine Reaktion auf die Zukunft haben wird. Die Frage wird natürlich selten explizit gestellt, sie steht aber im Raum und sollte deshalb auch beantwortet werden.

■ Engagement ist unrealistisch, etwas mehr als Akzeptanz reicht aus

Bei der Vorbereitung haben Sie entschieden, daß Engagement (eine freiwillige, begeisterte Zusage, die Aufgabe zu übernehmen) erforderlich ist. Während des Gesprächs wird Ihnen jedoch klar, daß Sie bestenfalls und realistisch gesehen nur etwas mehr als Akzeptanz erwarten können. Der Mitarbeiter ist zwar bereit, die Sache zu übernehmen, wird aber zunächst keine besondere Begeisterung zeigen, bis er damit angefangen hat und merkt, daß er es schaffen wird. Hierzu ein Beispiel.

> Eine Abteilungsleiterin wird gebeten, als Rednerin bei der nächsten internen Fortbildung zu sprechen. An einer solchen Weiterbildung haben Sie und ein Mitarbeiter ihrer Abteilung kürzlich schon teilgenommen. Die Abteilungsleiterin selbst hat keine Zeit und delegiert deshalb die Aufgabe an den Mitarbeiter. Dieser kennt sich sowohl mit Präsentationen als auch dem betreffenden Thema sehr gut aus, hat aber Bedenken, weil er noch nie im Weiterbildungsbereich aufgetreten ist, außer als Kursteilnehmer.

WIE ERHÄLT MAN ECHTES ENGAGEMENT? **KAPITEL** 9

Einerseits findet er es gut, daß man ihm die Aufgabe übertragen will, andererseits hat er Bedenken, daß es schiefgehen könnte. Die Abteilungsleiterin und der Mitarbeiter erstellen zunächst einen Plan, der auch einen Probelauf mit der Abteilung vorsieht. Die Abteilungsleiterin merkt, daß es während dieser Planungsphase ziemlich unrealistisch ist, große Begeisterung zu erwarten, da der Mitarbeiter sich noch zu unsicher ist (aber bereit, einen Versuch zu machen). Erst ein erfolgreicher Probelauf sorgt für das Engagement und die Begeisterung, so daß dann auch der „echte" Vortrag ein Erfolg wird.

Begeistertes Engagement kann in der Endphase erforderlich sein, kann aber möglicherweise nicht erwartet werden, bevor ein Teil der Aufgabe schon gelungen ist.

Herausfinden, was schiefgelaufen ist, nochmals von vorne anfangen

Trotz aller Bemühungen ist der Mitarbeiter vielleicht nicht überzeugt, und Sie müssen nochmals von vorne beginnen. Aber begehen Sie jetzt nicht den Fehler zu glauben, daß eine genaue Wiederholung das Problem lösen wird. Es nützt nichts, dasselbe Tonband nochmals ablaufen zu lassen. Haben Sie schon einmal beobachtet, wenn jemand versucht, einem Fremden, der kein Wort versteht, den Weg zu erklären? Zuerst spricht er laut, und wiederholt immer wieder das gleiche, was dem armen Menschen aber auch nicht weiterhilft.

Bevor man einen zweiten Versuch startet, sollte man sich also überlegen, *warum* man das notwendige Engagement nicht erreicht hat. Hier einige Möglichkeiten:

- Der Mitarbeiter sieht die Aufgabe als etwas Unmögliches, nicht als eine Herausforderung, weil Sie ihm nicht bewiesen haben, daß er die Fähigkeiten dazu besitzt.
- Der Mitarbeiter versteht nicht (oder hat vergessen), warum Sie gerade ihn für die Aufgabe auswählen.
- Der Mitarbeiter will sich absichern, falls etwas schiefgeht, z. B.: „Ich habe nur gesagt, daß ich es versuchen werde, weil Sie darauf bestanden haben. Ich war mir nicht sicher, und es ist nicht mein Fehler, daß es schiefgelaufen ist."

RICHTIG DELEGIEREN

Bestimmt fallen Ihnen noch andere Gründe ein. Stellen Sie über die Gründe aber keine Vermutungen an! Versuchen Sie gemeinsam, die Gründe herauszufinden, und stellen Sie sicher, daß Sie diese verstanden haben, bevor Sie weitere Schritte unternehmen. Dann sollte überlegt werden, wie das Problem gelöst werden kann. Vermeiden Sie, hier alle Antworten selbst zu geben. Sie sollten Hilfe anbieten und nicht vergessen, daß Einbeziehung und Engagement in enger Verbindung stehen. Nur weil man dem Mitarbeiter eine Antwort auf die Bedenken gibt, die er äußert, heißt das noch lange nicht, daß er auch davon überzeugt ist.

Möglicherweise ist Ihre Art, eine Aufgabe zu lösen, zwar gut gemeint, entspricht aber nicht unbedingt der Art, auf die der Mitarbeiter die Sache lösen möchte. Ermutigen Sie deshalb den Mitarbeiter zu eigenen Lösungsvorschlägen. Das trägt zur Motivation bei.

ZUSAMMENFASSUNG

- Echtes Engagement ist die freiwillige, begeisterte Zusage, eine Aufgabe bestmöglich zu erledigen.

- Versuchen Sie nicht, echtes Engagement zu erhalten, wenn nur Akzeptanz realistisch ist, z.B. bei langweiligen Aufgaben usw.

- Echtes Engagement erreichen Sie, indem Sie
   - sicherstellen, daß die Erwartungen realistisch sind,
   - den Mitarbeiter in den Prozeß einbeziehen,
   - kleinere Fehler akzeptieren,
   - dem Mitarbeiter die Vorteile aufzeigen, die diese Aufgabe für ihn bringt,
   - beim Delegieren, um die Motivation zu verbessern, sicher wissen, was den Mitarbeiter motiviert.

- Realistische Erwartungen erreichen Sie, indem Sie
   - erklären, warum Sie der Meinung sind, daß der Mitarbeiter zur Erledigung einer Aufgabe in der Lage ist,
   - erklären, warum Sie das Gefühl haben (erklären, was man nicht beweisen kann),
   - eventuelle Bedenken besprechen.

- Sie sollten den Mitarbeiter in den gesamten Prozeß einbeziehen.
  - Es gibt eine starke Verbindung zwischen Einbeziehung und Engagement.
  - Vermeiden Sie Pseudo-Demokratie, und tun Sie nicht nur so, als ob Sie den Mitarbeiter einbeziehen.
  - Achten Sie darauf, nicht das „Thema zu verfehlen".
  - Unterstützen Sie die Entscheidungen des Mitarbeiters wirklich.

- Stellen Sie die Vorteile heraus, die die Aufgabe für den Mitarbeiter mit sich bringt.
  - Wenn es keine gibt, sollten Sie keine erfinden!
  - Fragen Sie, welche Vorteile der Mitarbeiter in der Aufgabe sieht.

- Wenn Sie delegieren, um die Motivation zu verbessern, sollten Sie wirklich sicher sein, was den Mitarbeiter motiviert:
  - Die Motivation sollte positiv (Ermutigung) sein, nicht negativ (Angst).
  - Fragen Sie, welche Arbeit Spaß macht und warum.
  - Stellen Sie keine Vermutungen an.
  - Achten Sie bei der Auswahl der Aufgabe darauf, daß sie im Rahmen der Fähigkeiten des Mitarbeiters liegt und den gemeinsam erarbeiteten Motivationsfaktoren entspricht.
  - Klären Sie am Ende des Gesprächs nochmals, welches Gefühl der Mitarbeiter bei der Angelegenheit hat.

- Wenn Sie nicht das erwartete Engagement erhalten, gibt es drei Möglichkeiten:
  - Wenn Sie hier ein Ende setzen wollen, sollten Sie gemeinsam zu diesem Entschluß finden und betonen, daß dies keinen Einfluß auf zukünftige Gelegenheiten hat.
  - Möglicherweise ist Engagement in der gegenwärtigen Situation unrealistisch, und zunächst genügt Akzeptanz, d.h., Begeisterung für die Aufgabe entsteht erst, wenn ein erfolgreicher Anfang gefunden ist.
  - Finden Sie heraus, was falsch gelaufen ist, und beginnen Sie von vorne. Finden Sie die Gründe für das mangelnde Engagement mit Hilfe des Mitarbeiters heraus, und suchen Sie mit ihm gemeinsam eine Lösung für die Bedenken.

KAPITEL 10

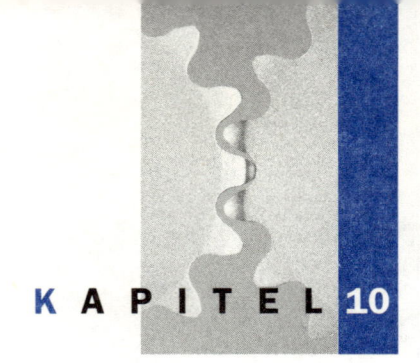

Kontrolle ohne Einmischung

■ Überblick

Eine jeweils angemessene, richtige Kontrolle ist für den Erfolg einer Aufgabe äußerst wichtig. Daß übermäßige Kontrolle vermieden werden sollte, haben wir bereits ausgeführt (siehe Seite 38). Die Schwierigkeit besteht darin, alles zu vermeiden, was irgendwie nach „Einmischung" (siehe Long John Silvers Papagei) aussieht.

Wie kann man also angemessen kontrollieren, ohne sich einzumischen? Diese Frage soll hier beantwortet werden. Neben dem Verständnis für die Notwendigkeit eines effektiven Kontrollsystems besteht der Trick darin, *den Mitarbeiter in den gesamten Prozeß der Kontrolle einzubeziehen!*

■ Ziele

Wenn Sie dieses Kapitel gelesen haben, sollten Sie

- ◆ wissen, wozu ein Kontrollsystem dient und wie es zu handhaben ist,
- ◆ wissen, wie man den Mitarbeiter in den gesamten Prozeß der Kontrolle einbezieht, um den Anschein der Einmischung zu vermeiden.

KONTROLLE OHNE EINMISCHUNG **KAPITEL 10**

■ Inhalt

◆ Was versteht man unter Kontrolle?
◆ Was ist ein Kontrollsystem?
◆ Wie bezieht man den Mitarbeiter in das Kontrollsystem ein?
◆ Die Nachbesprechung, ihre Bedeutung, Gesprächsführung.

WAS VERSTEHT MAN UNTER KONTROLLE?

Bitte schreiben Sie Ihre Definition von Kontrolle (beim Delegieren) auf, und geben Sie eine kurze Zusammenfassung, was ein effektives Kontrollsystem Ihrer Meinung nach umfassen sollte.

RICHTIG DELEGIEREN

■ Unsere Definition von Kontrolle

Unter Kontrolle verstehen wir die Überwachung der Ausführung der delegierten Aufgabe, damit das erwartete Ergebnis erfolgreich erzielt werden kann. Das bedeutet nicht, daß nur der Vorgesetzte kontrollieren kann. Während dieser den Gesamtüberblick über die Aufgabe behalten muß, kann der Mitarbeiter, an den die Aufgabe delegiert wurde, die täglichen Kontrollen durchaus sehr effektiv selbst bestimmen.

WAS IST EIN KONTROLLSYSTEM?

Nur zu wissen, was Kontrolle ist, hilft noch nicht bei der Handhabung. Was man braucht, ist eine Art Prozeß oder System, in dem die einzelnen Schritte, die befolgt werden müssen, festgehalten sind (siehe auch die Checkliste auf Seite 192).

KONTROLLE OHNE EINMISCHUNG **KAPITEL 10**

> **Ein effektives Kontrollsystem sollte**
>
> - bestimmen, was zu geschehen hat,
> - den Fortgang der Arbeit überwachen,
> - deutliche Abweichungen zwischen Planung und Ausführung feststellen,
> - rechtzeitig korrektive Maßnahmen veranlassen, damit das erwartete Ergebnis erreicht wird.

Die Schwierigkeit besteht darin, daß viele ein Kontrollsystem als etwas sehr Formelles ansehen. Tatsächlich benutzen wir aber alle jeden Tag irgendwelche Kontrollsysteme, ohne uns dessen bewußt zu sein. Autofahrer hören beispielsweise oft den Verkehrsfunk, so daß sie Staus rechtzeitig umfahren können und ihr Ziel pünktlich (oder zumindest ziemlich pünktlich) erreichen. Sicher fallen Ihnen noch mehr solche Beispiele ein.

Viele Menschen führen eine Liste der zu erledigenden Aufgaben, eine der häufigsten Formen eines Kontrollsystems. Denken Sie einmal an Ihr eigenes System, und vergleichen Sie es mit den oben aufgeführten Punkten.

Bevor wir uns mit den einzelnen Punkten befassen, vergleichen Sie, ob Ihre eigene Definition von Kontrolle und Kontrollsystemen sich wesentlich von der unseren unterscheidet. Worin bestehen die Unterschiede?

_____
_____
_____
_____
_____
_____
_____
_____

PLANUNG EINER PRÄSENTATION

Plan	Kontrollpunkte
Entwurf der Präsentation vorbereiten	bis 14. September 15 Minuten für Präsentation von Ziel, Vorschlägen und Vorteilen Entwurf am 15. September mit dem Vorgesetzten abstimmen
Probelauf der Präsentation vor der eigenen Abteilung bei der Abteilungssitzung	am 20. September 15 Minuten klare und präzise Präsentation mit Overheadfolien (erwartet der Kunde); schwierige Fragen der Abteilung (nach der Präsentation) beantworten
Präsentation fertigstellen	bis 24. September Sicherstellen, daß alle Punkte aus dem Probelauf berücksichtigt wurden Am 25. September mit dem Vorgesetzten besprechen
Kundenpräsentation	am 26. September um 10 Uhr Alle Bedenken ausräumen und Zustimmung zu dem Vorschlag erreichen
Nachbesprechung mit dem Vorgesetzten	am 3. Oktober Zusammenfassung des Gesprächs, der aufgekommenen Fragen und des Ergebnisses

■ Was geschehen sollte

Zunächst sollte festgelegt werden, was zu geschehen hat. Hier sollten nur die wirklich wichtigen Aktionen aufgeführt werden, also diejenigen, die im Falle eines Problems das Gesamtergebnis beeinflussen können. Wenn Sie schon einmal umgezogen sind, wissen Sie, daß es scheinbar Hunderte von Dingen gibt, um die man sich kümmern muß, damit alles reibungslos funktioniert. Diese sind möglicherweise alle sinnvoll, aber nur relativ wenige Dinge sind von absoluter Wichtigkeit. Es ist z. B. bestimmt kein Problem, wenn man vergißt, seinem Turnverein die neue Adresse sofort mitzuteilen. Wenn man aber vergißt, die neuen Hausschlüssel rechtzeitig zu besorgen, kann das zu einer Katastrophe führen.

Beim Auflisten dieser wirklich wichtigen Aktionen ist zu beachten, daß man nur das Ziel, aber nicht die konkrete Durchführung festlegt. Danach kann man dann die notwendigen „Kontrollpunkte" ableiten, die Überprüfung des Fortgangs und der Qualität der Arbeit vor allen kritischen Punkten, an denen es zu einem Problem kommen könnte.

Bei delegierten Aufgaben sollten die Kontrollpunkte immer die genauen Termine und die geforderte Qualität benennen. Beispielsweise könnte der Plan und die Kontrollpunkte für die Vorbereitung und Durchführung einer Kundenpräsentation ungefähr wie die Checkliste auf Seite 192 aussehen.

■ Was tatsächlich geschieht

Die Kontrollpunkte müssen rechtzeitig geprüft werden. Diese regelmäßige Überprüfung ist besonders bei langfristigen Projekten äußerst wichtig. Es wäre z. B. ziemlich sinnlos, die Liste der zu erledigenden Aufgaben monatlich zu überprüfen, wenn die darauf vermerkten Aufgaben innerhalb von Wochenfrist erledigt werden müssen.

Wenn die tägliche Kontrolle von dem Mitarbeiter selbst durchgeführt werden soll, benötigt er vielleicht einen Tip (oder eine kleine Erinnerung), wie man dabei am besten vorgeht, insbesondere, wenn die letzte Übernahme einer solchen Aufgabe schon eine Weile zurückliegt. Meist genügt eine Notiz (zu Terminen und Kontrollpunkten) im Terminkalender.

■ Gibt es deutliche Abweichungen zwischen Planung und Ausführung?

Ein gutes Kontrollsystem überprüft nicht nur die Ausführung, sondern macht auch deutlich, ob es irgendwelche wichtigen Abweichungen zwischen

RICHTIG DELEGIEREN

Planung und Ausführung gibt. Es geht hier aber wieder nur um die *wichtigen* Unterschiede!

Was tun Sie beispielsweise, wenn Ihr Kontoauszug mit der Post kommt? Wir möchten wetten, daß Sie sich zuerst den Endbetrag ansehen. Habe ich noch Geld zur Verfügung, oder bin ich pleite? Ein paar Mark hier oder da sind nicht wichtig, aber der Endbetrag zählt!

Bei delegierten Aufgaben sollte also immer darauf geachtet werden, ob sich wichtige Abweichungen ergeben. Nehmen wir das oben angeführte Beispiel. Wenn die interne Probepräsentation 30 statt 15 Minuten in Anspruch genommen hätte, wäre dies eine deutliche Abweichung. Wenn der Mitarbeiter eine oder zwei Fragen der Abteilungskollegen schwer zu beantworten fand, wäre das bestimmt noch keine wichtige Abweichung, denn niemand kann alle Fragen perfekt beantworten.

■ Rechtzeitig korrektive Maßnahmen veranlassen

Im Falle deutlicher Abweichungen der Ausführung von der Planung bringen rechtzeitige Korrekturen die Arbeit zurück auf den richtigen Weg, so daß das Ergebnis nicht gefährdet ist. Was aber ist *rechtzeitig*?

> **A**chten Sie darauf, daß das Kontrollsystem nicht nur festhält, was bereits passiert ist!

Leider sehen manche Kontrollsysteme so aus. Ist Ihnen schon einmal ein Bericht auf den Tisch geflattert, aus dem hervorging, daß vor einem Monat etwas schiefgelaufen ist? Als Kontrolle ist dieser Bericht nutzlos, da ein rechtzeitiges Eingreifen nicht mehr möglich ist.

Die einfachsten Kontrollsysteme sind oft die besten. Früher verschickten Banken z. B. sofort einen Kontoauszug, sobald ein Konto überzogen wurde. Der Minusbetrag erschien in roter Farbe. Alle weiteren Einzelheiten waren zweitrangig, aber die rote Farbe und der Kontoauszug außer der Reihe hatte eine deutliche Wirkung. Man konnte auch sofort korrektive Maßnahmen einleiten! Vielleicht hätte man es gar nicht erst dazu kommen lassen sollen?

Stimmt, aber solche Dinge passieren nun einmal. Wer von uns weiß heute schon immer genau, wieviel Geld er auf dem Konto zur Verfügung hat? Natürlich sollten wir darauf achten, dennoch ist dies nicht immer der Fall. Deshalb sind korrektive Maßnahmen so wichtig.

Es besteht ein Unterschied zwischen korrektiven Maßnahmen und Überbrückungsmaßnahmen. Eine korrektive Maßnahme geht die Ursache eines Problems an, während eine Überbrückungsmaßnahme sich mit der Auswirkung befaßt. Um bei dem überzogenen Bankkonto zu bleiben: Eine korrektive Maßnahme würde den Überziehungsgrund feststellen und etwas dagegen unternehmen; eine Überbrückungsmaßnahme wäre, etwas Geld von einem Sparkonto auf das laufende Konto zu überweisen, damit es wieder gedeckt ist.

> **K**orrektive Maßnahmen befassen sich mit der Ursache, korrigieren diese oder sorgen zumindest dafür, daß sie nicht wieder vorkommt.
> Überbrückungsmaßnahmen befassen sich mit den Auswirkungen und sollen diese möglichst reduzieren.
> Überbrückungsmaßnahmen sind zu oft erforderlich, weil es für korrektive Maßnahmen zu spät ist!

Erinnern Sie sich, daß wir bereits von Feuerbekämpfung und Feuervermeidung gesprochen haben (siehe Seite 55)? Als mein Chef mir vor vielen Jahren einmal den Unterschied deutlich machte, wurde mir einiges klar. Ich hatte vorher nie den Unterschied erkannt. Ich ergriff zwar immer Maßnahmen, aber leider waren es meistens Überbrückungsmaßnahmen – also „Feuerbekämpfung". Leider betreiben viele Manager auch meistens „Feuerbekämpfung", obwohl eine rechtzeitige korrektive Maßnahme das Feuer von vornherein vermeiden könnte. Das erfordert vielleicht ein wenig mehr Zeit und Nachdenken, aber es lohnt sich. Manchmal sind beide Maßnahmen erforderlich. Aber man sollte nicht vergessen, daß Überbrückungsmaßnahmen nur eine Notlösung sind. Langfristig sind korrektive Maßnahmen richtig, damit die Ursachen eines Problems behoben werden.

Um auf unser Beispiel mit der Präsentation zurückzukommen: Bei einer Überprüfung des Plans und einem Probelauf können noch rechtzeitig korrektive Maßnahmen eingeleitet werden, bevor die Präsentation bei dem Kunden stattfindet.

RICHTIG DELEGIEREN

> **D**er Mitarbeiter sollte möglichst in den gesamten Prozeß der Kontrolle einbezogen werden, damit eine effektive Kontrolle gewährleistet ist und nicht der Eindruck entsteht, daß der Vorgesetzte sich einmischt.

WIE BEZIEHT MAN DEN MITARBEITER IN DAS KONTROLLSYSTEM EIN?

Sie vertrauen darauf, daß der Mitarbeiter in der Lage ist, die Arbeit zu übernehmen, und Sie vertrauen ihm Ihre Handlungsvollmacht an. Vertrauen Sie auch darauf, daß er mit Ihnen gemeinsam ein Kontrollsystem erarbeiten kann, das eine erfolgreiche Erledigung der Aufgabe garantiert. Hier ist vor allem wichtig, möglichst gemeinsam zu entscheiden, wo sinnvollerweise Kontrollpunkte zu setzen sind, damit

- der Fortgang der Arbeit überprüft (und nötigenfalls geändert) werden kann, damit das geforderte Gesamtergebnis fristgerecht und in einer angemessenen Form erzielt wird,
- wichtige Entscheidungen besprochen werden können, um alle Kriterien zu erfüllen,
- der Mitarbeiter, der die Aufgabe übernimmt, eine Bestätigung für einen ordnungsgemäßen Verlauf hat.

■ Planung festlegen

Der Vorgesetzte und der Mitarbeiter sollten gemeinsam die Planung festlegen. Der Vorgesetzte kennt das übergeordnete Ziel, d.h. das geforderte Ergebnis. Wenn der Mitarbeiter dieses Ziel für realistisch hält, wird er vermutlich vorschlagen, wie und wann er es zu erreichen gedenkt. Falls der Mitarbeiter bisher nur mit ähnlichen Aufgaben Erfahrung sammeln konnte, bedarf es hier möglicherweise noch einiger Unterstützung, aber man sollte immer versuchen, zunächst die Ansichten des Mitarbeiters zu erfragen.

Bei der Planung des Kontrollsystems geht es hauptsächlich darum, den Mitarbeiter zu ermutigen, Vorschläge zu machen, wann er sich wieder mit Ihnen treffen möchte, um den Fortgang der Arbeit zu besprechen.

Wahrscheinlich setzt der Mitarbeiter die gleichen Kontrollpunkte, die auch Sie festlegen würden, aber so vermeiden Sie, Long John Silvers Papagei spielen zu müssen. Außerdem identifiziert sich der Mitarbeiter so mehr mit seinem Plan. Er legt selbst Kontrollpunkte fest; also wird er sich auch dafür verantwortlich fühlen, sie einzuhalten.

■ Überwachung der Ausführung

Wer am meisten mit einer Angelegenheit befaßt ist, kann die Ausführung am besten überwachen, so daß genügend Zeit zum Reagieren bleibt. In einem Fußballspiel müssen die Spieler kurzfristig Entscheidungen treffen. Die Zuschauer haben zwar eine Menge Ratschläge parat, aber nicht sie sind es, die mit dem Ball über das Feld laufen. Auch beim Delegieren kann die Überwachung durchaus von dem Mitarbeiter selbst übernommen werden, vorausgesetzt, er kennt die Gründe und geht entsprechend vor. Deshalb muß er in den Prozeß der Planung des Kontrollsystems einbezogen werden. Auch hier fragt man am besten, wie der Mitarbeiter vorgehen würde. Das erscheint selbstverständlich, aber leider handeln viele Vorgesetzte in der Praxis nicht danach.

■ Abweichungen erkennen

Auch diese Aufgabe sollte am besten durch den Mitarbeiter erledigt werden. Er muß nur wissen, was unter einer „deutlichen" Abweichung zu verstehen ist. Wie bereits erwähnt, muß der Vorgesetzte hier gegebenenfalls Handlungsvollmacht delegieren, damit unabhängige Entscheidungen getroffen werden können. Dabei sollten auch gewisse Grenzen vorgegeben sein, damit deutliche Abweichungen erkannt werden können. Dazu zwei Beispiele:

Finanzielle Grenzen

Der Vorgesetzte delegiert die Aufgabe, einen neuen Computer zu kaufen, an einen Mitarbeiter und setzt das Preislimit auf 4 500 DM +/– 10 %. Damit weiß der Mitarbeiter, daß alles, was über 5 000 DM und unter 4 000 DM liegt, eine deutliche Abweichung darstellt. Wenn das am besten geeignete Gerät also mehr oder weniger kostet, sollte mit dem Vorgesetzten Rücksprache gehalten werden, bevor der Kauf getätigt wird.

Zeitliche Grenzen

Der Vorgesetzte delegiert die Erstellung eines Abteilungsberichts für die nächste Sitzung am kommenden Freitag an einen Mitarbeiter, und es wird vereinbart, die Ergebnisse am Donnerstag um 15 Uhr gemeinsam abzustimmen. Damit weiß der Mitarbeiter, daß er seine Zeit frei planen kann, daß die Ergebnisse aber bis zu dem Treffen mit dem Vorgesetzten am Donnerstag vorliegen müssen. Alles, was diesem Termin in irgendeiner Weise entgegenstünde, wäre eine deutliche Abweichung und müßte umgehend mit dem Vorgesetzten besprochen werden.

■ Korrektive Maßnahmen

Wenn bereits einmal Probleme aufgetreten sind, wenn z. B. Termine verpaßt wurden, sollte darüber gesprochen werden, was der Mitarbeiter (oder der Vorgesetzte) idealerweise tun sollte, um das Problem zu vermeiden bzw. um richtig damit umzugehen, falls es wieder auftritt.

Ein mit dem Mitarbeiter abgestimmtes Kontrollsystem, bei dem er überprüft, wie eine Angelegenheit vorangeht, wird es ihm, der ja direkt „an der Front" sitzt, auch ermöglichen, rechtzeitig zu reagieren.

Dazu wieder ein Beispiel, das zeigen soll, wie sinnvoll es ist, ein Kontrollsystem gemeinsam zu entwickeln und dann der Verantwortung des Mitarbeiters zu überlassen:

> Die Geschichte handelt von einer Sekretärin in einem Trainingscenter. Dort werden die verschiedensten Kurse angeboten, und die Kursteilnehmer wohnen auch immer in dem dazugehörigen Wohnheim. Die Kursräume und auch die Unterkünfte werden von mindestens fünf verschie-

denen Abteilungen aus gebucht, so daß leicht einmal verwaltungstechnische Fehler (Doppelbuchungen oder vergessene Reservierungen) vorkommen können. Sie werden vielleicht sagen: *„Dem könnte man mit einer vernünftigen Organisation doch vorbeugen."* Das stimmt, aber wir sind ja alle nur Menschen, und man kann beim besten Willen nicht allem vorbeugen. Oder was würden Sie antworten, wenn der Geschäftsführer sagt: *„Ich brauche für nächste Woche vier große Trainingsräume. Tut mir leid, daß ich das erst so kurzfristig anmelde, aber wir brauchen sie unbedingt an diesem Tag."*

Einer der Ausbilder erteilt seiner Sekretärin die Aufgabe, diese Reservierungen zu überwachen, um sicherzustellen, daß wirklich alle Kurse wie geplant stattfinden können, wofür er verantwortlich ist. Sie besprechen auch, was zu tun ist, wenn ein Problem auftritt, z.B. eine Doppelbuchung, und vereinbaren, daß der Kurs und die Kursteilnehmer in einem solchen Fall in ein Hotel am Ort zu verlagern sind. Danach wird ein entsprechendes Budget abgestimmt, nachdem man bei mehreren örtlichen Hotels, die gerne auch kurzfristig ihre Dienste anbieten, Angebote eingeholt hat.

Ein solches Problem tritt erstmals auf, als der Vorgesetzte gerade in Urlaub ist. Es ist Freitag, und der Kurs soll am kommenden Montag stattfinden. Da der Umgang mit solchen Problemen vorher geklärt war, kann die Sekretärin ohne Rückfrage bei irgend jemandem die Sache in die Hand nehmen. Sie nimmt Kontakt mit den Hotels auf, entscheidet, welches sich in diesem Fall am besten eignet, und arrangiert alles Notwendige innerhalb einer Stunde. Hätte sie vorher noch Rücksprache halten, sich eine Genehmigung holen und dann alles organisieren müssen, wäre der Kurs wahrscheinlich nicht mehr zustande gekommen. So kommen die Kursteilnehmer am Sonntagabend im Trainingscenter an und werden gleich an das in der Nähe liegende Hotel weitergeleitet, wo schon alles für sie bereit ist.

RICHTIG DELEGIEREN

DIE NACHBESPRECHUNG, IHRE BEDEUTUNG, GESPRÄCHSFÜHRUNG

Auf den ersten Blick scheint die Nachbesprechung nichts mehr mit dem Kontrollsystem zu tun zu haben. Sie ist jedoch der letzte Schritt in dem Kontrollprozeß. Nun, da die Aufgabe erledigt ist, wird das Ergebnis mit dem ursprünglichen Ziel verglichen, und es wird besprochen, wie der Mitarbeiter die Sache gemeistert hat. Dabei kann man Stärken und auch eventuelle Verbesserungsmöglichkeiten für die Zukunft herausstellen.

■ Gründe für eine Nachbesprechung

Nachbesprechungen sind wichtig, weil jeder gerne wissen möchte, wie er etwas gemacht hat! Wenn eine Aufgabe erfolgreich abgeschlossen ist, hört man oft vom Vorgesetzten nur ein „Danke", und das war's. Manch einer hält sich an die Philosophie: „Wenn etwas schiefläuft, unterhalten wir uns darüber. Wenn etwas gutgeht, lasse ich Sie in Ruhe." Wenn man jemanden nach einer guten Arbeit „in Ruhe" läßt, werden die Gründe für die gute Erledigung nicht genannt, und außerdem wird die Gelegenheit verpaßt, die Stärken des Mitarbeiters nochmals hervorzuheben. Über einen einfachen Dank hinaus sollte man auch die Stärken des Mitarbeiters nochmals betonen und besprechen, was er aus der Aufgabe gelernt hat, und Verbesserungsmöglichkeiten für die Zukunft vereinbaren.

■ Gesprächsführung bei einer Nachbesprechung

Hier gibt es enge Parallelen zu einem Beurteilungsgespräch. Die Struktur ist sehr ähnlich. Der Hauptunterschied besteht darin, daß man über die Leistung bei einer bestimmten Aufgabe spricht und nicht über die gesamte Leistung während eines Zeitraums von sechs oder zwölf Monaten. Wenn Ihnen solche

Beurteilungsgespräche noch nicht geläufig sind, ist das nicht weiter tragisch. Im folgenden wird zusammengefaßt, worum es in dem Gespräch geht.

Die Dauer des Gesprächs hängt von der Komplexität der delegierten Aufgabe und von deren Durchführung ab. Man wird wohl kaum eineinhalb Stunden für die Besprechung einer Routineaufgabe aufwenden, die in 15 Minuten erledigt ist. Ein kurzes Wort des Dankes bringt hier viel mehr. Im folgenden geht es um die Besprechung der Durchführung von wichtigen Aufgaben.

Vorbereitung

Auch hier ist eine Vorbereitung ebenso wichtig wie für das Eingangsgespräch, bei dem die Aufgabe delegiert wird. Überlegen Sie zunächst, warum Sie den betreffenden Mitarbeiter für diese Aufgabe ausgewählt haben und ob das von Ihnen gesetzte Ziel erreicht worden ist. Wie wurde die Aufgabe erledigt? Wurde das Ziel erreicht oder überschritten? Danach sehen Sie sich an, was der Mitarbeiter besonders gut gemacht hat und warum und wo und wie noch Verbesserungen möglich sind. Auch hier kann man den Mitarbeiter bitten, sich ebenfalls auf das Gespräch vorzubereiten.

Mögliche Gesprächsstruktur

Als Hauptprinzip gilt auch hier wieder: „Der Mitarbeiter sollte weitestgehend einbezogen werden."

- Sorgen Sie für eine entspannte Atmosphäre, erklären Sie den Zweck des Gesprächs (die Durchführung der Aufgabe besprechen), und setzen Sie ein Ziel für das Gespräch.
- Überprüfen Sie das Ziel der Aufgabe.
- Fragen Sie den Mitarbeiter, welchen Eindruck er hat und wie das Ergebnis seiner Meinung nach ausgefallen ist.
- Fragen Sie, was gut gelaufen ist und warum.
- Fragen Sie, was man hätte besser machen können und wie.

Sagen Sie auf alle Fälle auch Ihre Meinung, aber versuchen Sie, möglichst viele Informationen von dem Mitarbeiter zu erhalten.

- Planen Sie, wie die Stärken des Mitarbeiters weiter gefördert werden können, und überlegen Sie, wo noch Verbesserungsmöglichkeiten bestehen.

RICHTIG DELEGIEREN

- ◆ Falls noch nicht geschehen, sollten Sie den Mitarbeiter jetzt fragen, was ihm diese Aufgabe seiner Meinung nach gebracht hat. Erklären Sie ihm auch, was Sie davon halten, daß er diese Aufgabe für Sie übernommen hat.
- ◆ Fassen Sie dann die Hauptpunkte zusammen, und bedanken Sie sich nochmals.

ZUSAMMENFASSUNG

- ■ Unter Kontrolle versteht man die Überwachung der Durchführung einer delegierten Aufgabe, damit das erwartete Ergebnis sicher erzielt wird.

- ■ Ein Kontrollsystem sollte
    - festlegen, was geschehen *soll,*
    - überwachen, was *tatsächlich* geschieht,
    - *deutliche Abweichungen* sichtbar machen,
    - *rechtzeitig korrektive Maßnahmen* veranlassen.

- ■ Stellen Sie sicher, daß das Kontrollsystem nicht nur eine Bestandsaufnahme ist.

- ■ Die einfachsten Kontrollsysteme sind oft die besten!

- ■ Beziehen Sie den Mitarbeiter in den gesamten Kontrollprozeß ein, damit der Eindruck vermieden wird, daß der Vorgesetzte sich „einmischt".
    - Legen Sie gemeinsam die wichtigsten Aktivitäten und Kontrollpunkte fest.
    - Beim Delegieren von Handlungsvollmacht können bestimmte Richtlinien helfen, möglicherweise deutliche Abweichungen festzustellen.
    - Fordern Sie den Mitarbeiter auf, selbst zu sagen, wann er sich wieder mit Ihnen treffen möchte, um den Fortgang der Arbeit zu besprechen.

- ■ Vertrauen Sie dem Mitarbeiter möglichst viel Kontrolle selbst an.

- ■ Die Nachbesprechung ist wichtig! Sie „schließt den Kreis". Das Gespräch sollte behandeln, was gut gelaufen ist und warum und wo noch Verbesserungsmöglichkeiten bestehen.

KAPITEL 11

Umgang mit Schwierigkeiten

■ Überblick

Trotz aller Vorbereitung verläuft die Erledigung delegierter Aufgaben nicht immer zufriedenstellend. Es schleichen sich immer wieder Fehler ein. Dieses Kapitel konzentriert sich darauf, was man bei Schwierigkeiten tun kann.

■ Ziele

Wenn Sie dieses Kapitel gelesen haben, sollten Sie

- ◆ wissen, wie man auftretende Schwierigkeiten erkennt,
- ◆ wissen, wie man diese Schwierigkeiten bespricht und löst,
- ◆ wissen, wann man Einhalt gebieten muß.

■ Inhalt

- ◆ Anzeichen erkennen.
- ◆ Schwierigkeiten besprechen.
- ◆ Die Wirkung gut gestellter Fragen.
- ◆ Rat und Anleitung vermitteln.
- ◆ Wann ist Einhalt zu gebieten?

RICHTIG DELEGIEREN

ANZEICHEN ERKENNEN

Das deutlichste Zeichen für Schwierigkeiten besteht darin, daß der Mitarbeiter, an den die Aufgabe delegiert wurde, die „Rettungsleine" ergreift und die Probleme mit Ihnen besprechen möchte. In diesem Fall braucht man einfach nur auf diese Bitte einzugehen.

Zum anderen sollte durch das gemeinsam erstellte Kontrollsystem sofort deutlich werden, wenn etwas schiefläuft, wenn z. B. Termine verpaßt werden oder der Qualitätsanspruch nicht erfüllt wird.

Schließlich gibt es noch ein drittes, ebenso wichtiges Anzeichen, das jedoch schwer zu fassen ist – das „Gefühl". Im täglichen Gespräch mit dem Mitarbeiter (in dem es nicht unbedingt um die delegierte Aufgabe gehen muß) hat man das „Gefühl", daß irgend etwas nicht stimmt, obwohl der Mitarbeiter nichts sagt und (bisher) auch noch keine Termine versäumt hat.

■ Anzeichen für die „Rettungsleine"

Während des Delegierungsgesprächs haben Sie dem Mitarbeiter gesagt: „Wenn im Verlauf der Arbeit irgendwelche Probleme auftreten, kommen Sie einfach zu mir, und wir sprechen darüber." Das tut der Mitarbeiter dann irgendwann auch. Hier müssen Sie sich dann nur Zeit nehmen. Falls das nicht sofort möglich ist, vereinbaren Sie einen festen Termin, und vertrösten Sie den Mitarbeiter nicht einfach auf später. Diesen Griff nach der „Rettungsleine" sollten Sie auf keinen Fall ignorieren, auch wenn der Mitarbeiter einfach nur ein wenig Rückenstärkung braucht. Sie müssen zu Ihrem Hilfsangebot stehen. Wenn Sie dem Gespräch ausweichen, bekommt der Mitarbeiter das Gefühl, daß Sie zwar die Hilfe angeboten haben, es Ihnen damit aber nicht ernst war.

■ Anzeichen des „Kontrollsystems"

Während des Delegierungsgesprächs haben Sie gemeinsam mit dem Mitarbeiter festgelegt, wie der Verlauf der Arbeit am besten zu kontrollieren ist, haben Kontrollpunkte (Termine/Prüfungen) gesetzt und Qualitätsstandards vereinbart. Anzeichen von Schwierigkeiten können sein:

UMGANG MIT SCHWIERIGKEITEN **KAPITEL 11**

- ungewöhnliche Erklärungen für nicht eingehaltene Termine,
- Ausweichen vor den Überprüfungsgesprächen,
- in Anbetracht der Fähigkeiten und Kenntnisse des Mitarbeiters wider Erwarten schlechtere Leistungen, z. B. die Nichteinhaltung gewisser Qualitätsstandards, die von beiden Seiten als realistisch vereinbart waren.

In solchen Situationen müssen Sie das Gespräch suchen und sich fragen, warum die „Rettungsleine" nicht ergriffen wurde.

■ Anzeichen des „Gefühls"

Hier sind allgemeine Ratschläge kaum möglich. Es lohnt sich aber, der Sache (vorsichtig) nachzugehen, wenn man das Gefühl hat, daß etwas nicht stimmt oder daß der Mitarbeiter Schwierigkeiten hat. Dies ist natürlich nicht mit den üblichen Bedenken zu verwechseln, die man womöglich hat, weil man für die Angelegenheit verantwortlich ist.

Oft ist es am besten, einfach ehrlich über seine Gefühle zu sprechen, etwa folgendermaßen: „Ich habe den Eindruck, Herr Arend, Sie haben irgendwelche Bedenken bei dieser Arbeit. Vielleicht täusche ich mich, aber wenn es irgend etwas gibt, das Sie besprechen wollen, sagen Sie es ruhig." Auf ein „Nein" hin müssen Sie die Sache fallenlassen. Vielleicht war Ihr Gefühl ja wirklich falsch. Möglicherweise läuft aber auch wirklich etwas schief, aber der Mitarbeiter möchte nicht darüber sprechen. In diesem Fall muß man abwarten, bis das Kontrollsystem weitere Anzeichen liefert.

SCHWIERIGKEITEN BESPRECHEN

Sie oder der Mitarbeiter haben bemerkt, daß es Probleme gibt und wollen sich nun zusammensetzen und versuchen, eine Lösung zu finden.

■ Vorbereitung

Auch hier ist Vorbereitung sinnvoll. Je nach Situation bleibt aber möglicherweise keine Zeit dazu, oder es besteht keine Notwendigkeit zu einem ausführlichen Gespräch. Dies kann der Fall sein, wenn entweder sofort gehandelt werden muß oder das Problem ganz einfach zu lösen ist.

Setzen Sie sich ein Ziel für das Gespräch; beachten Sie die Fähigkeiten, Kenntnisse und die bisherige Leistung des Mitarbeiters; ermitteln Sie mögliche Gründe für die Probleme, und überlegen Sie, was getan werden kann. Das tatsächliche Gespräch kann natürlich auch Gründe und Schwierigkeiten aufdecken, die Ihnen überhaupt nicht bekannt waren, und möglicherweise kann der Mitarbeiter selbst Lösungsvorschläge unterbreiten.

Wenn keine Gelegenheit besteht, das Gespräch vorzubereiten, sollten Sie sich möglichst zu Beginn des Gesprächs über Ihr Ziel klar werden. Dann hat auch der Mitarbeiter Gelegenheit, Vorschläge zu machen.

■ Das Gespräch selbst

Im folgenden finden Sie einige allgemeine Punkte zu dieser Art von Gesprächen und als Hilfestellung eine grobe Gesprächsstruktur.

Entspannte Atmosphäre

Die Eröffnung des Gesprächs ist wichtig. Versuchen Sie eine den Mitarbeiter einschüchternde Situation zu vermeiden. Das Gespräch soll ja keine „Hexenjagd" werden.

Es ist sehr wichtig, gleich zu Beginn klarzustellen, daß es in dem Gespräch darum geht, gemeinsam eine Lösung der Probleme zu finden. Sie sollten Ihren Ansatz erläutern, die Schwierigkeiten und deren Ursachen besprechen und gemeinsam entscheiden, was genau zu unternehmen ist.

Ihr Ansatz muß vor allen Dingen positiv („Wir werden eine Lösung finden") und unterstützend sein. Das ermutigt zu Initiative und bewirkt Engagement. Dies ist besonders wichtig, weil der Mitarbeiter womöglich das Gefühl hat, er habe wegen der auftretenden Schwierigkeiten versagt. Er wird sich also ziemlich betroffen fühlen, und vielleicht geht es Ihnen ebenso, da Sie ja letztlich die Verantwortung tragen. Das kann natürlich dazu führen, daß auch Sie selbst nicht besonders positiv eingestellt sind. (Hoffentlich sind die Probleme so rechtzeitig erkannt worden, daß noch Abhilfe möglich ist.)

Gesprächsstruktur

Hier kann nur eine grobe Gesprächsstruktur vorgeschlagen werden, da der Verlauf des Gesprächs sehr von den Informationen und Ideen abhängt, die der Mitarbeiter einbringt.

Welche Schritte bzw. Gebiete sollte Ihrer Meinung nach ein solches Gespräch über Probleme, die bei einer delegierten Aufgabe aufgetreten sind, umfassen?

_____

_____

_____

_____

_____

_____

Es kommt darauf an, den Mitarbeiter *so weit wie möglich einzubeziehen.* Er muß sich mit dem Plan zur Lösung der Schwierigkeiten identifizieren und wird sich mehr dafür engagieren, wenn er ihn selbst entwickelt oder zumindest dazu beigetragen hat.

GESPRÄCHSSTRUKTUR

- Sorgen Sie für eine entspannte Atmosphäre, erklären Sie Zweck und Ansatz des Gesprächs.
- Vereinbaren Sie das Ziel des Gesprächs.
- Überprüfen Sie, was bisher gut gelaufen ist und warum.
- Bitten Sie den Mitarbeiter, die Schwierigkeiten und deren Gründe zu erläutern.
- Fragen Sie nach seinen Lösungsvorstellungen (es sei denn, Sie wissen, daß er total „festgefahren" ist oder noch nicht über die erforderliche Erfahrung verfügt).

- Bieten Sie Anleitung und Ratschläge nur an, wenn dies angemessen ist.
- Entwickeln Sie gemeinsam einen Plan, wie mit den Schwierigkeiten umzugehen ist.
- Beschließen Sie gemeinsam, was nun getan werden muß, um die Aufgabe erfolgreich abzuschließen.
- Fassen Sie die Hauptaktionen/Termine zusammen.
- Finden Sie heraus, welches Gefühl der Mitarbeiter nun hat.
- Wenn der ursprüngliche Termin für die Nachbesprechung nicht mehr passend erscheint, vereinbaren Sie einen neuen Termin.

Sicherlich haben Sie einige Parallelen zu dem ursprünglichen Delegierungsgespräch erkannt. Folgende Aspekte sollten Sie aber darüber hinaus besonders beachten:

- die Wirkung gut gestellter Fragen,
- das Vermitteln von Rat und Anleitung,
- das Wissen, wann Einhalt zu gebieten ist.

DIE WIRKUNG GUT GESTELLTER FRAGEN

Die Bedeutung effektiver Fragen haben wir bereits behandelt (siehe Seite 144) und vorgeschlagen, wie diese beim Delegieren eingesetzt werden sollten. Obwohl das Gespräch bei auftretenden Schwierigkeiten etwas anders zu führen ist, ist die Unterscheidung der verschiedenen Fragetypen nach wie vor hilfreich. Als kurze Erinnerung: Wir unterscheiden

- offene Fragen, um allgemeine Informationen und Meinungen zu erfragen,
- prüfende Fragen, um Einzelheiten herauszufinden,
- klärende Fragen zum richtigen Verständnis,
- geschlossene Fragen zur Bestätigung oder Ablehnung (sie sollten nur begrenzt eingesetzt werden).

UMGANG MIT SCHWIERIGKEITEN **KAPITEL 11**

Wenn man über auftretende Schwierigkeiten spricht, gibt es noch zwei weitere Arten von Fragen, die hier nützlich (oder sogar notwendig) sind:

◆ reflektierende Fragen,
◆ konfrontierende Fragen.

Reflektierende Fragen

Eine reflektierende Frage „spiegelt wider", was jemand gesagt hat und ermutigt zum Weitersprechen. Hier ein Beispiel:

> Mitarbeiter: *„Ich habe Probleme mit den Overheadfolien für die Präsentation."*
> Vorgesetzter: *„Probleme mit den Folien?"*
> Mitarbeiter: *„Nun ja, ich bin mir nicht sicher, wieviel Details ich dort aufnehmen sollte bzw. wie viele ich überhaupt für eine 15minütige Präsentation benutzen sollte."*

Eine reflektierende Frage ist die gemäßigtere Form einer prüfenden Frage. Solche Fragen sind hilfreich, wenn jemand sich verlegen oder unwohl fühlt.

Konfrontierende Fragen

Eine konfrontierende Frage betont einen Widerspruch zwischen dem Gesagten und den tatsächlichen Fakten.

> Vorgesetzter: *„Was meinen Sie, wie die Dinge laufen?"*
> Mitarbeiter: *„Keine Probleme, alles läuft bestens."*
> Vorgesetzter: *„Sie sagen, es gibt keine Probleme. Aber wurde Ihr Entwurf nicht von der Verkaufsabteilung abgelehnt?"*

Diese Art von Frage ist besonders nützlich, wenn der Mitarbeiter nicht wahrhaben will, daß etwas nicht stimmt (oder es nicht zugeben will). Sie zeigt, daß Sie Bedenken haben, die beseitigt werden müssen. Eine konfrontierende Frage sollte keinesfalls aggressiv, also eine gefühlsmäßige Attacke sein. Diese würde etwa so klingen. „Lügen Sie mich doch nicht an. Sind Sie so dumm zu glauben, daß ich nicht weiß, daß die Verkaufsabteilung Ihren Entwurf abgelehnt hat?"

Zwei Fragen, die man vermeiden sollte

Neben den oben erwähnten emotionell geladenen Fragen sollten noch zwei weitere tunlichst vermieden werden:

- suggestive Fragen,
- Fragen mit Unterton.

Suggestive Fragen

Suggestive Fragen fordern die von dem Fragesteller gewünschte Antwort heraus, z. B.: „Es gibt zwei Möglichkeiten, Ihnen bei diesen Schwierigkeiten zu helfen – Möglichkeit A und Möglichkeit B. Ich bin für Möglichkeit B. Sind Sie damit einverstanden?" Was soll der Mitarbeiter darauf noch antworten? Die Antwort wurde ja schon vorweggenommen. Ein solches Vorgehen mag ja manchmal gut gemeint sein, und der Vorgesetzte versucht vielleicht nur zu helfen. Dem Mitarbeiter bleibt auf diese Weise jedoch keine Möglichkeit, die für ihn am besten geeignete Antwort zu finden.

Fragen mit Unterton

Fragen mit Unterton klingen zwar ähnlich, unterscheiden sich jedoch sehr von Suggestivfragen. Der Unterschied besteht darin, daß es hier einen unangenehmen Unterton gibt, der oft sogar Angst bewirkt.

„Wenn Sie in dieser Firma zum Direktor aufsteigen wollen, werden Sie doch wohl in der Lage sein, sich durchzusetzen und diese Aufgabe in Ordnung zu bringen?" Der Mitarbeiter denkt sich: „Darauf kann ich nicht mit ‚Nein' antworten, sonst sind meine Chancen dahin, jemals eine leitende Position zu übernehmen, weil der Vorgesetzte denkt, ich kann mich nicht durchsetzen." Wie bereits erwähnt, ist der Versuch, durch Angst zu „motivieren", gefährlich. Angenommen, der Mitarbeiter stimmt widerwillig zu, kann sich aber doch nicht durchsetzen und die Arbeit geht schief. Wenn Sie dieser Mitarbeiter wären, wie würden Sie den Vorgesetzten (und die von ihm delegierten Aufgaben) in Zukunft sehen?

UMGANG MIT SCHWIERIGKEITEN **KAPITEL 11**

RAT UND ANLEITUNG VERMITTELN

Viele Menschen glauben, bei Schwierigkeiten zu helfen sei gleichbedeutend mit dem Erteilen von Ratschlägen. Aber nicht in allen Fällen ist das richtig. Jetzt werden Sie sagen: „Ich denke, ich soll dem Mitarbeiter die ‚Rettungsleine' anbieten. Und nun soll ich ihm keine Ratschläge erteilen, wenn er die Rettungsleine ergreift?" Es gibt zwar Situationen, in denen Ratschläge erforderlich werden. Ein Vorgesetzter sollte sie jedoch nicht sofort einsetzen, wenn Schwierigkeiten bei einer delegierten Aufgabe auftreten. Ein Ratschlag mag zwar für den Moment weiterhelfen, aber es bringt oft sehr viel mehr, wenn man dem Mitarbeiter hilft, selbst eine Lösung des Problems zu finden. Zugegebenermaßen erfordert dies etwas mehr Zeit, aber der Mitarbeiter wird dann auch voll und ganz hinter dem Plan stehen und lernt, wie er derartige Schwierigkeiten in Zukunft anpacken kann.

Kennen Sie den Spruch „Gib jemandem einen Fisch, und er wird für einen Tag zu essen haben. Lehre ihn zu fischen, und er wird ein ganzes Leben lang nicht hungern."? In dieser Aussage liegt eine Menge Wahrheit.

■ Wann sind Ratschläge angemessen?

Nicht immer sind Ratschläge sinnvoll. Anders ist es jedoch, wenn es um eine einfache Lösung geht, der Mitarbeiter also beispielsweise nicht weiß, wo er bestimmte Informationen findet. Dann sollte man ihm natürlich sofort die Antwort geben. Der Versuch der Einbeziehung bringt in diesem Fall nichts, da der Mitarbeiter die Antwort nicht kennt. Ähnlich verhält es sich, wenn der Mitarbeiter nicht über genügend Erfahrung verfügt, um selbst eine Antwort zu finden. Auch dann sollte man ihm mit einem Rat zur Seite stehen.

Im allgemeinen halten wir es für besser, eine anleitende Unterstützung statt Ratschlägen anzubieten. Sie soll helfen, eigene Lösungen zu finden, die auch die Motivation stärken.

> **E**rteilen Sie nur dann Ratschläge, wenn es keine Alternative dazu gibt!

RICHTIG DELEGIEREN

■ Wie kann anleitende Unterstützung aussehen?

Eine gute Fragestellung ist wichtig! Durch diese Fragen kann der Mitarbeiter herausfinden, wo die Schwierigkeiten liegen, deren Ursachen feststellen und mit Ihrer Unterstützung Lösungen entwickeln. Drei Fragen können in solchen Situationen immer wieder Anwendung finden:

◆ Können Sie mir etwas mehr über die aufgetretenen Schwierigkeiten erzählen (Untersuchung des Problems)?
◆ Wie ist es Ihrer Meinung nach dazu gekommen (Feststellung der Ursachen)?
◆ Was kann man Ihrer Meinung nach dagegen tun (Finden von Lösungsvorschlägen)?

Im übrigen sollte man die Schwierigkeiten bzw. Probleme nicht dramatisieren und vor allem sie nicht dem Mitarbeiter anlasten. Wer gibt schon gerne zu, Probleme zu haben? Wenn Sie jedoch die Probleme als Bestandteil einer schwierigen Aufgabe behandeln, fällt es dem Mitarbeiter leichter, damit umzugehen und auch zu äußern, wo sich für ihn Schwierigkeiten ergeben.

Wenn der Mitarbeiter selbst keine Lösung findet

Anstatt zu schnell einen Rat zu erteilen, sollte man versuchen, verschiedene Möglichkeiten aufzuzeigen, und den Mitarbeiter ermutigen, die beste davon auszuwählen.

> Mitarbeiter: *„Ich bin mir nicht sicher, wie ich den Vortrag vor der Abteilung am besten aufbauen soll."*
> Vorgesetzter: *„Was für Ideen haben Sie denn überhaupt?"*
> Mitarbeiter: *„Um ehrlich zu sein, ich habe keine Ahnung. Sie wissen ja, daß ich bisher noch nie einen Vortrag gehalten habe."*
> Vorgesetzter: *„Nun, es gibt zwei Möglichkeiten: den ganz formellen Ansatz mit visuellen Hilfsmitteln oder die etwas lockerere Methode mit etwas Humor und Beispielen aus eigener Erfahrung. Was wäre denn für Sie selbst und für das Thema am geeignetsten?"*

Der Mitarbeiter kann dann selbst entscheiden, welcher Ansatz für ihn am besten geeignet ist.

WANN IST EINHALT ZU GEBIETEN?

Die Katastrophe tritt ein! Etwas, vor dem alle Vorgesetzten zittern, der Stoff, aus dem die Alpträume sind. Mitten in der Aufgabe ist etwas ganz fürchterlich schiefgegangen, und Sie haben nur zwei Möglichkeiten: einzugreifen und die Sache zu lenken oder dem Mitarbeiter die Aufgabe wegzunehmen und selbst zu erledigen.

Es ist wichtig zu wissen, *wann* man „Einhalt gebietet" und *wie* man dabei vorgeht, um die Gefühle des Mitarbeiters möglichst wenig zu verletzen und um im Interesse der Aufgabe zu handeln. Auch dem erfahrensten Vorgesetzten fällt dies nicht leicht. Es gibt keine einfachen Antworten, in jedem Fall kommt es aber auf individuelles Vorgehen an. Im folgenden finden Sie einige Richtlinien. Entscheiden Sie selbst, ob Sie damit etwas anfangen können. Bestimmt muß man die Richtlinien der eigenen Situation anpassen. Denken Sie immer über Alternativen nach, und fragen Sie sich, was für Sie persönlich am besten geeignet ist. Weiterführende Anleitungen können wir hier nicht geben.

■ Der Zeitpunkt

Sie müssen einschreiten, wenn eine größere Katastrophe unmittelbar bevorsteht (oder vor Ihren Augen passiert) und die gesamte Arbeit völlig danebenzugehen droht, falls Sie nicht persönlich eingreifen und sich selbst um die Angelegenheit kümmern. (Im Prinzip sollte das Kontrollsystem vor solch einer drohenden Katastrophe schon vorher gewarnt haben, aber …)

In einer solchen Situation sollte man den schicksalhaften Moment nicht hinausschieben! Wenn Sie eingreifen, ist das weder für Sie noch für den Mitarbeiter erfreulich, aber das darf keine Ausrede für weitere Verzögerungen sein. Im günstigsten Fall zeigt sich die drohende Katastrophe, wenn man mit dem betreffenden Mitarbeiter allein ist. Leider muß man aber auch manchmal die Katastrophe vor aller Augen abwenden.

Das folgende Beispiel hat zwar nicht nur mit dem Delegieren im üblichen Sinne zu tun, macht aber einige Aspekte deutlich.

RICHTIG DELEGIEREN

Vor einigen Jahren bat mich eine Firma, einem ihrer neuen Ausbilder etwas praktische Erfahrung in einem meiner Kurse zu vermitteln. Der neue Ausbilder, Herr Jäger, war sehr eifrig und wußte viel über das Thema des Kurses, den er vorbereitet hatte. Wir vereinbarten, daß er am ersten Tag zunächst dabeisitzen würde, um ein Gefühl für die Situation zu bekommen, und am zweiten Tag seinen vorbereiteten Kurs halten würde. Am ersten Tag arbeitete die Gruppe sehr gut mit und stellte mir eine Menge schwieriger, aber konstruktiver Fragen. Die Fragen gingen entweder einer Sache noch mehr auf den Grund oder stellten mehrere Aussagen in Frage. (Im Management gibt es ja nur sehr wenige „absolute" Gesetze.) Herr Jäger und ich unterhielten uns am Abend über den Kurs, die Gruppe und den nächsten Tag. Er hatte Bedenken, wie die Gruppe auf ihn reagieren würde, und war sich auch nicht sicher, ob er angesichts seiner begrenzten Erfahrung richtig mit den Kursteilnehmern umgehen könnte. Wir sprachen lange darüber, wie er mit eventuellen Schwierigkeiten und Fragen umgehen könnte, und er bat mich, ihm zur Übung einige schwierige Fragen zu stellen. Ich konfrontierte ihn mit allem, was mir einfiel, und er wurde sehr gut damit fertig.

Bevor wir am nächsten Morgen anfingen, gestand er mir, daß er immer noch Bedenken habe. Ich baute ihn ein wenig auf, indem ich ihm sagte, daß jeder gute Ausbilder vor einem Kurs etwas nervös sei. Man kann natürlich unterstützen, aber an einem gewissen Punkt muß der Mitarbeiter die Sache selbst in die Hand nehmen. Ich bot ihm an, wie geplant vorzugehen oder die Sache um eine Woche zu verschieben, damit ihm mehr Zeit zur Vorbereitung blieb. Er zog es vor, wie geplant weiterzumachen.

Er gab eine hervorragende Einführung, und die ersten 15 Minuten seines Vortrages verliefen bestens. Aber dann ging es los! Die Gruppe kam in Fahrt und bombardierte ihn mit ihren Fragen, und unglücklicherweise kam Herr Jäger damit nicht zurecht. Er beantwortete einige Fragen sehr gut, kam aber dann durcheinander und verlor völlig den Faden. Er drehte sich mit einem völlig verzweifelten Gesicht zu mir und sagte: *„Es tut mir leid, ich schaffe das nicht."* Den Teilnehmern wurde bewußt, was sie da angestellt hatten, sie entschuldigten sich bei Herrn Jäger und hielten sich von da ab zurück. Er war ihnen ja sympathisch, und keiner hatte das gewollt. Ich schlug eine Kaffeepause vor, so daß Herr Jäger und ich uns unterhalten konnten.

Um es kurz zu machen, ich übernahm den Rest des Kurses, der die Grundlage für weitere Arbeiten sein sollte. Den ganzen Tag dachte ich darüber nach, wie Herr Jäger sich wohl fühlen mochte. Ich hatte kein besonders gutes Gefühl dabei, ihm die Sache einfach wegzunehmen, aber in diesem Fall mußte es sein.

Ein paar Tage später hatte Herr Jäger sein Selbstvertrauen wiedergefunden. Es gelang ihm, einen hervorragenden Kurs vorzubereiten und durchzuführen (er selbst bat die Gruppe, soviel zu fragen, wie sie wollte, was sie auch tat). So fand alles doch noch zu einem guten Ende.

Sie werden denken, ich hätte fairerweise schon am Vorabend Herrn Jägers Kurs verschieben sollen. Ich war aber überzeugt, er würde es schaffen. Das lag in meiner Verantwortung, und meine Beurteilung war in diesem Falle ganz einfach falsch gewesen.

Das Vorgehen

Einhalt zu gebieten ist normalerweise nicht schwierig; kompliziert ist der richtige Umgang mit den Gefühlen. Die folgenden Empfehlungen gehen von der Voraussetzung aus, daß der Mitarbeiter sein Bestes getan hat, daß trotzdem alles schiefgegangen ist, daß Sie selbst die Katastrophe aber noch irgendwie abwenden können. Natürlich werden in solch einer Situation auf beiden Seiten unangenehme Gefühle entstehen. Der Mitarbeiter hat das Gefühl, versagt zu haben, und wird sich schämen oder sich über sich selbst ärgern. Sie wissen, daß Sie hier einen Schlußpunkt setzen müssen, damit nicht alles noch schlimmer wird.

Diskretion

Diskretion vermeidet zumindest den peinlichen Auftritt vor vielen Leuten. Wenn nicht viel Zeit bleibt, muß man zuerst schnell die Situation überprüfen und dann beschließen, was zu tun ist, um eine Katastrophe abzuwenden oder die Auswirkungen zumindest so gering wie möglich zu halten. Danach sollte ein weiteres Gespräch stattfinden. Sobald die Angelegenheit bereinigt ist, überprüfen Sie noch einmal objektiv, was tatsächlich passiert ist und wie es dazu kommen konnte. Versuchen Sie gemeinsam zu beraten, ob der Mitarbeiter in der Lage ist, eine solche Aufgabe nochmals zu übernehmen. In diesem Fall sollte ein neuer Aktionsplan ausgearbeitet werden, in dem die Ursache der Schwierigkeiten klar angesprochen wird. Es muß sichergestellt sein, daß der

Mitarbeiter überzeugt ist, mit dem neuen Plan künftig Schwierigkeiten vermeiden zu können.

Ohne sich als Amateurpsychologe aufzuspielen, sollte man versuchen, dem Mitarbeiter eine möglichst positive Einstellung zu der Situation zu vermitteln. Das klingt vielleicht seltsam, aber wenn es sich beispielsweise um das einzige Problem handelt, das der Mitarbeiter in zehn Jahren hatte, kann er seine Arbeit ja so schlecht nicht machen. Es ist etwas danebengegangen, und daran kann man nichts ändern. Helfen Sie dem Mitarbeiter, daraus zu lernen, damit es nicht wieder vorkommt. Damit sollte sich auch ein negativer Ausgang des Gesprächs vermeiden lassen.

Wenn Sie beide zu der Auffassung gelangen, daß derartige Aufgaben derzeit für den Mitarbeiter noch nicht geeignet sind (sie übersteigen seine Fähigkeiten und sind keine Herausforderung), dann versuchen Sie eine andere Aufgabe zu finden, bei der Sie sicher sind, daß er sie erfolgreich erledigen kann. Sobald der Mitarbeiter dazu bereit ist, sollte er dann auch schnellstmöglich mit der Arbeit beginnen.

Wenn sich herausstellt, daß ein Mitarbeiter eine Aufgabe nicht bewältigen kann, sollten Sie sich fragen, was Sie dazu gebracht hat, ausgerechnet ihn für diese Aufgabe auszuwählen. War es nur Pech, hätte man die Katastrophe vorhersehen können, oder war es einfach ein Fehlurteil Ihrerseits? Wenn es Ihr Fehler war, dann sollten Sie dies auch zum Ausdruck bringen. Unserer Erfahrung nach nimmt der Respekt für einen Vorgesetzten zu, wenn er den Mut hat zuzugeben, daß er sich geirrt hat. Wir alle machen Fehler. Machen Sie nicht den weiteren Fehler, das nicht zuzugeben.

Planung der nächsten Schritte

In dem Beispiel von Herrn Jäger war die Planung des weiteren Vorgehens einfach: Er hatte die Möglichkeit, es bald noch einmal zu versuchen. Dies ist natürlich nicht immer der Fall. Wenn beispielsweise ein Mitarbeiter bei der Leitung einer Sitzung versagt hat, kann es nicht selten bis zu drei Monaten dauern, bis er einen neuen Versuch machen kann. Die Zeit spielt jedoch weniger eine Rolle, wenn der Mitarbeiter weiß, daß es wieder eine Gelegenheit geben wird. Nach einer solchen Katastrophe hat man natürlich immer Bedenken, ob man jemals wieder die Chance für eine solche Aufgabe bekommen wird. Diese Bedenken sollten Sie in jedem Fall besprechen. Vertrauen Sie dem Mitarbeiter dann nochmals die gleiche Aufgabe an, bei der die Ursache des Problems dann ausgeschaltet ist, oder eine etwas leichtere Aufgabe. Versuchen

UMGANG MIT SCHWIERIGKEITEN KAPITEL 11

Sie, gleich Termine festzuhalten, damit der Mitarbeiter weiß, daß er eine neue Chance bekommt.

Falls der Mitarbeiter um etwas „Erholungszeit" bittet, bevor er etwas Neues angeht, sollte man ihm das fairerweise zugestehen. Warten Sie aber nicht zu lange! Vor Jahren bin ich einmal vom Pferd gefallen, als wir über eine Hürde sprangen, und wurde ganz schön durchgeschüttelt. Mein Reitlehrer bestand (zum Glück) darauf, daß ich sofort wieder aufstieg, denn sonst würde ich es wohl nie mehr tun. Er hatte recht.

Für die Situation nach einem Mißerfolg bei einer delegierten Aufgabe gilt das gleiche Prinzip. Wichtig ist, daß es beim nächsten Mal gutgeht!

ZUSAMMENFASSUNG

- Die Anzeichen erkennen
    - Ignorieren Sie den Griff nach der „Rettungsleine" nicht.
    - Anzeichen sind unglaubwürdige Ausreden, wenn Termine nicht eingehalten werden, Zurückhaltung bei Kontrollbesprechungen, Leistung unter dem erwarteten Niveau und das Gefühl, daß etwas nicht stimmt.

- Das Gespräch über aufgetretene Schwierigkeiten vorbereiten
    - Lassen Sie möglichst Zeit zur Vorbereitung.
    - Falls keine Zeit zur Vorbereitung bleibt, setzen Sie gleich zu Beginn ein klares Ziel für das Gespräch.

- Die Durchführung des Gesprächs
    - Der Ansatz sollte immer positiv (man kann eine Lösung finden) und unterstützend (gemeinsam die Antworten finden) sein.
    - Erkennen Sie ungute Gefühle, ignorieren Sie sie nicht.

- Gesprächsstruktur
    - Vereinbaren Sie ein Ziel für das Gespräch.
    - Überprüfen Sie, was bisher gut gelaufen ist und warum.
    - Bitten Sie den Mitarbeiter, die Schwierigkeiten und deren Ursachen zu erklären.
    - Falls möglich, erfragen Sie Lösungsvorschläge.
    - Bieten Sie möglichst anleitende Unterstützung (durch Fragen) an, geben Sie keine Ratschläge.

- Erarbeiten Sie einen gemeinsamen Aktionsplan, wie die Schwierigkeiten gelöst werden sollen.
- Fassen Sie zusammen und fragen Sie, wie der Mitarbeiter sich nun fühlt.
- Vereinbaren Sie einen Termin für eine Nachbesprechung.

■ Fragen
- Folgende Fragen sind möglich: offen, klärend, geschlossen (sparsam einsetzen), zusätzlich reflektierende und konfrontierende Fragen.

■ Wann ist „Einhalt zu gebieten"?
- Wenn eine größere Katastrophe vorherzusehen ist oder vor Ihren Augen passiert und die Arbeit völlig danebengehen wird, wenn Sie nicht persönlich eingreifen, müssen Sie Einhalt gebieten.
- Verschwenden Sie keine Zeit mehr, handeln Sie sofort.

■ Wie ist „Einhalt zu gebieten"?
- Seien Sie diskret, um eine öffentliche Blamage zu vermeiden.
- Wenn die Zeit knapp ist, beschließen Sie, wie das Problem am besten zu bewältigen ist, und vereinbaren Sie ein späteres Gespräch.
- Führen Sie das Gespräch möglichst bald danach, und besprechen Sie, was passiert ist und warum. Helfen Sie dem Mitarbeiter, den Mißerfolg positiv zu sehen und daraus zu lernen. Besprechen Sie, was als nächstes geschehen soll (ein neuer Versuch oder eine andere Aufgabe).
- Das Gespräch sollte so positiv wie möglich ausgehen, damit der Mitarbeiter nicht das Gefühl hat, daß alles verloren ist.

KAPITEL 12

Zusammenfassung

■ Überblick

Geschafft! Dieses letzte Kapitel ist eine Zusammenfassung. Wir haben versucht, Ihnen zu zeigen, wie man erfolgreich delegieren kann, und hoffen, daß einige nützliche Ideen für Sie dabei waren. Wir haben auch nochmals eine praktische Übung eingebaut, so daß Sie sehen können, wie Sie im Vergleich zu den ersten Übungen jetzt vorgehen würden. Damit sollten Sie auch feststellen können, was Ihnen die Lektüre dieses Buches gebracht hat.

■ Ziele

Wenn Sie dieses Kapitel gelesen haben, sollten Sie

- einen Überblick über die Hauptthemen dieses Buches haben,
- Ihre gegenwärtige Vorgehensweise beim Delegieren mit der zu Beginn der Lektüre dieses Buches verglichen haben,
- wissen, was Sie aus diesem Buch gelernt haben und was Sie möglicherweise in Zukunft anders machen werden. (Wir betonen „möglicherweise", denn vielleicht hat das Buch Sie ja auch nur darin bestärkt, daß Sie es bereits richtig machen.)

RICHTIG DELEGIEREN

■ Inhalt

- ◆ Zusammenfassung der Schlüsselthemen:
  - Was heißt delegieren?
  - Auswahl der richtigen Aufgaben zum Delegieren – Zielsetzung
  - Auswahl der richtigen Aufgabe – Entscheidung für eine Aufgabe
  - Auswahl der richtigen (am besten geeigneten) Person für eine Aufgabe
  - Vorbereitung zum Delegieren
  - Führen des Delegierungsgesprächs
  - Erzielen echten Engagements
  - Kontrolle ohne Einmischung
  - Umgang mit Schwierigkeiten
- ◆ Wie würden Sie jetzt delegieren?
- ◆ Was haben Sie aus der Lektüre dieses Buches gelernt?

ZUSAMMENFASSUNG DER SCHLÜSSELTHEMEN

WAS HEISST DELEGIEREN?

Delegieren bedeutet, als Vorgesetzter einen Teil Ihrer Arbeit, einschließlich der Verantwortung für das Ergebnis und der dazu notwendigen Handlungsvollmacht, einer anderen Person (üblicherweise einem Mitarbeiter der Abteilung, gelegentlich auch einem anderen Manager oder Vorgesetzten) anzuvertrauen.

AUSWAHL DER RICHTIGEN AUFGABE ZUM DELEGIEREN – ZIELSETZUNG

Setzen Sie das Ziel auf der richtigen Ebene an.

Ein effektives Ziel sollte

- ergebnisorientiert sein, nicht aktionsorientiert,
- klar, (wenn möglich) meßbar und realistisch sein,
- das anvisierte Ergebnis, den Termin und eventuelle Einschränkungen benennen.

AUSWAHL DER RICHTIGEN AUFGABE – ENTSCHEIDUNG FÜR EINE AUFGABE

Wählen Sie Aufgaben, die

- Ihnen helfen, Ihre Zeit besser zu nutzen,
- zur Entwicklung der Mitarbeiter Ihrer Abteilung beitragen,
- zur Motivation der Mitarbeiter beitragen,
- „bessere" Entscheidungen ermöglichen, indem Sie die Fähigkeiten Ihrer Abteilung nutzen und Ihnen mehr Zeit für wichtige Entscheidungen bleibt.

WICHTIGE PUNKTE ZUR ERINNERUNG

- „Wozu bin ich da?"
- Eilig nicht mit wichtig verwechseln.
- Routineaufgaben können für einen Mitarbeiter interessant sein.
- Vermeiden Sie die „Vogel-Strauß"-Methode – hoffen, daß die Gefahr vorübergeht.
- Mitarbeiterentwicklung ist eine wichtige Aufgabe für einen Vorgesetzten.
- Delegieren Sie Schritt für Schritt.
- Akzeptieren Sie kleinere Fehler, sie sind beim Delegieren meist unvermeidlich.

RICHTIG DELEGIEREN

- Beteiligen Sie den Mitarbeiter, um herauszufinden, was für ihn „interessante Arbeit" bedeutet.
- Akzeptieren Sie, daß einige Mitarbeiter in der Abteilung bestimmte Dinge besser können als Sie selbst. Seien Sie dankbar dafür!

AUSWAHL DER RICHTIGEN (AM BESTEN GEEIGNETEN) PERSON FÜR EINE AUFGABE

- Finden Sie die zu einer erfolgreichen Erledigung der Aufgabe erforderlichen Fähigkeiten und Kenntnisse heraus, und stufen Sie sie ein, um ihre jeweilige Bedeutung aufzuzeigen.
- Zerlegen Sie die Aufgabe in Ihre Hauptbestandteile.
- Finden Sie die Fähigkeiten und Kenntnisse der Mitarbeiter Ihrer Abteilung heraus, und stufen Sie diese ein, um die gegenwärtige (oder gewünschte) Ebene aufzuzeigen.
- Benutzen Sie ein Formblatt, um diese Informationen zu notieren und laufend zu aktualisieren.

Die einzelnen Stufen zum Delegieren:
- *Ebene 1:* Die Aufgabe wird gemeinsam bearbeitet, bei Einzelheiten helfen Sie und überwachen regelmäßig.
- *Ebene 2:* Wichtige Dinge werden gemeinsam bearbeitet, der Rest selbständig durch den Mitarbeiter mit von Ihnen gesetzten Kontrollpunkten.
- *Ebene 3:* Der Mitarbeiter entscheidet selbst, welche Hilfe er benötigt, und setzt die Kontrollpunkte. Gegebenenfalls möchte er wichtige Entscheidungen vorher mit Ihnen absprechen.
- *Ebene 4:* Die gesamte Aufgabe wird delegiert, das Ziel besprochen (einschließlich eventueller Einschränkungen). Lassen Sie los, und lassen Sie sich danach über das Ergebnis informieren.

Zwei Fehler, die vermieden werden sollten:
- Den Mangel an Erfahrung mit Unfähigkeit verwechseln.
- Die Aussage „Das ist eine Herausforderung für Sie!" (Herausforderung oder aber Unmöglichkeit).

ZUSAMMENFASSUNG **KAPITEL 12**

VORBEREITUNG ZUM DELEGIEREN

- Überprüfen Sie das Ziel; es soll klar, (wenn möglich) meßbar, realistisch sein und Ergebnis, Termine und eventuelle Einschränkungen zeigen.

- Beachten Sie die Hintergründe: Aufgabe, Mitarbeiter, eventuelle Lücken in Kenntnissen und Fähigkeiten.

- Berücksichtigen Sie die Stufen:
    - *Ebene 1:* keine Erfahrung,
    - *Ebene 2:* die Grundlagen sind bekannt,
    - *Ebene 3:* ziemlich erfahren,
    - *Ebene 4:* sehr erfahren.

- Bedenken Sie, welche Vollmachten benötigt werden.

- Heben Sie die Kontrollpunkte hervor (falls der Mitarbeiter irgendwelche vergißt).

- Wenn machbar, sollten Sie zur Vorbereitung ermutigen/unterstützen.

- Nehmen Sie sich genügend Zeit für das Gespräch.

FÜHREN DES DELEGIERUNGSGESPRÄCHS

Gesprächsbeginn

- Sorgen Sie für eine entspannte Atmosphäre.

- Bei ersten Gespräch sollten Sie die Hintergründe erklären: wozu die Aufgabe erforderlich ist, warum Sie gerade diesen Mitarbeiter ausgewählt haben, den Zweck des Gesprächs.

Hauptteil des Gesprächs

- Prüfen Sie, ob die Aufgabe überhaupt machbar ist, d.h., welche Arbeitsauslastung besteht.

- Prüfen Sie Fähigkeiten und Kenntnisse sowie eventuelle Lücken.

RICHTIG DELEGIEREN

- Machen Sie die Verantwortung der Mitarbeiter deutlich, oder seien Sie bei der Klarstellung behilflich.
- Zeigen Sie Vertrauen in den Mitarbeiter: Loben Sie, vermeiden Sie Schmeicheleien.
- Stellen Sie effektive Fragen, die hauptsächlich offen, prüfend und klärend sind.
- Fassen Sie immer wieder zusammen, wenn es hilfreich ist.
- Beziehen Sie den Mitarbeiter je nach Erfahrung weitestgehend ein, und entscheiden Sie, ob kleinere Fehler gestattet oder verhindert werden sollen.
- Arbeiten Sie den Plan, der möglichst auf den Ideen des Mitarbeiters basieren sollte, gemeinsam aus.
- Besprechen Sie potentielle Schwierigkeiten und den Umgang damit.
- Erteilen Sie ausreichende Vollmachten.
- Besprechen Sie Kontrollen, und stimmen Sie diese ab.
- Bieten Sie eine „Rettungsleine" an.

Abschluß des Gesprächs

- Fassen Sie die wichtigsten Aktionen und Vereinbarungen zusammen.
- Klären Sie, welches Gefühl der Mitarbeiter bei der Sache hat.
- Vereinbaren Sie einen Termin für eine Nachbesprechung.
- Erinnern Sie an die „Rettungsleine", und danken Sie dem Mitarbeiter.

ERZIELEN ECHTEN ENGAGEMENTS

- Echtes Engagement ist die freiwillige und vollständige Zustimmung, eine Aufgabe zu übernehmen und bestmöglich zu erledigen.

ZUSAMMENFASSUNG **KAPITEL 12**

- Erwarten Sie kein echtes Engagement, wenn man realistisch gesehen nur mit Akzeptanz rechnen kann, z.B. bei einer langweiligen Aufgabe.

- So erzielt man echtes Engagement:
  - Stellen Sie sicher, daß die Erwartungen realistisch sind.
  - Beziehen Sie den Mitarbeiter in den gesamten Prozeß ein.
  - Zeigen Sie, daß kleinere Fehler akzeptiert werden.
  - Heben Sie die Vorteile hervor, die die Aufgabe für den Mitarbeiter mit sich bringt.
  - Wenn Sie zum Zweck der Motivation delegieren, klären Sie vorher genau, was den Mitarbeiter tatsächlich motiviert.

- Stellen Sie sicher, daß die Erwartungen realistisch sind:
  - Erklären Sie dem Mitarbeiter, warum Sie ihn für fähig halten, die Aufgabe zu bewältigen.
  - Erklären Sie, warum Sie ein bestimmtes Gefühl haben (Dinge erklären, die man nicht beweisen kann).
  - Räumen Sie eventuelle Bedenken des Mitarbeiters aus.

- Beziehen Sie den Mitarbeiter in den gesamten Prozeß ein:
  - Es gibt deutlich erkennbare Bezüge zwischen Einbeziehen und Engagement.
  - Vermeiden Sie „Pseudo-Demokratie", und geben Sie nicht nur vor, daß Sie den Mitarbeiter einbeziehen.
  - Verfehlen Sie nicht das Thema.
  - Seien Sie bereit, die Entscheidungen des Mitarbeiters zu unterstützen.

- Heben Sie die Vorteile hervor, die die Aufgabe für den Mitarbeiter mit sich bringt:
  - Wenn es keine Vorteile gibt, dürfen Sie auch keine erfinden.
  - Fragen Sie, welche Vorteile der Mitarbeiter für sich in der Aufgabe sieht.

- Wenn Sie zum Zwecke der Motivation delegieren, klären Sie vorher genau, was den Mitarbeiter tatsächlich motiviert:
  - Die Motivation sollte positiv (Ermutigung) sein, nicht negativ (Angst).
  - Fragen Sie, welche Arbeit der Mitarbeiter gerne macht und warum.

RICHTIG DELEGIEREN

- Stellen Sie keine Vermutungen in bezug auf diese Frage an, sondern fragen Sie nach.
- Achten Sie bei der Auswahl der Aufgabe darauf, daß sie innerhalb der Fähigkeiten des Mitarbeiters liegt und die gewünschten Motivationsfaktoren beinhaltet.
- Klären Sie am Ende des Gesprächs, welches Gefühl der Mitarbeiter bei der Sache hat.

■ Und wenn man das benötigte Engagement nicht erhält?
- Der Entschluß, an einem gewissen Punkt ein Ende zu setzen, sollte gemeinsam getroffen werden, und es sollte deutlich gemacht werden, daß dies keinen Einfluß auf zukünftige Chancen hat.
- Möglicherweise ist Engagement zu einem bestimmten Zeitpunkt noch unrealistisch, und etwas mehr als einfache Akzeptanz reicht aus; die Begeisterung entsteht erst, wenn ein Teil der Arbeit bereits erfolgreich erledigt wurde.
- Finden Sie heraus, was schiefgelaufen ist, und wagen Sie einen neuen Versuch. Finden Sie die Gründe für das mangelnde Engagement gemeinsam heraus, und überlegen Sie gemeinsam, wie dies behoben werden kann.

KONTROLLE OHNE EINMISCHUNG

■ Kontrolle ist die Überwachung des Verlaufs einer delegierten Aufgabe, um sicherzustellen, daß das gewünschte Ergebnis erzielt wird.

■ Ein Kontrollsystem muß
- aufzeigen, was geschehen *soll,*
- überwachen, was *tatsächlich* geschieht,
- *deutliche Abweichungen* anzeigen,
- *rechtzeitig korrektive Maßnahmen* auslösen.

■ Das Kontrollsystem soll nicht nur beschreiben, was bereits geschehen ist.

■ Die *einfachsten* Kontrollsysteme sind oft die besten.

ZUSAMMENFASSUNG KAPITEL 12

- Beziehen Sie den Mitarbeiter in den Kontrollprozeß ein, damit nicht der Eindruck der Einmischung entsteht.
  - Berücksichtigen Sie die wichtigsten Aktionen, und setzen Sie die Kontrollpunkte dafür fest.
  - Beim Delegieren von Handlungsvollmacht zeigen vorher gesetzte Grenzen deutliche Abweichungen an.
  - Ermutigen Sie den Mitarbeiter, selbst zu bestimmen, wann er mit Ihnen den Fortgang der Arbeit besprechen möchte (dies ist ein ganz wichtiger Punkt!).
- Vertrauen Sie die Führung des Kontrollsystems weitestgehend dem Mitarbeiter an.
- Die Nachbesprechung ist wichtig! Sie schließt den Kreis. Das Gespräch sollte einen guten Verlauf und die Gründe dafür zum Inhalt haben, aber auch Verbesserungsmöglichkeiten.

UMGANG MIT SCHWIERIGKEITEN

- Anzeichen erkennen
  - Ignorieren Sie den Griff nach der „Rettungsleine" nicht.
  - Anzeichen sind unlogische Ausreden, wenn Termine nicht eingehalten werden, Abneigung vor Besprechungen, Leistung unter dem gewohnten Niveau, das Gefühl, daß etwas nicht stimmt (bitte vorsichtig vorgehen).
- Gesprächsvorbereitung.
  - Lassen Sie möglichst Zeit zur Vorbereitung.
  - Wenn keine Zeit zur Vorbereitung bleibt, setzen Sie gleich zu Beginn ein klares Ziel.
- Gesprächsführung
  - Der Ansatz sollte positiv sein (wir können die Schwierigkeiten lösen).
  - Bieten Sie Unterstützung an (Antworten gemeinsam erarbeiten).
  - Erkennen Sie negative Gefühle, ignorieren Sie sie nicht.

RICHTIG DELEGIEREN

- **Grobe Gesprächsstruktur**
  - Vereinbaren Sie ein Ziel für das Gespräch.
  - Überprüfen Sie, was bisher gut gelaufen ist und die Gründe dafür.
  - Bitten Sie den Mitarbeiter, die Schwierigkeiten und deren Ursachen zu erläutern.
  - Wenn möglich, sollten Sie den Mitarbeiter fragen, wie diese Schwierigkeiten seiner Meinung nach zu lösen sind.
  - Im allgemeinen ist es besser, Anleitung (durch Fragen) als Ratschläge zu bieten.
  - Erstellen Sie gemeinsam einen Plan, wie mit den Schwierigkeiten umzugehen ist.
  - Fassen Sie zusammen und fragen Sie, welche Gefühle der Mitarbeiter nun hat.
  - Vereinbaren Sie eine Nachbesprechung.
- **Fragen**
  - Folgende Fragen können Sie stellen: offen, prüfend und klärend, geschlossen (sparsam einzusetzen), außerdem reflektierend und konfrontierend.
  - Vermeiden Sie Suggestivfragen.
- **Wann „Einhalt zu gebieten" ist**
  - Sie müssen eingreifen, wenn eine größere Katastrophe droht oder sich schon vor Ihren Augen abspielt und das Gesamtergebnis gefährdet ist, wenn Sie nicht sofort persönlich eingreifen.
  - Handeln Sie sofort.
- **Wie man „Einhalt gebietet"**
  - Sprechen Sie möglichst unter vier Augen mit dem Mitarbeiter, um eine Bloßstellung vor den Kollegen zu vermeiden.
  - Wenn die Zeit zu knapp ist, entscheiden Sie sofort, was zu tun ist, vereinbaren Sie aber ein späteres Gespräch.
  - Führen Sie danach möglichst bald ein Gespräch, um zu prüfen, was geschehen ist und warum. Helfen Sie dem Mitarbeiter, daraus zu lernen und auch einen Mißerfolg möglichst positiv zu sehen. Beschließen Sie, was als nächstes getan werden kann (ein erneuter Versuch oder eine andere Aufgabe).
  - Der Mitarbeiter soll aus dem Gespräch mit einem möglichst positiven Gefühl herausgehen und nicht den Eindruck haben, daß alles verloren ist.

ZUSAMMENFASSUNG **KAPITEL 12**

WIE WÜRDEN SIE JETZT DELEGIEREN?

Anhand der folgenden praktischen Übung können Sie feststellen, was Sie nun nach Lektüre dieses Buches verglichen mit Ihrer Methode bei der Übung im zweiten Kapitel delegieren. Lesen Sie die folgende Situationsbeschreibung durch, und entscheiden Sie dann, wie Sie selbst als Bankettmanager damit umgehen würden.

Wir haben Platz gelassen, damit Sie selbst Aspekte, die Sie für wichtig halten, hinzufügen können. Schreiben Sie zunächst auf, was Ihnen dazu einfällt. Danach finden Sie zum Vergleich die Aspekte, die wir für wichtig halten. Sie können vergleichen, inwiefern Sie nun anders handeln als bei der Übung im zweiten Kapitel.

■ Die Situation

Sie sind der Bankettmanager eines mittelgroßen Cateringunternehmens. Ihnen unterstehen eine Assistentin (Frau Petri), zwei Abteilungsleiter (und mehrere kleine Arbeitsgruppen). Sie sind für die kleinere von zwei Abteilungen des Unternehmens verantwortlich. Diese Abteilung ist ausschließlich für große Konferenzen (200 bis 500 Personen) zuständig. Die andere Abteilung beliefert kleinere Veranstaltungen (bis 200 Personen) und private Feiern.

Gestern erhielten Sie einen Anruf von einem Mitglied des Gesellschafterbeirats, Herrn Körner, der ein eifriger Tennisspieler und eine einflußreiche Persönlichkeit in der Stadt ist und häufig kleine und größere Veranstaltungen für verschiedene Wohltätigkeitszwecke als Sponsor unterstützt. Er hat von der Veranstaltung eines örtlichen Unternehmens (an dem er beteiligt ist) gehört, bei der Geld für die Kinderstation des örtlichen Krankenhauses gesammelt werden soll. Aus diesem Anlaß soll ein Freundschafts-Tennisspiel stattfinden. Der Termin für die Veranstaltung ist in zwei Wochen, und gerade wurde bekannt, daß das von dem Unternehmen dafür verpflichtete Cateringunternehmen abgesagt hat. Alle Einladungen und Ankündigungen sind bereits verschickt, und auch die Gastmannschaft kann die Termine nicht mehr verschieben. Deshalb hat Herr Körner versprochen, die Veranstaltung zu retten und zum gleichen Preis einzuspringen. Für Sie ist dies problematisch. Einer-

RICHTIG DELEGIEREN

seits können Sie und Ihre Abteilung langfristig davon profitieren, wenn die Sache gut funktioniert (viele potentielle Kunden), andererseits bleibt nur sehr wenig Zeit. Sie besprechen die Situation mit Ihrer Assistentin, und diese erklärt, daß die Sache nur mit zusätzlicher Unterstützung aus der anderen Abteilung zu schaffen ist. Diese wird jedoch nur wenig Nutzen in der Unterstützung einer Veranstaltung für 1 000 Personen sehen, abgesehen davon, daß Herr Körner dies vielleicht wohlwollend zur Kenntnis nehmen wird.

Auf Veranlassung Ihres Geschäftsführers müssen Sie in zwei Tagen eine wichtige Geschäftsreise antreten und werden erst nach der Tennisveranstaltung wieder zurück sein. Normalerweise würden Sie selbst um die Mitarbeit der anderen Abteilung bitten, da die Verantwortlichen dort jedoch derzeit nicht anwesend sind, müssen Sie die Aufgabe an Frau Petri, Ihre Assistentin, delegieren. Sie kennt sich mit der Organisation von Veranstaltungen dieser Größe bestens aus (und sah keinerlei Probleme, als Sie gestern mit ihr darüber sprachen, vorausgesetzt, daß die Unterstützung der anderen Abteilung gewährleistet ist). Außerdem kann sie mit Menschen sehr gut umgehen, hat aber nur beschränkte Erfahrung mit Verhandlungen innerhalb der Abteilungen. Frau Petri hat Sie in der Vergangenheit bereits öfter erfolgreich vertreten, könnte aber in dieser speziellen Situation vielleicht noch etwas mehr Sicherheit gebrauchen.

Frau Petri wird den Abteilungsleiter der anderen Abteilung, Herrn Neumann, davon überzeugen müssen, ihr vier Mitarbeiter (von 20) zu überlassen, die bei der Vorbereitung und bei der Bedienung während der Veranstaltung helfen. Vor einem Jahr hat sich dieser Abteilungsleiter um die Stelle beworben, die Frau Petri jetzt innehat, wurde aber abgelehnt, weil Frau Petri über mehr Erfahrung in diesem Bereich verfügte. Anfangs gab es deswegen eine gewisse Mißstimmung, vor allem weil die Stelle der Managementassistentin etwas höher angesiedelt und besser bezahlt ist als die eines Abteilungsleiters. Inzwischen hat sich das Arbeitsverhältnis der beiden aber wieder normalisiert. Sowohl Herr Neumann als auch dessen Vorgesetzter sind momentan nicht anwesend. Herr Neumann kommt erst in drei Tagen zurück, sein Vorgesetzter noch später.

Wie würden Sie die Aufgabe an Frau Petri delegieren, um die Unterstützung des Abteilungsleiters (Herr Neumann) und vier seiner Mitarbeiter zu erhalten? (Für diese Übung ist es nicht erforderlich, die ganz normale Organisation der Wohltätigkeitsveranstaltung durch Frau Petri mit einzubeziehen.)

ZUSAMMENFASSUNG KAPITEL 12

Vor dem Gespräch

Während des Gesprächs

RICHTIG DELEGIEREN

Nach dem Gespräch

Was wir für wichtig halten

Vor dem Gespräch

Ziel
  Entscheiden Sie, welches Ziel Frau Petri erreichen soll (vier Mitarbeiter aus der anderen Abteilung sollen bei der Vorbereitung und der Bedienung bei der Veranstaltung in zwei Wochen mithelfen). (Anmerkung: Das Ziel sollte nichts mit der allgemeinen Organisation für die Veranstaltung zu tun haben, denn dies ist ja nicht die delegierte Aufgabe, sondern ohnehin Frau Petris Aufgabe.)

Hintergründe
  Machen Sie sich klar, warum Sie Frau Petri für die Aufgabe gewählt haben, warum die Aufgabe so wichtig ist, warum sie delegiert werden muß und warum Unterstützung aus der anderen Abteilung benötigt wird. Bedenken Sie die Interessen von Herrn Körner in dieser Angelegenheit und die Vorteile, die dieses Projekt mit sich bringt. Berücksichtigen Sie auch Frau Petris Gefühle, wenn Sie den Abteilungsleiter der anderen Abteilung um Hilfe bitten muß.

Mit Herrn Körner, dem Mitglied des Gesellschafterbeirats, sprechen
  Besprechen Sie das Budget mit ihm, außerdem die Vollmachten für Frau Petri, und fragen Sie, inwieweit er eingreifen kann, falls Herr Neumann Frau Petri die Unterstützung ganz einfach verweigert. (Vielleicht sind Sie hier anders vorgegangen. Fragen Sie sich, ob das auch funktioniert hätte.)

Kurze Notiz an den Abteilungsleiter und seinen Vorgesetzten
  Schicken Sie eine kurze Notiz mit der Information, daß Frau Petri Sie während Ihrer Abwesenheit vertritt, an den Abteilungsleiter und seinen Vorgesetzten.

Erfahrung
  Obwohl Frau Petri eine erfahrene Managementassistentin ist, kommt es hier auch auf „Verkaufsgeschick" zwischen den Abteilungen an. Hier wäre sie nach ihrer Erfahrung auf Ebene 3 einzuordnen. (Man sollte sie noch nicht in Ebene 4 einordnen, denn sie ist hier noch nicht völlig erfahren und noch nicht ganz sicher.) Frau Petris Stärken liegen darin, daß sie mit Menschen umgehen kann, viel Erfahrung in ihrem Bereich hat und erfolgreich als „Vertretung" eingesprungen ist. Ihre „Schwäche" liegt vielleicht darin, daß sie es sich mit Blick auf die Vergangenheit nicht völlig zutraut, Herrn Neumann zu überzeugen.

Vollmacht
   Welche Handlungsvollmacht ist erforderlich? Was passiert, wenn Herr Neumann die Hilfe ablehnt?
Kontrollpunkte
   Ist ein Gespräch mit Frau Petri (oder Herrn Neumann) erforderlich, bevor Sie abreisen?

Während des Gesprächs

Denken Sie daran, daß es nicht um die Organisation der Veranstaltung geht; dies ist nicht die delegierte Aufgabe! Zeigen Sie Ihr Vertrauen in Frau Petri. Erinnern Sie sie daran, daß sie mit solchen Dingen umgehen kann (bei drei früheren Gelegenheiten mit der Finanzabteilung). Sie muß sich nur zutrauen, daß es ihr gelingt, Herrn Neumann zu überzeugen.

Eröffnung

Sorgen Sie für eine entspannte Atmosphäre, zeigen Sie Hintergründe und Vorteile auf, warum der Abteilungsleiter überzeugt werden muß und warum Sie diese Aufgabe an Frau Petri delegieren wollen. Beachten Sie ihre Reaktion darauf. Erfragen Sie, welche Vorteile Frau Petri in der Aufgabe sieht (nachdem sie den ersten Schock überwunden hat!), und nennen Sie den Zweck des Gesprächs.

Hauptteil

Machbarkeit
   Prüfen Sie Frau Petris derzeitige Verpflichtungen. Hat sie Zeit, den Abteilungsleiter in drei Tagen zu treffen? (Haben Sie einen Alternativplan, falls sie keine Zeit hat?)
Die Fähigkeiten und Kenntnisse überprüfen
   Hier kommt es darauf an, Frau Petri vollständig mit einzubeziehen. Fragen Sie nach ihrer Sicht ihrer Stärken und Schwächen. Stellen Sie sicher, daß sie weiß, wie sie ihre Stärken hier einsetzen kann. Bauen Sie Selbstvertrauen auf, indem Sie ihr Beispiele nennen, z. B. die drei vorangegangenen Situationen mit der Finanzabteilung. Frau Petris Besorgnis betrifft eher ihr Selbstvertrauen, nicht ihr Können. Welche Unterstützung braucht sie von Ihnen (in zwei Tagen), damit ihre Bedenken ausgeräumt werden?

ZUSAMMENFASSUNG **KAPITEL** 12

Die Verantwortung klarmachen
> Vereinbaren Sie ein klares Ziel für das Gespräch mit Frau Petri, d. h. die Überlassung von vier Mitarbeitern aus der anderen Abteilung zur Unterstützung bei der Vorbereitung und zum Bedienen bei der Veranstaltung. An diesem Punkt können Sie auch das Budget für das Projekt ansprechen, Sie können dies aber auch verschieben, bis der Punkt „Vollmachten" besprochen wird.

Vertrauen zeigen
> Das wurde ja schon erwähnt, aber vergessen Sie bitte nicht, daß Lob etwas ganz anderes ist als Schmeichelei. Fundiertes Lob wird sicherlich auch Selbstvertrauen wecken.

Fragen
> Frau Petri verfügt über ziemlich viel Erfahrung (Ebene 3), so daß offene und prüfende Fragen gestellt werden können, um ihre Ansichten und Ideen zu erfahren. Stellen Sie unbedingt sicher, daß Sie sich gegenseitig richtig verstanden haben.

Gemeinsam den Plan erarbeiten
> Engagement ist hier sehr wichtig, also sollte Frau Petri einbezogen werden und entscheiden, welche Schritte für das Gespräch mit dem Abteilungsleiter erforderlich sind. Achten Sie besonders auf alles, was Frau Petris Selbstvertrauen stärken könnte.

Potentielle Schwierigkeiten besprechen
> Auch hier sollte Frau Petri gefragt werden, welche potentiellen Schwierigkeiten sie sieht und welche Vorschläge sie hat, um diese zu lösen. Uns erscheint folgendes wichtig:

> **1.** Herr Neumann meint womöglich, Frau Petri wolle sich während der Abwesenheit der Vorgesetzten nur wichtig machen, und reagiert negativ. In diesem Fall sollte Frau Petri sorgfältig erklären, wie es zu der Situation gekommen ist. Sie sollte um Unterstützung bitten und Herrn Neumann so weit wie möglich einbeziehen. (Sie sollte nicht unbedingt begeisterte Zustimmung erwarten, sondern nur einfaches Akzeptieren.)

> **2.** Womöglich lehnt Herr Neumann klar ab. In diesem Fall muß Frau Petri klarmachen, welche Folgen das hat, d. h., sie muß versuchen, seine Meinung zu ändern. Wenn das alles nichts nutzt, muß Frau Petri Herrn Körner einschalten. In diesem Fall wird Herr Neumann wahrscheinlich nur noch widerstrebend akzeptieren, aber das genügt womöglich. Eine solche Situation wäre allerdings dem künftigen Arbeitsverhältnis der

beiden vermutlich nicht sonderlich dienlich und sollte möglichst vermieden werden.

Ausreichende Handlungsvollmacht erteilen

Möglicherweise benötigt Frau Petri die Vollmacht, Überstunden zu bezahlen. Dies ist besonders wichtig für die „ausgeliehenen" Mitarbeiter, die Frau Petri normalerweise nicht unterstehen. Auf diese Weise gibt es für Frau Petri keine Unsicherheiten, wie weit sie gehen kann.

Kontrollen besprechen und vereinbaren

Die Kontrollen ergeben sich aus der Planung und sollten von Frau Petri selbst festgelegt werden (Sie selbst werden ja nicht anwesend sein). Vielleicht möchte sie mit Ihnen vor Ihrer Abreise noch darüber sprechen, wie sie sich auf das Gespräch mit Herrn Neumann vorbereitet hat. Frau Petri muß wissen, wie sie vorzugehen hat, wenn er ihr eine klare Absage erteilt.

Die „Rettungsleine" anbieten

Stehen Sie Frau Petri bis zu Ihrer Abreise zur Verfügung, und hinterlassen Sie eine Telefonnummer, unter der man Sie notfalls erreichen kann. Sorgen Sie dafür, daß Frau Petri sich, wenn sie es wünscht, direkt an Herrn Körner wenden kann.

Abschluß des Gesprächs

Schüsselaktionen und Vereinbarungen zusammenfassen

Hier ist nicht viel zu ergänzen. Man sollte nur sicherstellen, daß alles klar verstanden wurde.

Erfragen, welches Gefühl die Mitarbeiterin bei der Sache hat

Stellen Sie sicher, daß Frau Petri sich wirklich in der Lage fühlt, mit dem Abteilungsleiter umzugehen.

Eine Nachbesprechung vereinbaren

Dies ist wichtig, damit Sie erfahren, wie alles gelaufen ist und wie das Verhältnis zu Herrn Neumann nun aussieht.

Beendigung des Gesprächs

Erinnern Sie an die „Rettungsleine", und danken Sie für die Unterstützung.

ZUSAMMENFASSUNG **KAPITEL 12**

Nach dem Gespräch

„Rettungsleine"
   Achten Sie darauf, daß Sie Frau Petri vor Ihrer Abreise jederzeit zur Verfügung stehen, falls Sie noch Hilfe benötigt (aber mischen Sie sich nicht ein).
Mit Herrn Körner sprechen
   Falls sich aus Ihrem Gespräch mit Frau Petri etwas Wichtiges ergeben hat (das ihn angeht), müssen Sie mit Herrn Körner sprechen.

■ Gibt es deutliche Unterschiede zwischen Ihrer Vorgehensweise und der unseren?

Vielleicht ergeben sich in einigen Punkten gewisse Abweichungen, was jedoch nicht heißt, daß Ihr Ansatz falsch ist. Fragen Sie sich, ob Ihr Ansatz auch zu dem richtigen Ergebnis geführt hätte. In diesem Fall ist alles in Ordnung. Vergessen Sie nicht, daß es „nicht nur einen richtigen Weg gibt"!
   Anderenfalls schreiben Sie im folgenden nochmals auf, was Sie aus jetziger Sicht hätten anders machen müssen.

_____
_____
_____
_____
_____
_____
_____
_____
_____
_____

Vergleichen Sie nun Ihre jetzige Vorgehensweise mit der aus dem zweiten Kapitel (siehe Seite 15). Vielleicht schreiben Sie die Hauptunterschiede kurz auf. Daraus wird sich auch die Antwort auf die folgende Frage ergeben.

WAS HABEN SIE AUS DER LEKTÜRE DIESES BUCHES GELERNT?

Sehen Sie sich noch einmal das Ende des zweiten Kapitels an, wo Sie Ihre Stärken und Schwächen sowie die Ergebnisse definiert haben, die Sie von der Lektüre dieses Buches erhofft haben. Betrachten Sie außerdem nochmals Ihre Notizen am Ende jeden Kapitels und die Schlüsse, die Sie aus dieser letzten praktischen Übung gezogen haben.

Was werden Sie in Zukunft beim Delegieren anders machen (oder zumindest versuchen, anders zu machen)?

ZUSAMMENFASSUNG **KAPITEL 12**

Nachwort

Perfektes Delegieren wird niemandem in die Wiege gelegt, und kein Buch kann Ihnen die Arbeit des Lernens und Übens abnehmen. Wir hoffen jedoch, daß wir Ihnen mit diesem Buch und den Übungen einige praktische Anregungen geben konnten, wie man erfolgreich delegiert.

Hoffentlich hatten Sie beim Lesen dieses Buches ebensoviel Spaß wie wir beim Schreiben. Unsere Ideen sollen keine festen Vorschriften sein, sondern sollen und können auf die jeweils individuellen Bedürfnisse abgestimmt werden, die je nach Situation unterschiedlich sind. Im Management gibt es nie „den einzig richtigen Weg", aber wir hoffen, daß wir Ihnen ein paar weitere Ideen liefern konnten.

Wir wünschen Ihnen für die Zukunft viel Erfolg.

Register

Abgeben 24, 32
Abteilung 15, 24, 26, 28–29, 32, 36, 40–41, 44–45, 47, 53–54, 59, 71–73, 76, 84–87, 96, 98, 109–110, 113, 126, 142, 144, 151–152, 159, 161, 163, 174–175, 179, 181, 185, 192, 220–222
Abweichung 193–194, 197–198, 202, 226–227
Änderung 16, 72, 78
Aktion, Aktivität 56–57, 62, 86, 115, 192, 202, 208, 221, 224, 227
Aktionsplan 215, 218
Akzeptanz 17–18, 160–161, 163–167, 175, 182–184, 186–187, 225–226, 235
Anerkennung 179–180
Anforderung 87–95, 98, 104, 119, 129, 137, 143
Angst 9, 46–51, 81, 113, 177, 187, 210, 225
Anleitung 208, 211–212, 228
Anweisung 24, 62, 137, 149
Arbeit abschieben 17, 53, 106, 116
Arbeit zuteilen 9, 23, 26, 53, 112
Arbeitsbelastung 16, 142, 157, 223, 234
Atmosphäre 206–207, siehe auch Delegierungsgespräch (Atmosphäre), Nachbesprechung (Atmosphäre)
Aufgaben, eilige 70–71
Ausrede 34–35, 47, 49, 51, 113, 217, 227

Bedenken 17, 168, 186, 216, 225
Bedürfnis 76–77
Beförderung 43–44, 49, 76–77, 80, 108, 166, 178–179
Begeisterung 141, 161, 164, 166–167, 170, 172, 184–187, 226, 235
Beratung 92, 99, 103
Bericht 39–40, 55–57, 71, 91, 128–129, 166, 198
Besprechung, Sitzung 39, 59–60, 71, 91, 93, 106, 116, 123, 171, 216

Beurteilungsgespräch 200–201
Beurteilungssystem 76
Bewertung 91, 95–97, 104, 110
Bewertungsskala 91, 93–95, 97
Bewertungssystem 96
Budget 14–16, 39, 80–81, 93, 106, 110, 235

Checkliste 38, 90, 127, 156, 179–181
Coaching 29, 84, 92, 99, 103

Dank 156, 158, 200–202, 224, 236
Delegieren
– Definition 24
– Ebenen 105–107, 110–111, 113, 115, 119–121, 126, 128–129, 134, 137–138, 144, 148–150, 156–157, 171, 220, 222–223, 233, 235
– geeignete Aufgabe 9, 24, 36–37, 39, 49, 52–87, 95–96, 107, 113, 115, 177, 220–221, 226
– geeignete Person, geeigneter Mitarbeiter 9, 19, 24, 26, 32, 36, 53, 58, 60, 77, 87–111, 113, 115, 150–151, 155, 181, 220, 222
– Hinderungsgründe 34–35, 46–51, 113
– Mangel an 33–47
– nach oben 26, 88, 109–110, 220
– Nachteile 49
– seitwärts 26, 88, 109–110, 220
– Vorteile 23, 27–32, 34, 49, 53, 67, 83, 141, 168, 174–175, 182, 186–187, 225, 234
Delegierungsgespräch 9, 15–17, 19, 112–158, 201, 204, 208, 220, 223–224, 233–234
– Abschluß 154–156, 158, 236
– Absicht 140–142
– Atmosphäre 138–140, 223, 234
– Dauer 124

- Einführung   134, 157
- Eröffnung   138–142, 234
- Hintergrund   134–135, 140–142, 156–157, 223, 233–234
- Kernpunkte   142–154
- Verlauf   130–136
- Vorbereitung   114–129, 138–140, 142–143, 148–149, 156–157, 175, 201, 220
- Zusammenfassung   137–138, 140, 147, 154–155, 157–158, 224, 236

Diskretion   215–216, 218, 228
dringend/wichtig   29, 40, 56, 70–71, 86, 113, 221
Drohung   81

Einbeziehung   17, 24, 38, 126, 134, 137, 148–150, 157, 168–170, 172, 175, 186–189, 196–199, 201–202, 207, 211, 222, 224–225, 227, 234–235
Einhalt gebieten   203, 208, 213–218, 228
- Vorgehen   215–217
- Zeitpunkt   213–215

Einmischung   8–9, 149, 153–154, 188–202, 220, 226–227, 237
Einschränkung   61–62, 106, 111, 115, 119–120, 143, 150–151, 155–156, 221–223, siehe auch Grenze
Engagement   17–18, 126, 137, 155, 159–187, 206–207, 220, 224–226, 235
Entscheidung   16, 26–27, 30, 32, 37–38, 53–54, 68–69, 74, 80, 84–86, 106, 111, 113, 120–122, 135, 153, 166, 173–174, 187, 196–197, 221–222, 225
Entscheidungsfreudigkeit   92, 99, 103
Entwicklung(sbedarf)   97–98, 107, 176, 182, 221
Entwicklungsplan   77, 81, 162, 164
Erfahrung   15, 41, 45, 50, 53–54, 60, 82, 93, 95, 105–108, 111–112, 119–120, 126, 128–129, 135, 138, 142, 144, 148–150, 153, 156–157, 162, 165, 171, 181, 184, 196, 207, 211, 222, 233, 235
Erfolg   93, 95, 110, 113, 116–117, 126, 134, 155, 166, 183, 188, 190, 196, 208
Erfolgserlebnis   30, 83, 178, 180–181

Ergebnis   17, 39, 56–58, 60, 62, 65–66, 69, 71, 81, 86, 113, 115, 121, 123, 127, 150, 156, 169, 171, 173, 176, 190–192, 194, 196, 200–202, 220–221, 223, 226
Ergebnisbericht   106, 111, 120, 222
Ermutigung   81, 125, 128, 157, 177–178, 187, 206, 223, 225, 227
Erwartungen, realistische   168–169, 186, 196, 225

Fähigkeiten   16, 28–29, 32, 36, 41, 53, 68, 73, 76–78, 83–91, 93–94, 96–98, 103–104, 108–110, 113, 116–118, 120, 126–128, 134–135, 143–144, 149, 157, 162, 165–166, 168, 175, 177–179, 181–182, 184–185, 187, 205–206, 216, 221–223, 226, 234
Fehler   16, 75, 79, 86, 148–149, 157, 168, 172–173, 186, 203, 216, 221, 224–225
Förderung   32, 44, 54, 68, 76, 80–81, 85–87, 98, 104, 110, 113, 116, 118, 201
Formblatt   88–91, 93–94, 96, 98–99, 103–104, 110, 117–118, 222
Frage   38, 74, 123–124, 126–127, 129, 137, 142, 144–147, 157, 165, 169, 182, 192, 194, 203, 208–210, 212, 214, 217–218, 224, 228, 235
- direktive   134
- forschende   145–146, 157
- geschlossene   145, 147, 208, 218, 228
- klärende   145–147, 157, 208, 218, 224, 228
- konfrontierende   209, 218, 228
- mit Unterton   210
- offene   145, 157, 182, 208, 218, 224, 228, 235
- prüfende   208, 224, 228, 235
- reflektierende   209, 218, 228
- suggestive   210, 228
Führungsqualitäten   92, 99, 103, 108

Gefühl   15, 17–18, 30, 125, 127, 138, 147, 154–155, 158, 182–183, 187, 204–206, 208, 213, 215, 217–218, 224–228, 233, 236
Generalprobe   78

REGISTER

Geschäftsleitung 34, 43–44
Gespräch 75–76, 81, 91, 96–97, 109, 114, 204, 206–207, 215–218, 227–228, siehe auch Beurteilungsgespräch, Delegierungsgespräch
Grenzen 16, 61–62, 135–136, 152, 197–198, 236, siehe auch Einschränkung
Grundkenntnisse 95, 105–106, 119, 148, 156, 223

Herausforderung 30, 71, 83–84, 108–109, 111, 134, 138, 152, 162, 164–165, 168, 178–182, 184–185, 216, 222
Hilfe(stellung), Unterstützung 104–106, 110, 125, 127–129, 141–142, 148–149, 155, 157, 159, 165, 186, 197, 204, 206, 211–212, 217, 227, 234

Kenntnisse 36, 41, 68, 73, 76–77, 83–84, 87–88, 91, 94–98, 103–104, 108–110, 113, 116–118, 120, 126–127, 134, 143, 156–157, 162, 165–166, 168, 171, 179, 181, 205, 206, 222–223, 234
Kommunikation 92, 116
– schriftliche 91, 99, 103
– verbale 91, 99, 103
Kompetenz 89
Kontrolle 8–9, 16, 24, 35, 37–39, 41, 53, 72, 75, 79, 92, 106, 110–111, 119–120, 149–150, 153–155, 158, 172, 188–202, 204, 217, 220, 224, 226–227, 236
– übermäßige 17, 38, 45
Kontrolle verlieren 8, 34, 37–39, 80
Kontrollpunkte 121–124, 137, 148, 153–154, 157, 193, 196–197, 202, 204, 222–223, 227, 234
Kontrollsystem 38–39, 51, 154, 188–200, 202, 204–205, 213, 226–227
Korrektur, korrektive Maßnahmen 16, 194–195, 198–199, 202, 226
Kreativität 92, 99, 103, 162, 165
Kritik 20, 25

Leistung 200, 205–206, 217, 227
Lieblingsaufgabe 72–73, 83

Lob 83, 134–135, 144, 157, 224, 235
loslassen 9, 83, 88, 104–106, 111, 150, 222

Machbarkeit 142, 150, 157, 171, 222–223, 234
Manager 7–8, 11, 33–36, 38, 43–45, 47, 53, 56, 61, 68, 72–73, 78, 82, 86, 93, 107–110, 118, 137, 152, 166, 173, 195, 220
Motivation 28–30, 32, 38, 41, 54, 68, 72–73, 81–86, 92, 99, 103, 107, 113, 134, 143, 149, 155, 159, 161, 166–168, 176–182, 186–187, 210–211, 221, 225–226

Nachbesprechung 17, 75, 123, 151, 154, 156, 158, 169, 189, 192, 200–202, 208, 218, 224, 227–228, 236
– Atmosphäre 201
– Dauer 201
Nachfolge 7–8, 73
Nervosität 47–48, 155

Planung 16, 78–79, 92, 97, 118, 121, 126, 142, 148–152, 154, 157, 162, 164, 169, 172, 185, 191, 193–197, 207–208, 216, 224, 228, 235–236
Präsentation 78, 120, 122–124, 141–142, 151, 156, 163, 165, 173, 181, 184, 192–195
Prioritäten 40, 70, 92, 110, 135, 140, 171
Probedurchgang 123–124, 142, 151, 165, 185, 192, 195
Pseudo-Demokratie 170, 187, 225

Ratschläge, Lösungsvorschläge 206, 208, 211, 217, 228
Respekt 216
Rettungsleine 154, 156, 158, 204–205, 211, 217, 224, 227, 236–237
Risiko(bereitschaft) 92, 107
Routineaufgaben, langweilige Aufgaben 39–41, 45, 71, 82–84, 86, 89, 141, 159, 164, 166, 186, 201, 221

243

Schlüsselaufgabe, Schlüsselfunktion 110, 150–151, 222, 236
Schmeichelei 144, 157, 224, 235
Schwächen 11–12, 15, 21, 118–119, 143, 233–234
Schwierigkeiten, Probleme 9, 16, 25, 35, 38, 51, 62, 72–76, 86, 123, 127–128, 148–149, 152, 157, 172, 185, 192–193, 198, 200, 203–218, 220, 224, 226–228, 235
Selbstvertrauen 74–75, 79, 104, 109, 123, 135, 138, 163, 165, 168–169, 215, 234–235
Stärken 11–12, 15, 21, 118–119, 143, 156, 200–201, 233–234
Stellvertreter 14, 24, 169, 171, 174

Teilbereich 90
Termin, Frist 17–18, 39, 50–51, 60–62, 86, 106, 115, 125, 143, 150–151, 155–156, 193, 204–205, 208, 217–218, 221, 223–224, 227

Überbrückungsmaßnahmen 195
Überforderung 98
Überwachung 197, 202, 226
Unentbehrlichkeit, eigene 48–49, 51
Unsicherheit 74
Untergebene 20, 53, 73

Verantwortlichkeit 25, 27, 53, 143, 157
Verantwortung 18, 24–27, 30, 32, 37, 48, 51, 53, 67, 72, 78, 80, 92, 106, 121, 126, 150–152, 157, 164, 169, 179, 183, 197, 205–206, 215, 220, 224, 235
– abschieben 24–25, 53
Verbesserungsvorschlag (auch: Verbesserungsmöglichkeit) 80, 156, 200–202, 227
Verhandlungsgeschick 92, 99, 103
Versagensangst 206, 215
Vertrauen 16, 24, 31, 74, 76, 121, 134, 142–144, 157, 179, 202, 224, 234–235
Vollmacht 16, 18, 24–26, 32, 37–38, 48, 53, 61–62, 67, 72, 74, 80, 106, 115, 120–121, 127, 135–136, 152–153, 155, 157, 173–174, 196–197, 202, 220, 223–224, 227, 233–234, 236
Vorbereitung 16, 125–127, 137–140, 142–143, 148–149, 151, 156–157, 175, 201, 203, 205–206, 217, 220, 223, 227
– des Mitarbeiters 125–127, 137–139, 142, 148–149, 157
Vorbesprechung 72, 138–140, 143, 148, 176
Vorgesetzte 9–10, 19, 24, 26–29, 31–33, 37, 40, 51, 56, 60, 76, 78–79, 81, 107, 109–110, 112, 124–125, 147, 149, 151–152, 154–156, 161–162, 165, 168, 170, 173, 175, 180, 183, 190, 192, 196–198, 202, 210–211, 213, 216, 220–221

Weiterbildung, Fortbildung 29, 72–73, 76, 96–98, 108, 162, 164
Weiterentwicklung 28–29, 41, 134, 141, 166, 175, 181

Zahlenverständnis 91, 99, 103
Zeit nutzen 28–30, 32, 68–70, 72, 85–86, 113, 221
Zeitplan 61
Ziel(setzung) 15–16, 52, 54–62, 65–67, 70, 78, 86, 106, 111, 113, 115, 119, 126–127, 137, 141, 143, 150–151, 153, 156, 169, 171–172, 179, 182, 193, 196, 200–201, 206–207, 217, 220, 222–223, 227, 233, 235
– klare(s) 58–60, 62, 65–66, 72, 86, 113, 115, 143, 156, 221, 223
– meßbare(s) 59–60, 62, 65–66, 86, 113, 115, 143, 156, 221, 223
– realistische(s) 60–62, 65–66, 86, 113, 115, 143, 156, 221, 223
Zusammenfassung 17–18, 137, 140, 142, 147, 154–155, 157–158, 202, 218, 224, 228, 236
Zustimmung 161, 167, 170, 178, 182, 186, 210, 224, 235
Zwang 160, 183

Im FALKEN Verlag sind zahlreiche Titel zu den Themen Bewerbung/Beruf/Karriere erschienen. Bitte fragen Sie in Ihrer Buchhandlung.

Dieses Buch wurde auf chlorfrei gebleichtem und säurefreiem Papier gedruckt.

Die Deutsche Bibliothek – CIP-Einheitsaufnahme

Payne, John:
Richtig delegieren : effizient, erfolgreich, kontrolliert / John Payne ; Shirley Payne. Im, The Institute of Management. – Niedernhausen/Ts. : FALKEN, 1997
   (FALKEN & Pitman Management)
   Einheitssacht.: Letting go without losing control <dt.>
   ISBN 3-8068-4976-5
NE: Payne, Shirley:

ISBN 3 8068 4976 5

© der deutschen Ausgabe 1997 by FALKEN Verlag, 65527 Niedernhausen/Ts.
© der Originalausgabe „Letting Go Without Losing Control" 1994 by John Payne/ Shirley Payne. Published by arrangement with Pitman Publishing, a division of Pearson Professional Limited, London.

Die Verwertung der Texte und Bilder, auch auszugsweise, ist ohne Zustimmung des Verlags urheberrechtswidrig und strafbar. Dies gilt auch für Vervielfältigungen, Übersetzungen, Mikroverfilmung und für die Verarbeitung mit elektronischen Systemen.

Umschlaggestaltung: Peter Udo Pinzer
Layout: Klaus Ohl, Wiesbaden
Redaktion: Dr. Dietrich Voorgang, Heidenrod
Koordination und Schlußredaktion: Dr. Petra Begemann
Fotos: Inhaltsverzeichnis und Kapitelaufmacher: Tony Stone, München (Dale Boyer); Notizblöcke: Christian Wauer, Wiesbaden

Die Ratschläge in diesem Buch sind von den Autoren und vom Verlag sorgfältig erwogen und geprüft, dennoch kann eine Garantie nicht übernommen werden. Eine Haftung der Autoren bzw. des Verlags und seiner Beauftragten für Personen-, Sach- und Vermögensschäden ist ausgeschlossen.

Satz: Raasch & Partner GmbH, Neu-Isenburg
Druck: Offizin Andersen Nexö Leipzig
ein Betrieb der INTERDRUCK Graphischer Großbetrieb GmbH, Leipzig

FALKEN & PITMAN MANAGEMENT

Die ersten 100 Tage als Chef
Von R. Koch, 184 Seiten,
durchgehend zweifarbig,
Broschur
ISBN: 3-8068-**4972**-2
DM 39,90

Richtig delegieren
Von J. Payne, S. Payne
248 Seiten, durchgehend
zweifarbig, Broschur
ISBN: 3-8068-**4976**-5
DM 39,90

Erfolgreiches Zeitmanagement
Von P. Forsyth, 200 Seiten,
durchgehend zweifarbig,
ca. 20 Abbildungen, Broschur
ISBN: 3-8068-**4973**-0
DM 39,90

Meetings erfolgreich steuern
Von D. M. Martin, 232 Seiten,
durchgehend zweifarbig,
Broschur
ISBN: 3-8068-**4974**-9
DM 39,90

Erfolgreiche Verhandlungtaktiken
Von D. M. Martin, 232 Seiten,
durchgehend zweifarbig,
ca. 20 Abbildungen, Broschur
ISBN: 3-8068-**4971**-4
DM 39,90

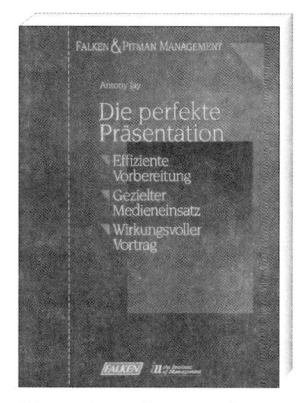

Die perfekte Präsentation
Von A. Jay, 184 Seiten,
durchgehend zweifarbig,
ca. 40 Abbildungen, Broschur
ISBN: 3-8068-**4975**-9
DM 39,90

FALKEN

Der Spezialist für nützliche Bücher